经贸汉语

（上）

主　编　戴东红

参　编　刘哲　李佳　李倩

西安电子科技大学出版社

内 容 简 介

　　本教材是一本过渡性、衔接性的，针对来华留学生的专业汉语教材。全书分上、下两部分，每部分按经济篇、贸易篇、管理篇、金融篇、财会篇五个大类精心编选课文，每篇课文后辅以生词、经贸词条及注释、语法、练习，力求把语言学习和专业学习有机结合起来，让来华留学生在进一步提升汉语能力的基础上对经贸专业的词汇和知识有初步的接触和了解，激发专业学习兴趣并为专业学习打下基础。全书上、下两部分共 40 课，可供一学年教学使用，同时提供了配套 PPT 教学课件，以方便教师教学。

　　本书可作为来华留学生经贸类各专业、汉语言专业(经贸方向)的专业基础课和选修课教材，同时还可供从事经贸领域工作的外国友人自学使用。

图书在版编目(CIP)数据

经贸汉语 / 戴东红主编. —西安：西安电子科技大学出版社，2018.6
ISBN 978-7-5606-4917-7

Ⅰ. ① 经…　Ⅱ. ① 戴…　Ⅲ. ① 经济—汉语—对外汉语—教材　Ⅳ. ① H195.4

中国版本图书馆 CIP 数据核字(2018)第 086424 号

策　　划	毛红兵
责任编辑	王　研　毛红兵
出版发行	西安电子科技大学出版社(西安市太白南路 2 号)
电　　话	(029)88242885　88201467　　邮　　编　710071
网　　址	www.xduph.com　　　　　电子邮箱　xdupfxb001@163.com
经　　销	新华书店
印刷单位	陕西天意印务有限责任公司
版　　次	2018 年 6 月第 1 版　　2018 年 6 月第 1 次印刷
开　　本	787 毫米×1092 毫米　1/16　印　张　20.75
字　　数	487 千字
印　　数	1～2000 册
定　　价	52.00 元

ISBN 978-7-5606-4917-7/H

XDUP 5219001-1

前　言

随着中国经济发展吸引力的增强和国际影响力的扩大，越来越多外国留学生来华学习经贸类专业(包括经济、贸易、管理、金融和财会等)课程。为帮助留学生提升专业汉语能力，更好地融入专业学习，国内各高校普遍为留学生开设了经贸汉语课程。然而，目前留学生经贸汉语课程的教材建设并未同步跟上：教材数量偏少，教学选择余地不大；学科覆盖面过窄，专业针对性不强；部分内容过时老旧，不再适合教学使用。本书力求为经贸类留学生专业汉语教学提供一本反映学科专业发展、体现教学针对性、内容新颖的专业型、实用型教材。

全书分上、下两部分，由浅入深，供一学年教学使用；每部分按经济篇、贸易篇、管理篇、金融篇、财会篇五个大类精心编选课文，每篇课文后辅以生词、经贸词条及注释、语法、练习，把语言学习和专业学习有机结合起来，让来华留学生在进一步提升汉语能力的基础上对经贸专业的词汇和知识有初步的认识和了解，激发其专业学习兴趣并为专业学习打下基础。同时，本书还提供了配套教学课件，以方便教师教学使用。

本书主要具有以下特点：一是难度适中，基于尚未进入专业学习的外国留学生的现实状况，考虑到他们的汉语储备、专业学习需要一个适应、磨合的过程，所以教材在词汇选取和内容选编的难度上进行了把控；二是选材恰当，考虑到汉语教材的定位和留学生专业背景的缺失，教材强调课文编排的通俗性、可读性、多样性，强调与留学生的语言能力、理解能力相匹配、相适应；三是内容严谨，考虑到学科专业的特点，特别注重选材内容的得当、精准，涉及专业领域的基本概念和知识务求解释到位；四是练习充分，每篇课文后都附有大量紧扣课文的练习，以方便留学生对常用词语、句式语法、课文篇章段落等进行深入理解。

本书的编写团队由多年从事留学生经贸汉语教学的教师组成，他们了解留学生的特点和学习特征，教学经验丰富，对经贸汉语教学有着深入的专业研究。参编人员具体分工如下：戴东红负责教材的立项、设计、统稿和审定，并负责第一课至第十一课、第十五课至第十六课、第十八课至第二十八课、第三十课、第三十二课、第三十五课至第三十六课、第三十八课至第四十课和全书附录的编写(约 16 万字)及相应配套课件的制作；刘哲负责第十七课、第三十一课、第三十三课、第三十七课的编写(约 1.7 万字)及相应配套课件的制作；李佳负责第十三课、第十四课、第三十四课的编写(约 1.3 万字)及相应配套课件的制作；李倩承担了第十二课、第二十九课初稿的编写(约 0.9 万字)。

在本书的编写过程中，北京信息科技大学教务处处长兼国际交流学院院长王兴芬教授提供了建设性的指导意见，对本书编写给予了极大的鼓励和支持。本书的出版也得到了西安电子科技大学出版社毛红兵女士的鼎力支持和帮助。在此一并向她们表示最真诚的感谢和敬意！

　　由于编者水平有限，书中难免存在疏漏和不足之处，敬请同行专家和广大读者批评指正。

编　者

2017 年 12 月

目　录

导　读

- **编写说明**

　　《经贸汉语》是一本过渡性、衔接性的，针对来华留学生的专业汉语教材。全书分上、下两部分，每部分根据专业方向分为经济篇、贸易篇、管理篇、金融篇和财会篇五个大类，每大类都围绕专业方向编选涉及最基本、最重要知识点的课文。每部分各二十课，每大类四课，力求为学习经贸类专业课程的留学生提供一个较为完整的专业知识体系框架，使教材的适用面更为广泛，同时帮助留学生接触专业基本词汇并掌握常用的典型句式。

　　《经贸汉语(上)》的编写思路如下：

　　经济篇：选择了经济学入门、微观经济学、宏观经济学和中国经济四个最基本的专业内容。希望通过这些内容的学习，学生能够对经济学及中国经济概貌有所了解，同时打下相应的语言基础。对应上述四个专业内容，分别以"经济学的思维方式"、"生活中的微观经济学"、"雾里看花：GDP"和"'中国制造'的故事"四个话题编写了第一课、第二课、第三课和第四课。

　　贸易篇：选择了国际贸易、市场营销、经济法和电子商务四个基本专业内容，覆盖了国际和国内、线上和线下的贸易活动及贸易中的营销手段和法律约束等内容。希望通过这些内容的学习，学生能够对贸易活动的形式和要求有所了解，同时打下相应的语言基础。对应上述四个专业内容，分别以"国际贸易和比较优势"、"乞丐也能玩转市场营销"、"生活中的经济法"和"电商风云之亚马逊和阿里巴巴的故事"四个话题编写了第五课、第六课、第七课和第八课。

　　管理篇：选择了人力资源、战略与战略管理、企业经营和信息管理四个基本专业内容，涵盖了人力资源、发展战略、运营和信息等重要的管理环节。希望通过这些内容的学习，学生能够了解工商管理的内容和要求，同时打下相应的语言基础。对应上述四个专业内容，分别以"'胡萝卜'与'大棒'"、"两个故事引发的企业战略思考"、"企业经营智慧"和"练就甄别信息的'好眼力'"四个话题编写了第九课、第十课、第十一课和第十二课。

　　金融篇：选择了货币、银行、证券和保险四个基本专业内容。希望通过这些内容的学习，学生能够对金融主要组成部分及其功能作用有初步的印象和了解，同时打下相应的语言基础。对应上述四个专业内容，分别以"雅浦岛上的石头：货币"、"服务的银行"、"股市：卖烧饼的故事"和"保险的前世今生"四个话题编写了第十三课、第十四课、第十五课和第十六课。

　　财会篇：选择了会计入门、财务管理、税务和审计四个基本专业内容。希望通过这些内容的学习，学生能够了解财会工作的内容和性质，同时打下相应的语言基础。对应上述四个专业内容，分别以"会计工作不简单"、"故事中的财务管理(上)"、"我们的生活与税收"和"中国审计故事"四个话题编写了第十七课、第十八课、第十九课和第二十课。

· 使用建议

课文部分：作为一本过渡性、衔接性的，针对留学生的专业汉语教材，本教材在课文编选时尽量避免直接选用专业型文章，保持了汉语教材的故事性和趣味性，整体难度适中。建议在教学过程的课文处理环节，以训练学生抓主旨、通篇理解能力为主，教师可引导学生归纳、总结，概括课文梗概和主要内容。

生词部分：每课生词基本控制在30个以内，词汇表中只给出生词在课文中的基本解释，以方便学生准确理解课文。建议在生词处理时配合课后练习，重点词汇重点讲解。

经贸词条及注释部分：建议配合课文讲解，力求使学生理解词条的经济含义或意义。

语法部分：讲清句式结构，反复操练，使学生最终理解并掌握。

练习部分：选词填空、词语造句、短文填空和回答问题的练习是为了帮助学生复习、掌握课文的重点词语和句型，应鼓励学生当堂独立完成。阅读与写作作为提升拓展部分，可以布置成作业，由学生课下自学完成，老师检查并点评。

经济篇

第一课　经济学的思维方式

有则笑话说，**经济学家**的思维好像火星人的思维，是因为经济学家看世界的方式和常人不同。如果你像经济学家一样思考，不但能在短时间内了解我们身边的经济社会，还能以另一种方式解读生活。

▶ **课文**

(一) 生活就是交易

一位年轻、漂亮的女孩在一家大型网站**论坛**上留下这样一个问题：我怎样才能嫁给一位年薪超过 50 万的有钱人呢？面对这个**世俗**的问题，一位**金融**分析家对这位想"**傍大款**"的美女进行了回应。

金融分析家写道：跟美女结婚其实是个糟糕的经营**决策**。从经济学的角度来看，美女嫁给有钱人，只是一笔简单的"财"与"貌"的交易——美女提供迷人的外貌，富翁出钱。在这个**貌似**公平的交易背后，其实存在着一个不容忽视的问题，即富翁的收入很可能会**逐年递增**，而美女不可能一年比一年漂亮。因此，从经济学的角度看，富翁属于**增值资产**，美女则是**贬值**资产，不但贬值，而且是加速贬值。美女也许在未来 5 年的时间内，仍能够保持**窈窕**的身材、俏丽的容貌，只是每年都在减退，以后美貌消逝的速度会越来越快。如果外貌是美女仅有的资产，那十年后她的**价值**显然会贬值很多。

市场经济中，一旦交易的物品价值**下跌**，理智的做法是立即**抛售**，而不宜长期**持有**。富翁与美女结婚后，受婚姻法的约束，当美女的价值降低后再抛售，存在非常昂贵的交易**成本**。所以，对于富翁来说，针对一件会加速贬值的"物品"，正确的选择是**租赁**而不是买入。

金融分析家最后得出的结论就是：年薪超过 50 万的人，都不是傻瓜，他们只会与美女交往，而不会选择跟她结婚。

金融分析家让我们认识到这样一个事实：生活就是交易。在职场，我们和老板进行交易，我们付出劳动，老板付出薪水；恋爱中，我们付出感情，换回对方的感情……理解交易关系，抓住生活的本质，也许能让我们获得更多的**利益**。正如经济学家曼昆[①]所说："交易可以使每个人的生活状况都变得更好"。

(二) 互利是一切交往的基础

有一位银行经理与身为图书馆馆长的妻子离了婚，然后和他的女秘书结了婚。女秘书不论是学识、地位还是智慧都不如银行经理的前妻，大家都对银行经理的离婚感到不理解，并且对他的再婚也不**看好**，只有经济学家为此**点赞**。

在经济学家看来，银行经理娶女秘书，银行经理得到了安全感和自我优越感，女秘书也因为和银行经理结婚，在经济实力和社会地位上得到了显著提高，两人有"**互利**"的基础并且实现了"**互利**"，这样的爱情和婚姻更容易持久。

互利理论起源于亚当•斯密[②]的**自利**原则。所谓"自利"，是个体对自身利益最大化的追求。在自由交换中，交换的动机既不能是单纯的自利，也不能是**一味**的利他，只有同时满足对方利益的自利行为，才会被商品经济[③]所承认，这就是互利。

在商业交易中，**遵循**互利原则，能维护交易双方的利益平衡，实现利益的最大化。举例来说，甲手里有一瓶水，并且甲认为这瓶水对他而言值 1 元钱，而乙却认为这瓶水对乙而言值 2 元钱。那么，如果甲用 1.5 元把水卖给乙，就相当于双方都赚了 0.5 元钱，这场交易让甲乙双方都获益了。

所以，经济学家告诉我们，在生活中应该**崇尚实用主义**，互利才是一切交往的基础。只有符合互利的前提，才能实现**共赢**。

(资料来源：作者董典波、崔会娜、黄梦溪，《一口气读懂经济学》，新世界出版社　有改编)

▶ 生词

1.	经济学	jīng jì xué （名）	研究国民经济各方面问题的学科；economics
2.	论坛	lùn tán （名）	Internet 上发帖、回帖和讨论的平台；BBS
3.	世俗	shì sú （形）	在社会上流行的、平庸的；secular
4.	金融	jīn róng （名）	货币流通和信用活动以及与之相联系的经济活动；finance
5.	傍大款	bàng dà kuǎn （动）	崇拜、追随并依赖有钱人(含贬义)；find a sugar daddy
6.	决策	jué cè （名）	指决定的策略或办法；decision
7.	貌似	mào sì （动）	表面上很像，外表像；seem
8.	逐年	zhú nián （副）	一年接一年地；year by year

9.	增值	zēng zhí	(动)	价值增加；add value
10.	资产	zī chǎn	(名)	指任何公司、机构和个人拥有的任何具有商业或交换价值的东西；assets
11.	贬值	biǎn zhí	(动)	泛指事物的价值降低，与升值相对；devalue
12.	窈窕	yǎo tiǎo	(形)	指女子心灵、仪表兼美的样子；slim
13.	价值	jià zhí	(名)	经济学上指体现在商品里的社会必要劳动，是商品交换价格的基础；value
14.	下跌	xià diē	(动)	价格等下降，股市行情下降；depreciate
15.	抛售	pāo shòu	(动)	低价大量出售商品或股票；undersell
16.	持有	chí yǒu	(动)	掌管，保有；hold
17.	成本	chéng běn	(名)	成本是为达到一定目的而付出的资源价值；cost
18.	租赁	zū lìn	(动)	租用或出租；lease
19.	利益	lì yì	(名)	好处；benefit
20.	看好	kàn hǎo	(动)	(认为)人或事物将要出现好的势头；be bullish, think highly of
21.	点赞	diǎn zàn	(动)	网络语言，对人或事物表示喜爱和支持；like
22.	互利	hù lì	(动)	互相有利，彼此受益；mutual benefit
23.	自利	zì lì	(动)	自己得好处，只图个人私利；be beneficial to oneself
24.	一味	yī wèi	(副)	单纯地；blindly
25.	遵循	zūn xún	(动)	遵照；follow
26.	崇尚	chóng shàng	(动)	尊重，推崇；advocate
27.	实用主义	shí yòng zhǔ yì	(名)	以实用价值来评判事物、指导行动的思想观念；pragmatism
28.	共赢	gòng yíng	(动)	大家都得到利益；win-win

▶ 经贸词条及注释

① 曼昆

尼克拉斯·格里高利·曼昆(N. Gregory Mankiw)，美国著名经济学家，著有《经济学原理》《宏观经济学》等经典教材。

② 亚当·斯密

亚当·斯密(Adam Smith)，经济学的主要创立者，首次提出了全面系统的经济学说，为该领域的发展打下了良好的基础，被尊称为"现代经济学之父"，著有《国富论》《道德情操论》。

③ 商品经济

商品经济是指直接以交换为目的的经济形式，包括商品生产和商品交换，是"自然经济"的对立物。

▶ 语法

1. 从……的角度(来)看，……

表明看问题的角度或立场，后面一般是结论性的看法或观点。例如：

① 从经济学的角度来看，美女嫁给有钱人，只是一笔简单的"财"与"貌"的交易。

② 从经济学的角度看，富翁属于增值资产，美女则是贬值资产。

③ 从历史发展的角度看，马克思关于人与自然的理论的形成，大致经历了探索、建构、确立和展开四个阶段。

2. ……逐年递增(递减)

每一年都比前一年增加(减少)。例如：

① 富翁的收入很可能会逐年递增，而美女不可能一年比一年漂亮。

② 统计数据显示：消费者对汽车的投诉量逐年递增。

③ 这个城市的常住人口在逐年递减。

▶ 练习

(一) 选词填空

决策　　遵循　　点赞　　共赢　　论坛　　金融　　利益　　窈窕

1. 理解交易关系，抓住生活的本质，也许能让我们获得更多的(　　　　)。

2. (　　　　)分析家让我们认识到这样一个事实：生活就是交易。

3. 美女也许在未来 5 年时间内，仍能够保持(　　　　)的身材、俏丽的容貌。

4. 跟美女结婚其实是个糟糕的经营(　　　　)。

5. 在商业交易中，(　　　　)互利原则，能维护交易双方的利益平衡，实现利益的最大化。

6. 只有符合互利的前提，才能实现(　　　　)。

7. 一位年轻、漂亮的女孩在一家大型网站(　　　　)上留下这样一个问题。

8. 大家都对银行经理的离婚感到不理解，并且对他的再婚不看好，只有经济学家为此(　　　　)。

(二) 词语造句

1. 世俗：_____。

2. 貌似：_____。

3. 逐年：_____。

4. 看好：_____。

5. 一味：_____。

6. 遵循：_____。

7. 崇尚：_____。

8. 从……的角度看：_____。

(三) 短文填空

1. 从经济学的角度来看，美女嫁给有钱人，只是一笔简单的"财"与"貌"的（　　　），即美女提供迷人的外貌，富翁出钱。在这个貌似公平的交易背后，其实存在着一个不容忽视的问题，即富翁的收入很可能会逐年（　　　），而美女不可能一年比一年漂亮。因此，从经济学的角度看，富翁属于增值（　　　），美女则是（　　　）资产，不但贬值，而且是加速贬值。美女也许在未来5年时间内，仍能够保持窈窕的身材、俏丽的容貌，只是每年都在减退，以后美貌消逝的速度会越来越快。如果外貌是美女仅有的资产，那十年后她的（　　　）显然会下降很多。

2. 市场经济中一旦交易的物品价值（　　　），理智的做法是立即（　　　），而不宜长期（　　　）。富翁与美女结婚后，受婚姻法的约束，当美女的价值降低后再抛售，存在非常昂贵的交易（　　　）。所以，对于富翁来说，针对一件会加速贬值的"物品"，正确的选择是（　　　）而不是（　　　）。

(四) 回答问题

1. 文章介绍了哪些经济学思维？请结合课文案例分别讲一讲。

2. 你怎么评价经济学思维？

3. 你还了解哪些经济学思维？试着说一说。

(五) 阅读与写作

结果比动机更为重要

人的行动既有动机，也有结果，而结果和动机之间往往存在着不一致。那么，当我们评价人的行动时，应该更看重动机，还是更看重结果呢？在经济学家看来，应该更看重结果。

在现实中，人们常常以某项行为的出发点来判断某项行动的好坏。但经济学家却认为，即使一项行动的出发点是利己的，只要它的结果是利人的，那么这项行动就符合市场道德，值得肯定。亚当·斯密曾在《国富论》中论述道："我们每天所需的食物和饮料，不是出于屠户、酿酒师或烙面师的恩惠，而是出于他们的自利的打算。"这里，屠夫、酿酒师和烙面师虽然有着利己之心，但客观上做出了利人之行，因而是值得赞许的。

相比之下，那些利人的动机导致的损人后果倒是十分值得重视。例如，政府希望实现<u>充分就业</u>，让所有愿意工作的人都有工作可干，这个目标当然是善意的。但是，如果政府为了达到这一目的，规定所有企业一旦雇用职员就不能解雇，那么企业雇用员工时就会更加慎重，反而让更多的人难以找到工作。诺贝尔经济学奖得主哈耶克曾说过："通往地狱的道路通常是由善意<u>铺就</u>的。"这一忠告我们应时刻<u>谨记</u>。

（资料来源：作者张维迎，《经济学原理》，西北大学出版社 有改编）

1. 尝试写出文中划线词语的解释

① 充分就业：_____。

② 铺就：_____。

③ 谨记：_____。

2. 结合生活中看到的、听到的现象，写出一个"结果比动机更为重要"的案例。

第二课　生活中的微观经济学①

> 不得不承认，这个世界已经彻底被"经济"所"挟持"了。在我们的生活中，经济学无处不在，比如日常生活中的衣食住行，我们的所见所闻与所作所为，基本上都与经济活动有关。

▶ 课文

（一）人生总有无尽的需求，需要用努力来供给

1952 年，日本四国岛的渔民很穷，渴望能打到更多的鱼，但这需要更换更好的渔船。坪内寿夫②看准了这一形势，于是购下了一片破败的来岛造船厂，他要从大企业**无暇**顾及的**夹缝**中打出去——生产小型渔船。

为了避开日本政府对 500 吨级以上船只的种种**苛刻**要求，坪内寿夫把渔船的吨位定在499 吨，仅一吨之差，就为渔民们免去了**诸多**繁杂手续，又使渔船具有足够的吨位。同时，坪内寿夫大胆地采取**分期付款**的方式卖船。为了扩大宣传，坪内动员全体员工，趁新年渔民在家过年的时机，大力宣传来岛渔船的优势。这几招使不少渔民欣然买船，仅仅 8 年，来岛造船厂就一跃成为日本第五大造船厂，位居世界造船业的第 22 位。

人们购买某种商品，是因为该商品能满足人们的某些需求。坪内先生敏锐地发现了渔民们购买小型渔船的需求，便**率先**进入该市场，并利用政府渔船吨位制度的空子，大大缩减生产成本，扩大了市场**利润**。同时，他利用成功的**营销**宣传**策略**，引导市场需求进一步扩大，从而迅速占领该市场，建立起了自己的优势，很快就进入了日本造船行业的**领军**队伍。

到了 20 世纪 60 年代，日本经济迅速发展，一股油船热**席卷**日本，只有坪内寿夫保持了冷静的头脑，他清醒地看到了产油业和油船制造业将会出现的**供求矛盾**。他不顾公司董事会多数人的反对，决定以日本贸易的主力——汽车出口业为目标，全力生产汽车专用运输船。省油、便宜的日本汽车在能源**紧俏**的 70 年代大量**出口**，使来岛的生意越来越好，几

年就占据了日本汽车专用运输船生产的 3/4，而油船制造业却在 1977 年的石油危机中损失惨重。坪内寿夫此时的名望已传遍日本，令人**刮目相看**。

在经济学中，石油和油船可称为互补品，即这两种商品是连在一起消费的，并且一种物品价格下降会增加另一物品的需求。比如石油价格下降，会降低油船运输成本，自然也就会增加油船的需求量。然而当石油价格上升时，则会降低油船需求量，石油供应也就会相应减少，进而导致石油价格进一步上涨，从而进入一个**恶性循环**。当年，坪内先生正是预期到该矛盾，成功地判断了市场未来的变化，才做出应对策略。由于汽车与油船不属于相关商品，也就没有与市场相关联的矛盾，再加上汽车市场前景光明，所以坪内先生选择投入汽车专用运输船生产，从而使自己的船厂获得巨大成功。

成功的商人总是能看到"很远的地方"，能辨别出什么是陷阱，什么是机会，能在他人**不屑**的地方找到"金子"，在别人的不经意间创造奇迹。因此，不要抱怨市场已**饱和**，其实总有些需求尚未被满足，只是等着你去发现。生活也一样，在我们身边，其实从不缺乏美，只是你没有发现罢了。

(资料来源：作者南峰，《二三十岁要懂的经济学诡计》，

https://nuoha.com/book/10853/00010.html 有改编)

(二) 做"小"偷还是做"大"偷

这是一个与两个小偷有关的故事。

小偷甲专偷小件物品。每天傍晚他都会借散步的机会，仔细观察附近自行车车库的情况，在晚上将一辆辆新自行车偷走，再悄悄卖掉。小偷乙则专门偷银行和大商场，每次偷窃他都会准备好枪支并做出最坏的打算，和妻子儿女道别。每**得手**一次，小偷乙和全家都会过上一段**足不出户**的日子。

对其他小偷而言，是像甲一样做个"小"偷呢，还是像乙一样做个"大"偷呢？

其实，包括小偷在内，任何人做事都会想一想是否**划算**。这里的是否划算从经济学讲，就是比较一下成本和**收益**，也就是对成本、收益进行分析。如果将偷自行车和偷银行放在一起比较，偷自行车虽然是一种**公害**，却算不上什么新闻，而偷银行虽说**罕见**，但却是媒体播报的重大新闻。在故事中，偷银行的收益远比偷自行车的收益高，但成本同样也要高很多。在有防卫的银行中作案，被抓的可能性很大，**一旦失手**，受到的处罚也更重。即使偷银行的行动十分顺利，警察公安也会尽全力抓捕，因而小偷被抓的风险还是很大。偷自行车的收益虽然较偷银行小，但成本也要小很多。自行车的防盗性能差，几乎不需要什么作案工具，在工具上的投入成本几乎为零。此外，偷自行车有很多可作案的机会，失手率要低很多，即使作案被抓，处罚也比偷银行的处罚轻。

如此，小偷们好像学过经济学似的，经过对成本、收益的分析和对比，一般都会像甲一样，做"小"偷，选择偷自行车，而不会轻易选择像乙那样去偷银行。

(资料来源：作者钱明义，《世界上最有趣的经济学故事》，中国戏剧出版社 有改编)

▶ 生词

1. 微观	wēi guān	(形)	指小范围的或部分的；micro
2. 挟持	xié chí	(动)	用威力强迫对方服从； coerce sb into submission
3. 需求	xū qiú	(名)	购买商品或劳务的愿望和能力；demand
4. 供给	gōng jǐ	(动)	把生活中必需的物资、财产、资料等给需要 的人使用；supply
5. 无暇	wú xiá	(动)	没有空闲的时间去做某事；have no time to
6. 夹缝	jiā fèng	(名)	两个邻近物体间的狭窄空隙；crack
7. 苛刻	kē kè	(形)	指(条件、要求等)过于严厉、刻薄；harsh
8. 诸多	zhū duō	(形)	指许多，好些个；a lot of
9. 分期付款	fēn qī fù kuǎn	(动)	在时间上分成若干次(进行)； payment by instalments
10. 率先	shuài xiān	(副)	带头、首先；take the lead in doing sth
11. 利润	lì rùn	(名)	生产、交易等的赢利；profit
12. 营销	yíng xiāo	(动)	经营销售；marketing
13. 策略	cè lüè	(名)	计策、谋略；strategy
14. 领军	lǐng jūn	(动)	率领军队，多比喻在某个行业或集体中起领 头作用；to lead
15. 席卷	xí juǎn	(动)	迅速有力地掠过；to sweep
16. 供求矛盾	gōng qiú máo dùn	(名)	供给和需求不适应、不平衡的现象； contradiction between supply and demand
17. 紧俏	jǐn qiào	(形)	(商品)销路好，供不应求； sell well in short supply
18. 出口	chū kǒu	(动)	运货出国；export
19. 刮目相看	guā mù xiāng kàn	(成)	指别人已有进步，不能再用老眼光去看他； look at sb with new eyes

20.	恶性循环	è xìng xún huán	(动)	许多坏事互为因果，循环不已，越来越坏；vicious circle
21.	不屑	bú xiè	(动)	认为不值得，所以轻视；disdain
22.	饱和	bǎo hé	(形)	比喻事物达到最大限度；fill to capacity
23.	得手	dé shǒu	(动)	顺利达到目的，取得成功；to succeed
24.	足不出户	zú bù chū hù	(成)	脚不跨出家门，形容不与外界接触；to stay at home
25.	划算	huá suàn	(形)	合适、上算的意思；be to one's profit
26.	收益	shōu yì	(名)	指营业收入，或得到的益处；profit
27.	公害	gōng hài	(名)	比喻对公众有害的事物；public nuisance
28.	罕见	hǎn jiàn	(形)	难得见到，很少见到；rare
29.	一旦	yí dàn	(副)	不确定的时间(发生具有重要意义的事)；once
30.	失手	shī shǒu	(动)	手没有把握住，造成不好的后果；accidentally drop

▶ 经贸词条及注释

① 微观经济学

微观经济学(microeconomics)是研究社会中单个经济单位(包括单个生产者、单个消费者、单个市场经济活动)的经济行为，以及相应的经济变量的单项数值如何决定的经济学说。

② 坪内寿夫

坪内寿夫是控制日本的十大财阀之一，拥有日本最大的造船厂和钢铁厂，还拥有银行、饭店等许多产业。他曾经化腐朽为神奇，拯救了 180 家濒临破产的大企业，被日本人尊称为"重建大王"。

▶ 语法

1. 仅……之差，(就)……
前一分句强调差别不大，后一分句指出造成的后果。例如：
① 仅一吨之差，就为渔民们免去了诸多繁杂手续，又使渔船具有足够的吨位。

② 仅一票之差，就可能与金奖失之交臂！

③ 这两个药名仅一字之差，功效却差别很大，倘若误服，可能危及生命。

2. 对……而言，……

意同"对……来说"，表示站在某一立场或角度看待。例如：

① 对其他小偷而言，是像甲一样做个"小"偷呢，还是像乙一样做个"大"偷呢？

② 对学生而言，分数当然重要。

③ 对年轻人而言，最好的老师就是阅读。

▶ 练习

(一) 选词填空

供给　　饱和　　收益　　无暇　　不屑　　失手　　足不出户　　苛刻　　公害

1. 每得手一次，小偷乙和全家都会过上一段(　　　　　　　)的日子。

2. 成功的商人，总能在他人(　　　　　　　)的地方找到"金子"，在别人的不经意间创造奇迹。

3. 为了避开日本政府对 500 吨级以上船只的种种(　　　　　　　)要求，坪内寿夫把渔船的吨位定在 499 吨。

4. 偷自行车虽然是一种(　　　　　　　)，却算不上什么新闻。

5. 任何人做事都会想一想是否划算，这里的是否划算在经济学上讲，就是比较一下成本和(　　　　　　　)。

6. 不要抱怨市场已(　　　　　　　)，其实总有些需求尚未被满足，只是等着你去发现。

7. 小偷在有防卫的银行中作案，被抓的可能性很大，一旦(　　　　　)，受到的处罚也更重。

8. 人生总有无尽的需求，需要用努力来(　　　　　　　)。

9. 他要从大企业(　　　　　　　)顾及的夹缝中打出去——生产小型渔船。

(二) 词语造句

1. 微观：＿＿＿＿＿＿＿＿＿＿＿＿＿＿＿＿＿＿＿＿＿＿＿＿＿＿＿＿＿。

2. 挟持：＿＿＿＿＿＿＿＿＿＿＿＿＿＿＿＿＿＿＿＿＿＿＿＿＿＿＿＿＿。

3. 诸多：＿＿＿＿＿＿＿＿＿＿＿＿＿＿＿＿＿＿＿＿＿＿＿＿＿＿＿＿＿。

4. 划算：＿＿＿＿＿＿＿＿＿＿＿＿＿＿＿＿＿＿＿＿＿＿＿＿＿＿＿＿＿。

5. 一旦：＿＿＿＿＿＿＿＿＿＿＿＿＿＿＿＿＿＿＿＿＿＿＿＿＿＿＿＿＿。

6. 仅……之差，(就)……：＿＿＿＿＿＿＿＿＿＿＿＿＿＿＿＿＿＿＿＿＿。

7. 对……而言，……：＿＿＿＿＿＿＿＿＿＿＿＿＿＿＿＿＿＿＿＿＿＿＿。

(三) 短文填空

1. 人们购买某种商品，是因为该商品能满足人们的某些(　　　　　)。坪内先生敏锐地发现了渔民们购买小型渔船的需求，便(　　　　　)进入该市场，并利用政府渔船吨位制度的空子，大大缩减生产(　　　　　)，扩大了市场(　　　　　)。同时，他利用成功的(　　　　　)宣传策略，引导市场需求进一步扩大，从而迅速占领该市场，建立起了自己的优势，很快就进入了日本造船行业的(　　　　　)队伍。

2. 到了 20 世纪 60 年代，日本经济迅速发展，一股油船热(　　　　　)日本，只有坪内寿夫保持了冷静的头脑，他清醒地看到了产油业和油船制造业将会出现的(　　　　　)。他不顾公司董事会多数人的反对，决定以日本贸易的主力——汽车出口业为目标，全力生产汽车专用运输船。省油、便宜的日本汽车在能源(　　　　　)的 70 年代大量(　　　　　)，使来岛的生意越来越好，几年就占据了日本汽车专用运输船生产的 3/4，而油船制造业却在 1977 年的石油危机中损失惨重。坪内寿夫此时的名望已传遍日本，令人(　　　　　)。

(四) 回答问题

1. 你能讲一讲课文中坪内寿夫成功的故事吗？
2. 你认为坪内寿夫成功的关键点是什么？
3. 任何人做事都会想一想是否划算，你怎么理解这里的"划算"？

(五) 阅读与写作

不同歌手票价差别之谜

门票价格也就是歌手的劳务价格。在经济学中，劳务是一种无形的物品，其定价规律与有形的物品是一样的。

在现实中我们一定能注意到，美声唱法的歌手演唱会门票便宜，可能一百块，而通俗歌手的演唱会门票贵，可能一千块。一般来说，美声唱法是一种复杂劳动，需要长期专业训练，演唱也很费力。与此相比，通俗歌手的劳动和训练要简单一点儿。这就是说，同样一场演唱会，美声唱法包含的劳动量要大于通俗唱法。看来劳动量的差别并不能解释门票价格的巨大差别。

学过价格理论就会知道，决定不同歌手门票价格差别的关键在于需求与供给，引起这种门票的差别也在于供求。美声唱法是阳春白雪高雅艺术，能欣赏它的是少数音乐修养比较高的观众。通俗唱法是下里巴人的大众艺术，能欣赏它的人很多，尤其是人数众多的年轻人对它爱得发狂。这就是说，当美声歌手和通俗歌手供给相当时，由于通俗歌手的需求远远大于美声唱法，门票价格自然就高多了。我们还会注意到，由于通俗歌手收入丰厚，许多人都担当通俗歌手。随着出名通俗歌手的增加，其门票价格也在下降。但真正成为"大腕"的人仍然不多，供给增加有限，而歌迷对这些"大腕"的需求不减，所以大腕的门票仍然很高，他们的收入依然丰厚。

(资料来源：作者吴冰、陈福明，《经济学基础教程(第 3 版)》，北京大学出版社　有改编)

1. 尝试写出文中划线词语的解释

① 阳春白雪：_____。

② 下里巴人：_____。

③ 大腕：_____。

2. 写一个生活中供求影响价格的案例。

第三课 雾里看花：GDP^①

GDP 被称为"二十世纪最伟大的发现之一"，它凝结着经济学大师们的智慧和心血。如果没有 GDP，怎么描述宏观经济都是一个问题，更谈不上如何调节它的运行了。我们每天都会听到这个词汇，可是你真的了解 GDP 么？

▶ 课文

(一) GDP 不是万能的，但没有 GDP 是万万不能的

美国著名经济学家保罗·萨缪尔森^②说过："GDP 是 20 世纪最伟大的发现之一"。没有 GDP 这个发明，我们就无法进行国与国之间经济实力和贫穷与富裕的比较；没有 GDP 我们也无法了解一国的经济增长速度是快还是慢，是需要刺激还是需要控制。因此，GDP 就像一把尺子、一面镜子，是衡量一国经济发展和国民生活富裕程度的重要指标。

因为 GDP 如此重要，所以我们必须首先搞清楚到底什么是 GDP。美国经济学家曼昆在他的风靡世界的《经济学原理》一书中指出，国内生产总值^③(GDP)是在一定时期一个国家内生产的所有最终物品和劳务的市场价值。曼昆认为，准确理解 GDP 的要点是：GDP 是按照现行的市场价格计算的；GDP 包括在市场上合法出售的一切物品和劳务；只算最终产品，不包括中间环节；是一个国家地域范围之内的统计。

不难看出，GDP 只是用来衡量那些易于被度量的经济活动的市场价值。比如，一对夫妇如果留在家中打扫卫生和做饭，这将不会被列入 GDP 的统计之内，假如这对夫妇外出工作，另外雇人做清洁和烹调工作，那么这对夫妇和佣人的经济活动都会被计入 GDP。需要指出的是，国内生产总值统计中虽然包括了境内的外资企业创造的 GDP，但外资企业的利润却可能已经汇回他们自己的国家了。一句话，他们把 GDP 留给了我们，却把利润转回了自己的国家。

今天，越来越多的学者对 GDP 衡量经济增长^④的重要性产生了怀疑。GDP 只是一个经济总量的数值，并不能全面反映经济增长的质量。这一缺陷不仅使 GDP 无法衡量环境污染

和生态破坏导致的经济**损失**，相反还**助长**了一些部门和地区为追求高的 GDP 增长而破坏环境，**耗竭式**使用自然资源的行为。"GDP 衡量一切，但并不包括使我们的生活有意义的东西"。这句话是罗伯特·肯尼迪(美国总统约翰·肯尼迪之弟)在竞选总统的演说中对 GDP 这一指标的批评，他不是经济学家，但他的这段话**颇得**经济学家重视。

尽管 GDP 存在着种种**缺陷**，但这个世界上本来就不存在一种**包罗万象**、反映一切的经济指标，在我们现在使用的所有描述和衡量一国经济发展状况的指标体系中，GDP **无疑**是最重要的一个指标。GDP 不是万能的，但没有 GDP 是万万不能的。

(二) GDP 到底是什么?

以下事物能够提高 GDP。

污染，如果地下水被污染，那么我们就必须购买价格昂贵的瓶装水，GDP 会随之提高。犯罪，当人们提出财产**索赔**并且重新购买被盗物品，以及安装警报器、聘请保安的时候，GDP 就会增长。健康损害，当人们的健康受到损害时，相应就会增加很多医疗、保健费用，这也算在了 GDP 中。家庭破裂，离婚对于家庭而言并非好事，但因离婚而产生的律师费、分家费以及心理治疗费等，对 GDP 而言却是好事。破产也能提高 GDP，因为随之而来的是法律费用、搬迁费用及更换房屋或财产的费用。资源的**匮乏**，自然资源的**枯竭**对于我们的子孙后代是一种危害，但引起的资源价格上涨，对于 GDP 的提高却是一件好事。还有风险，核电厂生产的电力能够提高 GDP，发生核灾难需要大量的金钱去清理和减少伤害，也能提高 GDP。

接下来，让我们看看 GDP 没有计算在内的内容。

自然，大自然对空气、地下水具有净化功能，但是 GDP 却没有将这些计算在内，如果政府建造净化工厂，却能提高 GDP。可持续性，GDP 不关心经济生产活动是否可持续，比如，500 多年来大西洋鳕鱼渔场曾经是全球最大的食用鱼渔场，但经过几十年的过度捕捞，如今鳕鱼的数量已经**锐减**。锻炼，只有当我们去健身房花钱锻炼时，GDP 才将锻炼计算在内，而通过散步锻炼身体对于 GDP 而言根本就是浪费时间。社会联系，人与人之间的联系是我们保持身心健康和幸福快乐最重要的因素，但是对于 GDP 而言，只有当人们花钱维持联系时才有意义;而父母与子女共享**天伦之乐**对 GDP 没有一点贡献，除非父母花钱买礼物给孩子。志愿服务，志愿服务体现着无私奉献的高尚精神，但是如果志愿服务完全免费，那么对于 GDP 而言也只是浪费时间。家务劳动，GDP 没有把家务劳动计算在内，如果我们聘请了保姆、园丁，我们就是在为 GDP 作贡献，但如果我们自己动手，那么就对 GDP 一点贡献也没有。

(资料来源:作者约翰·格拉芙、戴维·巴特克、丁莹著，《经济到底为了什么》，中信出版社 有改编)

▶ 生词

1. 雾里看花　　　wù lǐ kàn huā　　(成)　　比喻看事情不真切;　have a blurred vision

2．凝结　　　níng jié　　　（动）　气体变为液体或液体变为固体；condensation

3．大师　　　dà shī　　　（名）　指造诣深、享有盛誉的学者、专家、艺术家、

　　　　　　　　　　　　　　　　　棋手等；great master

4．宏观　　　hóng guān　（形）　泛指大的方面或总体；macroscopic

5．调节　　　tiáo jié　　（动）　在数量、程度、规模等方面进行调整，使符合

　　　　　　　　　　　　　　　　　标准；adjust

6．衡量　　　héng liáng　（动）　考虑斟酌事物的轻重得失；judge

7．指标　　　zhǐ biāo　　（名）　计划中规定达到的目标；index

8．风靡　　　fēng mǐ　　（形）　形容事物很风行；fashionable

9．国内生产总值　　guó nèi shēng chǎn zǒng zhí　（名）　gross domestic product

10．佣人　　　yōng rén　　（名）　受雇用的人；servant

11．统计　　　tǒng jì　　　（动）　对有关的数据搜集、整理、计算和分析等；

　　　　　　　　　　　　　　　　　statistics

12．损失　　　sǔn shī　　（名）　丧失的人或物；loss

13．助长　　　zhù zhǎng　（动）　促使增长；foster

14．耗竭　　　hào jié　　（动）　指消耗完；exhaust

15．式　　　　shì　　　　（名）　对所说事情的主观态度；form

16．颇　　　　pō　　　　（副）　很，相当地；rather

17．缺陷　　　quē xiàn　　（名）　指欠缺或不够完备的地方；defect

18．包罗万象　bāo luó wàn xiàng　（成）　形容内容丰富，应有尽有；all-embracing

19．无疑　　　wú yí　　　（动）　没有疑问；no doubt

20．索赔　　　suǒ péi　　（动）　索取赔偿费；claim damage

21．匮乏　　　kuì fá　　　（形）　物资缺乏、贫乏；deficient

22．枯竭　　　kū jié　　　（动）　指资源或能源用光；

　　　　　　　　　　　　　　　　　exhausted (of resources)

23．锐减　　　ruì jiǎn　　（动）　急剧减少；reduce sharply

24．天伦之乐　tiān lún zhī lè　（名）　泛指家庭的乐趣；the happiness of a family union

▶ 经贸词条及注释

①③ 国内生产总值(GDP)

国内生产总值，也称为 GDP(Gross Domestic Product)，是指一个国家或者地区在一定时期内生产的所有最终产品和劳务的市场价值。GDP 是国民经济核算的核心指标，也是衡量一个国家或地区总体经济状况的重要指标。

② 保罗·萨缪尔森

保罗·萨缪尔森(Paul A.Samuelson，1915－2009)，美国著名经济学家，1935 年毕业于芝加哥大学，随后获得哈佛大学的硕士学位和博士学位，并一直在麻雀理工学院任经济学教授，1970 年，获诺贝尔经济学奖。他的研究涉及经济理论的诸多领域，其经典著作《经济学》以四十多种语言在全球销售超过四百万册，成为全世界最畅销的经济学教科书，影响了一代又一代人。

④ 经济增长

经济增长指一个国家或地区生产的物质产品和服务的持续增加，它意味着经济规模和生产能力的扩大，反映了一个国家或地区经济实力的增长。可以用国内生产总值(GDP)来测量经济增长。

▶ 语法

1. ……不难看出

也有"从……不难看出""通过……不难看出"，表示很容易看出，后面常指出原因或结论。例如：

① 不难看出，GDP 只是用来衡量那些易于被度量的经济活动的市场价值。

② 从马云和他的笔友交往的经历，不难看出为什么马云今天会如此成功。

③ 通过比赛过程不难看出，一方选手已经完全丧失斗志了。

2. 需要指出的是

也有"必须要指出的是……""有必要指出的是……""尤其要指出的是……"等，一般用于书面语，引出要强调的内容。例如：

① 需要指出的是，国内生产总值统计中虽然包括了境内的外资企业创造的 GDP，但外资企业的利润却可能已经汇回他们自己的国家了。

② 必须指出的是，英语是我们所学学科中的一门重要学科。

③ 几年间，日本的围棋人口由三百多万人迅速回升至四百多万，尤其要指出的是，这增加的近百万围棋人口里绝大多数是青少年。

▶ 练习

(一) 选词填空

凝结　指标　大师　枯竭　统计　调节　锐减　风靡　衡量　索赔

1. GDP 只是用来(　　　　)那些易于被度量的经济活动的市场价值。

2. 美国经济学家曼昆在他的(　　　　)世界的《经济学原理》一书中指出，GDP 是在一定时期一个国家内生产的所有最终物品和劳务的市场价值。

3. GDP 就像一把尺子、一面镜子，是衡量一国经济发展和国民生活富裕程度的重要(　　　　)。

4. GDP 被称为"二十世纪最伟大的发现之一"，(　　　　)着经济学大师们的智慧和心血。

5. 当人们提出财产(　　　　)并且重新购买被盗物品，以及安装警报器、聘请保安的时候，GDP 就会增长。

6. 国内生产总值(　　　　)中虽然包括了境内的外资企业创造的 GDP，但外资企业的利润却可能已经汇回他们自己的国家了。

7. 如果没有 GDP，怎么描述宏观经济都是一个问题，更谈不上如何(　　　)它的运行了。

8. 经济学(　　　　)保罗·萨缪尔森说过："GDP 是 20 世纪最伟大的发现之一"。

9. 自然资源的(　　　　)对于我们的子孙后代是一种危害。

10. 大西洋鳕鱼渔场曾经是全球最大的食用鱼渔场，但经过几十年的过度捕捞，如今鳕鱼的数量已经(　　　　)。

(二) 词语造句

1. 雾里看花：_____。

2. 凝结：_____。

3. 风靡：_____。

4. 助长：_____。

5. 包罗万象：_____。

6. 无疑：_____。

7. 天伦之乐：_____。

(三) 短文填空

1. 今天，越来越多的学者对 GDP 衡量(　　　　)的重要性产生了怀疑。GDP 只是一个经济总量的数值，并不能全面反映经济增长的质量。这一缺陷不仅使 GDP 无法衡量环境污染和生态破坏导致的经济(　　　　)，相反还(　　　　)了一些部门和地区为追求高的 GDP 增长而破坏环境，(　　　　)使用自然资源的行为。"GDP 衡量一切，但并不包括使我们的生活有意义的东西"。这句话是罗伯特·肯尼迪(美国总统约翰·肯尼迪之弟)在竞选总统的演说中对 GDP 这一指标的批评，他不是经济学家，但他的这段话(　　　　)得经济学家重视。

2. 尽管 GDP 存在着种种(   )，但这个世界上本来就不存在一种(   )、反映一切的经济指标，在我们现在使用的所有描述和(   )一国经济发展状况的指标体系中，GDP(   )是最重要的一个指标。GDP 不是万能的，但没有 GDP 是万万不能的。

(四) 回答问题

1. GDP 是衡量什么的经济指标？

2. 根据课文，说一说哪些事物能够提高 GDP，哪些没有被计入 GDP？

3. 你怎么看待 GDP？

(五) 阅读与写作

烤红薯与 GDP

王小花的同桌在吃香喷喷的烤红薯，王小花看得<u>口水直流</u>，所以她向同桌提出，只要同桌愿意把烤红薯让给自己，自己会支付 100 元给同桌作为回报。同桌觉得这个买卖好划算，于是答应了，收了钱，双手奉上烤红薯。但就当王小花刚要下口的<u>一刹那</u>，同桌突然觉得舍不得烤红薯，于是提出自己也愿意花 100 元来买回王小花手里的烤红薯，王小花思考了一下，也同意了，于是退回烤红薯，收回 100 元。

小花舔着嘴巴想了想，虽然自己没有吃到烤红薯，但是她和同桌似乎在<u>无形</u>中为国内生产总值做出了 200 元的贡献，突然觉得自己有点伟大。

(资料来源： 作者王小花,《吃吃喝喝中的经济学》,读者杂志 2016 年第 3 期 有改编)

1. 尝试写出文中划线词语的解释

① 口水直流： _____ 。

② 一刹那： _____ 。

③ 无形中： _____ 。

2. 查一查、写一写，介绍一下你的国家近年 GDP 的数据及其变化情况。

第四课 "中国制造"的故事

中国制造(Made in China)是世界上认知度最高的**标签**之一，因为快速发展的中国和它**庞大**的工业制造**体系**,这个标签可以在广泛的商品上找到，从服装到电子产品。你对"中国制造"有印象么? 关于"中国制造"，你了解多少呢?

▶ 课文

(一) "中国制造"影响世界

2007 年，有一本书叫《离开"中国制造"的一年》，它在大洋**彼岸**的美国**风靡一时**。这本书的作者是一位家庭主妇兼自由撰稿人，全书是根据她 2005 年的一场实验写成的——全年全家不用中国货。那一年，她全家的生活变得糟糕无比：中国产的咖啡机坏了就没有买新的，因为其他国家的产品太贵了；榨汁机坏了无法修理，因为必须使用中国产的刀片；喜欢做木工活的丈夫再也买不到工具，因为这些工具都是中国产的。一年终于**熬**过去了，这位家庭主妇在书中写道，"以后 10 年我可能都没有勇气再尝试这种日子"。面对 10 美元一双的中国童鞋和 60 美元一双的意大利童鞋，她不得不承认，"我们根本无法拒绝中国的产品"。

改革开放后的 30 年，"中国制造"快速成长，制造业规模增长了 18 倍，带动了中国经济的飞速发展，改变了中国。目前，制造业在中国 GDP 的比重高达 40%，并且直接为 1.3 亿人提供了工作岗位，这个数字在过去数十年一直保持**相对**平稳。

过去 30 年，"中国制造"的快速成长也深刻影响了全世界。"中国制造，世界合作"，这是在美国有线新闻网(CNN)播出过的"中国制造"商业广告的中心**主题**。从清晨跑步所穿的运动鞋到冰箱、MP3，再到印着"中国制造"标签的飞机，广告的一个个画面集中展现了"中国制造**无所不在**的身影"。据统计，全球 80% 的空调、90% 的个人计算机、75% 的太阳能电池板、70% 的手机和 63% 的鞋产自中国。中国目前已有超过 770 种**制成品**的出口量占世界第一，这一系列"第一"更表明了"中国制造"在全球经济中**举足轻重**的地位。

对此最为**直观**的描述**莫过于**那位美国家庭主妇在书中所写："中国制造"正在成为经济全球化①的主角，正在全球范围内改变人们的生活方式。

（二）转型升级应对"大考"

"中国制造"令人骄傲的**业绩掩盖**不了繁荣背后的**隐忧**。如今，"中国制造"模式正被周边国家、拉美国家所**模仿**，单纯依靠劳动力成本、原材料成本等资源成本比较优势②已经无法为中国企业赢得未来，"中国制造"正面临着**迄今为止**形势最为严峻的一次"大考"。

近些年来，以成本优势立足的"中国制造"越来越受到人民币升值、劳动力成本和原材料成本上升的压力，面对俄罗斯、印度、巴西等国的竞争，已经没有太大的发展空间。同时，缺乏技术和品牌等深层次竞争资源，如果依然停留在简单的加工层面，满足于微薄的利润，中国终将**沦**为全球产业价值链的最低端，将会失去持续快速发展的能力。

"东莞塞车，世界缺货"这句话一直是"中国制造"的最好**注解**。东莞是国际性的加工制造业基地和中国重要的**外贸**出口基地，世界上大多工业产品都可以在东莞"工业生物链"中找到其相配套的行业和产品，如世界上95%的IT产品都可以在这里配齐。而这两年，在这个一直熙熙攘攘的全球最大制造业基地之一的地区，一些工业园区里**人去楼空**的现象逐渐增加，越来越多的工厂大门紧锁，**门可罗雀**。

"中国制造"出路何在？

办法之一，就是要积极从低技术含量的组装向先进制造**转型**和升级，逐步摆脱对劳动密集型产业③的依赖，提升产品**附加值**，向国际产业分工的高端迈进。最新一届的广交会④上，一个现象值得中国企业深思，那就是在全球市场受金融危机重创背景下，传统的、低档的**"大路货"**生意冷清，而技术含量高、设计新颖的产品并不愁销路。

(资料来源：作者王小波、丁静，《回望30年："中国制造"的非常故事》，经济参考报 2008-12-19 有改编)

▶ 生词

1. 标签　　biāo qiān　　（名）　标明物品名称、价格、规格的纸签；label
2. 庞大　　páng dà　　（形）　很大规模；huge
3. 体系　　tǐ xì　　（名）　指一定范围内或同类的事物按照一定的秩序和内部联系组合而成的整体；system
4. 彼岸　　bǐ àn　　（名）　另一边，对岸；the other shore
5. 风靡一时　　fēng mǐ yī shí　　（成）　形容一个事物在一个时期内非常盛行；become fashionable for a time

6. 熬	áo	(动)	忍受；to endure
7. 相对	xiāng duì	(副)	非绝对的(跟绝对相对)；relative
8. 主题	zhǔ tí	(名)	文艺作品中所表现的中心思想；motif
9. 无所不在	wú suǒ bù zài	(成)	到处都存在，到处都有；omnipresent
10. 制成品	zhì chéng pǐn	(名)	加工好的产品；finished products
11. 举足轻重	jǔ zú qīng zhòng	(成)	指处于重要地位，一举一动都足以影响全局；play a decisive role
12. 直观	zhí guān	(形)	用感官直接接收的；be directly perceived through the sense
13. 莫过于	mò guò yú	(动)	没有超过的；nothing is more
14. 业绩	yè jì	(名)	建立的功劳和完成的事业，重大的成就；outstanding achievement
15. 隐忧	yǐn yōu	(名)	不可言状的忧虑；secret worry
16. 模仿	mó fǎng	(动)	按照现成的样子做；to copy
17. 迄今为止	qì jīn wéi zhǐ	(副)	到现在为止；so far
18. 沦	lún	(动)	没落、陷入(不利的境地)；to sink
19. 注解	zhù jiě	(名)	泛指解释；annotation
20. 外贸	wài mào	(名)	对国外的贸易；foreign trade
21. 熙熙攘攘	xī xī rǎng rǎng	(成)	形容人来人往，非常热闹拥挤；bustling with activity
22. 人去楼空	rén qù lóu kōng	(成)	人已离去，楼中空空；find no one else in the room
23. 门可罗雀	mén kě luó què	(成)	形容十分清冷，宾客稀少；deserted
24. 转型	zhuǎn xíng	(动)	社会经济结构、文化形态、价值观念等发生转变；transition
25. 附加值	fù jiā zhí	(名)	原料经过深加工后所增加的价值；added value
26. 大路货	dà lù huò	(名)	质量普通而销路广的商品；staple goods

▶ 经贸词条及注释

① 经济全球化

经济全球化(economic globalization)是指世界经济活动超越国界，通过对外贸易、资本流动、技术转移、提供服务、相互依存、相互联系而形成的全球范围的有机经济整体的过程。它是商品、技术、信息、服务、货币、人员等生产要素跨国跨地区的流动(简单地说，也就是世界经济日益成为紧密联系的一个整体)。经济全球化是当代世界经济的重要特征之一，也是世界经济发展的重要趋势。

② 比较优势

当某一个生产者以比另一个生产者更低的机会成本来生产产品时，我们称这个生产者在这种产品和服务上具有比较优势(comparative advantage)。

③ 劳动密集型产业

劳动密集型产业(labour intensive industry)是指进行生产主要依靠大量使用劳动力，而对技术和设备的依赖程度低的产业。

④ 广交会

广交会即广州交易会，也称中国进出口商品交易会(the china import and export fair)，创办于 1957 年春季，每年春秋两季在广州举办，距今已有六十年历史。广交会是中国目前历史最长、层次最高、规模最大、商品种类最全、到会客商最多、成交效果最好的综合性国际贸易盛会。

▶ 语法

1. ……达……

表示事物性质的单音节形容词，与"达"一起使用，后接数量词，强调事物性质达到的具体程度。例如：

① 目前，制造业在中国 GDP 的比重高达 40%。

② 这名男子重达 590 公斤，可能打破世界纪录。

③ 下周上市新车多达 9 款，其中大部分是国产品牌。

2. 据统计……

根据已有的统计资料来举证，后面一般是具体统计数据。例如：

① 据统计，全球 80%的空调、90%的个人计算机、75%的太阳能电池板、70%的手机和 63%的鞋产自中国。

② 据统计，目前世界上约有 7000 种语言，其中近一半左右的语言使用者不到一万人。

③ 据统计，我国目前使用网络的人数已经达到一亿三千二百万人。

▶ 练习

(一) 选词填空

注解　制成品　无所不在　标签　主题　门可罗雀　业绩　模仿　彼岸　大路货

1. "中国制造，世界合作"，这是在美国有线新闻网(CNN)播出过的"中国制造"商业广告的中心(　　　)。

2. "中国制造(Made in China)"是世界上认知度最高的(　　　)之一。

3. "中国制造"令人骄傲的(　　　)掩盖不了繁荣背后的隐忧。

4. 如今，"中国制造"模式正被周边国家、拉美国家所(　　　)。

5. 有一本书叫《离开"中国制造"的一年》，它在大洋(　　　)的美国风靡一时。

6. 传统的、低档的(　　　)生意冷清，而技术含量高、设计新颖的产品并不愁销路。

7. 中国目前已有超过770种(　　　)的出口量占世界第一。

8. "东莞塞车，世界缺货"这句话一直是"中国制造"的最好(　　　)。

9. 广告的一个个画面集中展现了"中国制造(　　　)的身影"。

10. 一些工业园区里人去楼空的现象逐渐增加，越来越多工厂大门紧锁，(　　　)。

(二) 词语造句

1. 风靡一时：_____。

2. 举足轻重：_____。

3. 莫过于：_____。

4. 迄今为止：_____。

5. 人去楼空：_____。

(三) 短文填空

1. 过去30年，"中国制造"的快速成长也深刻影响了全世界。"中国制造，世界合作"，这是在美国有线新闻网(CNN)播出过的"中国制造"商业广告的中心(　　　)。从清晨跑步所穿的运动鞋到冰箱、MP3，再到印着"中国制造"标签的飞机，广告的一个个画面集中展现了"中国制造(　　　)的身影"。据统计，全球80%的空调、90%的个人计算机、75%的太阳能电池板、70%的手机和63%的鞋产自中国。中国目前已有超过770种(　　　)的出口量占世界第一，这一系列"第一"更表明了"中国制造"在全球经济中(　　　)的地位。

2. "中国制造"令人骄傲的业绩掩盖不了繁荣背后的(　　　)。如今，中国制造模式正被周边国家、拉美国家所(　　　)，单纯依靠劳动力成本、原材料成本等资源成本(　　　)已经无法为中国企业赢得未来，"中国制造"正面临着(　　　)形势最为严峻的一次"大考"。

(四) 回答问题

1. 你对"中国制造"有什么印象?

2. 说一说"中国制造"对中国和世界有什么影响?

3. "中国制造"面临的问题是什么,出路又是什么呢?

(五) 阅读与写作

从"中国制造"到"中国匠造"

百年来,工匠精神如同一台不知休止的发动机,引领着世界各地的长寿企业不断向前奔跑,并成为其<u>生生不息</u>的重要源泉。有人说,没有手艺人的心态,很难把产品做到极致。工匠就是一群将事情做到极致的人,他们对技术的痴迷和对创新的<u>孜孜以求</u>,推动了经济的发展和社会的进步。

在家电大牌云集的日本,对于"工匠精神"有着自身独特的<u>诠释</u>。据悉,日本某家电企业为打造一款满意的电饭煲,首先邀请三千人在全日本的寿司店品尝寿司,找出最适合日本人口感的米;然后投入大量的时间和精力研究这种米的烹制过程,并定出制作电饭煲内胆的竹炭材料;接着派出多个小组在全日本收购最理想的竹炭原料,最后利用高温 3000度烧制 3 个月时间,做成新型电饭煲内胆。这样一款产品的诞生,无疑是对"工匠精神"最完美的诠释。重视细节、精益求精的意识,敬业的态度,学习和超越学习的能力,就是日本"匠人文化"的核心<u>精髓</u>,也是日本强国之根本。

"中国制造"的生产能力世界第一,却缺乏核心技术和人性设计。一直以来,"中国制造"解决的都是短缺问题,却忽略了对优质产品的探索、研发和生产,不少中国制造企业把像匠人一样追求产品品质的精神抛在脑后。如何让工匠精神回归,从"中国制造"到"中国匠造",我们真的还有很长的路要走。

(资料来源:品质泰州《如何从"中国制造"到"中国匠造"?看看竞争对手的故事》,

https://www.wenji8.com/p/10eA7bl.html 有改编)

1. 尝试写出文中划线词语的解释

① 生生不息: _____。

② 孜孜以求: _____。

③ 诠释: _____。

④ 精髓: _____。

2. "匠人"是怎样的人?"工匠精神"是怎样的精神?把你的理解写下来吧。

贸

易

篇

第五课　国际贸易和比较优势

> 即使你样样不如别人，你也可以活得很好，因为别人就像你有求于他那样，也有求于你，通过相互交换，可以实现**双赢**。这就是比较优势原理，其逻辑**无懈可击**，是解释国际贸易原因的理论基础。

▶ 课文

（一）亚当·斯密的"绝对优势说"

1492 年哥伦布到达美洲大陆，人们从这一地理大发现中第一次知道，这个世界其实没多大，我们都在一个小小的星球上。也正是从那个时候开始，各国之间的交往迅速增加，主要的标志就是国家之间的贸易往来(也就是国际贸易)变得**异常频繁**。

国家之间为什么要做贸易呢？肯定是因为做贸易要比不做贸易，也就是**自给自足**好。经济学家的贡献，就是要在理论上解释清楚国际贸易的原因。

英国古典经济学①家亚当·斯密首先以家庭之间的分工为例指出，如果一件东西购买所花费用比在家内生产的少，就应该去购买而不要在家内生产，这是每一个精明的家长都知道的**格言**。裁缝不想自己做鞋，而要向鞋匠购买，鞋匠不愿自己做衣服，而要雇佣裁缝制作，农村的居民与其自己做鞋和衣服，还不如专心生产粮食，然后用粮食去交换其他物品。其实他们都认识到，应当把他们的全部精力集中用于比邻人有利地位的职业，用自己的产品去交换其他物品，会比自己生产一切物品得到更多的利益。

斯密认为这种个人、家庭之间的分工原则，也适用于国家之间，国际分工是各种形式分工中的最高阶段。所以，在 1776 年出版的《国富论》这本古典经济学**奠基**之作中，他写道，"如果其他国家提供的某种商品，比我们自己生产更便宜，那么，与其我们自己来生产它，还不如输出我们最**擅长**生产的商品，去跟外国交换。"这个理论就叫作"绝对优势说"。斯密举例说，在苏格兰可以利用温室种植葡萄，并**酿造**出同国外一样好的葡萄酒，但要付出比国外高 30 倍的**代价**。他认为，如果真的这样做，显然是**愚蠢**的行为。每一个国家都有其适宜于生产某些特定产品的绝对有利的生产条件，如果每一个国家都按照其绝对有利的生产条件(即生产成本绝对低)去进行专业化生产，然后彼此进行交换，将会使各国的资源、劳动和资本得到最有效的利用,将会大大提高劳动生产率[②],这样做对所有国家都是有利的,世界的财富也会因此而增加。

亚当·斯密的绝对优势说指明,一个国家应该出口那些在本国生产更有**效率**的商品,进口那些在国外生产更有效率的商品;按照这样一种原则进行国际贸易,贸易双方都能比**闭关自守**获得更多的好处。

(二) 大卫·李嘉图的 "比较优势说"

亚当·斯密的绝对优势说**暗含**这样一个**假设**,就是参加贸易的双方,至少各有一种具有优势的商品能在国际间销售。但如果一个国家所有的商品生产,相对于另一个国家都处于劣势,那么这两个国家之间还会有国际贸易吗? 为了回答这个问题,大卫·李嘉图于1817年提出了他的 "比较优势说"。迄今为止,这一理论仍然为世界各国的经济学家所普遍接受,萨缪尔森在他**风靡**全球的《经济学》一书中,称它为 "国际贸易不可动摇的基础"。

为了便于大家理解比较优势说,我们不妨先看一段故事:有兄弟俩,他们都已结婚成家, 另立门户。哥哥家养着一头牛,弟弟家有一台拖拉机。如果用牛来耕地,一天可以赚40块钱,搞运输能赚60块钱;拖拉机干活比牛强,耕一天地可以赚50块钱,搞运输能赚100块钱。刚开始的时候,兄弟俩都是上午耕地,下午跑运输,一天下来,哥哥收入50块,弟弟收入75元。几天过后,聪明的弟弟发现了一个问题,就是哥俩一天干两种活,不如分一下工。于是他就找哥哥说,从今以后,你替我耕地,我则专门跑运输,每天除了你耕地得到40元外,我再给你20元作为你替我耕了半天地的报酬,这样你就可以得到60元,比以前多得10元,我在支付了给你的报酬之后,还能得到80元,比以前多得5元,对我们两个都有好处。哥哥起初**将信将疑**,心里反复**盘算**,始终不知道这多出的15元是哪里来的,还以为是精明的弟弟在骗他,便**支支吾吾,不置可否**。后来经弟弟解释,哥哥才明白这15元是哥俩分工创造的,于是欣然**应允**。

上面的例子说明,和牛相比,虽然拖拉机在耕地和跑运输方面都有优势,但占优势的程度并不相同,相对于耕地而言,跑运输的优势更大一些,这就是比较优势的含义之所在。反过来,虽然牛在耕地和跑运输方面都处于劣势,但在耕地方面的劣势更小一些,与跑运输相比,这自然也是一种比较优势。按照比较优势分工的结果,兄弟俩都得到了好处。把这个原理扩展到任何两个国家的任何两种产品,我们就明白了李嘉图的比较优势说,即一个国家不论处于什么发展阶段,不论经济力量是强还是弱,都能确定自己的比较优势,即使处于劣势的也可以找到劣势中的优势。各国只要都根据自己的比较优势进行分工,让优势国家生产优势更大的产品,劣势国家生产劣势较小的产品,然后两国开展贸易,则贸易双方都可以用较小的**消耗**,创造出更多的财富。这就是说,并非只有 "**互通有无**" 才进行贸易,也并非只有在 "绝对优势" 或 "绝对劣势" 的情况下才参与国际贸易;只要通过正确的比较, "两优相权取其重,两劣相权取其轻",任何国家都可以从国际贸易中得到好处,这也是为什么当今世界上国际贸易迅速发展的根本原因。

(资料来源:作者刘旺,《国际贸易理论:比较优势》,

http://www.liuwang.cn/ArticleDetail.aspx?DetailID=280806 有改编)

▶ **生词**

1. 国际贸易　guó jì mào yì (名)　商品和劳务的国际交换活动；International Trade

2. 双赢　　　shuāng yíng　(动)　双方都能得益；win-win

3. 无懈可击　wú xiè kě jī　(成)　形容十分严密，找不到一点漏洞；

　　　　　　　　　　　　　　　with no chink in one's armour

4. 异常　　　yì cháng　　(形)　非常；extremely

5. 频繁　　　pín fán　　　(形)　间隔短暂的，(次数) 多的；frequent

6. 自给自足　zì jǐ zì zú　(成)　依靠自己的生产，满足自己的需要；self-sufficiency

7. 格言　　　gé yán　　　(名)　含有教育意义，可作为准则的字句；motto

8. 奠基　　　diàn jī　　　(名)　奠定的基础；foundation

9. 擅长　　　shàn cháng　(动)　独具某种特长；to be good at

10. 酿造　　　niàng zào　　(动)　指利用发酵作用制造醋、酒等；

　　　　　　　　　　　　　　　make vinegar，wine，etc.

11. 代价　　　dài jià　　　(名)　为得到某种东西或实现某个目标而付出的钱物、精

　　　　　　　　　　　　　　　力等；cost

12. 愚蠢　　　yú chǔn　　　(形)　愚笨无知；stupid

13. 效率　　　xiào lǜ　　　(名)　单位时间内完成的工作量；efficiency

14. 闭关自守　bì guān zì shǒu　(成)　关闭关口，不和外人来往；

　　　　　　　　　　　　　　　close the country to international intercourse

15. 暗含　　　àn hán　　　(动)　做事、说话包含某种意思而未明白说出；to connote

16. 假设　　　jiǎ shè　　　(名)　科学家提出解释事象的主张而尚未证明的；

　　　　　　　　　　　　　　　hypothesis

17. 风靡　　　fēng mǐ　　　(动)　形容事物很风行；fashionable

18. 门户　　　mén hù　　　(名)　家，人家；family

19. 将信将疑　jiāng xìn jiāng yí　(成)　有点相信，又有点怀疑；

　　　　　　　　　　　　　　　half believing and half doubting

20. 盘算　　　pán suàn　　　(动)　对事情的过程或结果进行仔细而从容的考虑；

　　　　　　　　　　　　　　　to calculate

21．支支吾吾　zhī zhī wú wú　（成）　指说话吞吞吐吐，含混躲闪；to hem and haw

22．不置可否　bù zhì kě fǒu　（成）　不说行，也不说不行；be noncommittal

23．应允　　　yīng yǔn　　（动）　答应、允许；to consent

24．消耗　　　xiāo hào　　（名）　消散损耗；consumption

25．互通有无　hù tōng yǒu wú　（成）　用多余的东西与对方交换，以得到自己缺少的
　　　　　　　　　　　　　　　　　东西；mutual exchange of needed products

▶ 经贸词条及注释

① 古典经济学

古典经济学(classical economics) 是代表新兴资产阶级利益的经济理论体系，17 世纪下半叶产生于英、法两国，主要代表为英国的配第、亚当·斯密和李嘉图，法国的魁奈等。古典经济学反对封建制度，提倡自由放任，对资本主义经济制度作了初步科学分析，奠定了劳动价值论的基础，揭示了资本主义社会的阶级结构和阶级间利益对立，但把资本主义看作永恒的生产方式，没有认识到资本主义的历史局限性。

② 劳动生产率

劳动生产率(labor productivity)是指劳动者在一定时期内创造的劳动成果与其相适应的劳动消耗量的比值。劳动生产率水平可以用同一劳动在单位时间内生产某种产品的数量来表示，单位时间内生产的产品数量越多，劳动生产率就越高；也可以用生产单位产品所耗费的劳动时间来表示，生产单位产品所需要的劳动时间越少，劳动生产率就越高。

▶ 语法

1. 与其……，还不如……

与其 A，还不如 B，表示在 A 和 B 选项中，认为应该选择 B 选项。例如：

① 农村的居民与其自己做鞋和衣服，还不如专心生产粮食，然后用粮食去交换其他物品。

② 与其我们自己来生产它，还不如输出我们最擅长生产的商品，去跟外国交换。

③ 雨这么大，我们与其冒雨回家，还不如在学校等一等，雨停再走。

2. 相对于……而言

指针对某个事物或问题，相比较来说，后面的句子往往是比较的结论。例如：

① 相对于耕地而言，拖拉机跑运输的优势更大一些。

② 相对于收入而言，房价现在看起来实在太高了。

③ 相对于国家而言，个人永远是渺小的。

▶ 练习

(一) 选词填空

擅长　双赢　盘算　应允　消耗　效率　风靡　假设

1. 一个国家应该出口那些在本国生产更有(　　　　)的商品。

2. 萨缪尔森在他(　　　　)全球的《经济学》一书中,称它为"国际贸易不可动摇的基础"。

3. 通过相互交换,可以实现(　　　　)。

4. 让优势国家生产优势更大的产品,劣势国家生产劣势较小的产品,然后两国开展贸易,则贸易双方都可以用较小的(　　　　),创造出更多的财富。

5. 亚当·斯密的绝对优势说暗含这样一个(　　　　),就是参加贸易的双方,至少各有一种具有优势的商品能在国际间销售。

6. 哥哥起初将信将疑,心里反复(　　　　),始终不知道这多出的 15 元是哪里来的。

7. 如果其他国家提供的某种商品,比我们自己生产更便宜,那么,与其我们自己来生产它,还不如输出我们最(　　　　)生产的商品,去跟外国交换。

8. 后来经弟弟解释,哥哥才明白这 15 元是哥俩分工创造的,于是欣然(　　　　)。

(二) 词语造句

1. 无懈可击: _____。

2. 闭关自守: _____。

3. 将信将疑: _____。

4. 不置可否: _____。

5. 互通有无: _____。

6. 与其……,还不如……: _____。

7. 相对于……而言: _____。

(三) 短文填空

1. 斯密认为这种个人、家庭之间的分工原则,也适用于国家之间,国际分工是各种形式分工中的最高阶段。所以,在 1776 年出版的《国富论》这本古典经济学(　　　　)之作中,他写道,"如果其他国家提供的某种商品,比我们自己生产更便宜,那么,与其我们自己来生产它,还不如输出我们最(　　　　)生产的商品,去跟外国交换。"这个理论就叫作"绝对优势说"。他举例说,在苏格兰可以利用温室种植葡萄,并(　　　　)出同国外一样好的葡萄酒,但要付出比国外高 30 倍的(　　　　)。他认为,如果真的这样做,显然是(　　　　)的行为。每一个国家都有其适宜于生产某些特定产品的绝对有利的生产条件,如果每一个国家都按照其绝对有利的生产条件(即生产成本绝对低)去进行专业化生产,然后彼此进行交换,将会使各国的资源、劳动和资本得到最有效的利用,将会大大提高劳动生产率,这样做对所有国家都是有利的,世界的财富也会因此而增加。

2. 各国只要都根据自己的比较优势进行分工，让优势国家生产优势更大的产品，劣势国家生产劣势较小的产品，然后两国开展贸易，则贸易双方都可以用较小的(　　　　　　)，创造出更多的财富。这就是说，并非只有(　　　　　　　　)才进行贸易，也并非只有在"绝对优势"或"绝对劣势"的情况下才参与国际贸易；只要通过正确的比较，(　　　　　　　　　　　　　　　　　)，任何国家都可以从国际贸易中得到好处，这也是为什么当今世界上国际贸易迅速发展的根本原因。

(四) 回答问题

1. 请简单介绍一下亚当·斯密的"绝对优势说"。
2. 请简单介绍一下大卫·李嘉图的"比较优势说"。

(五) 阅读与写作

爱索兰国的国际贸易故事

有一天，一位爱索兰国的发明家发明了一种成本极低的炼钢方法，但是生产过程极为神秘，而且发明家坚持保密。奇怪的是，发明家不需要多投入任何工人或者钢铁炼矿，唯一需要的是本国的小麦。因此，发明家被誉为天才。

因为钢铁在爱索兰的应用如此之广，所以这项发明降低了许多物品的成本，并使爱索兰的民众生活水平大大提高。钢铁厂关门以后，一些原先的工人则蒙受了痛苦，但最终他们通过各种方法找到了新的工作。一些人成了农民，种植发明家需要的小麦，另一些人则进入由于生活水平提高而出现的新行业。每一个人似乎都能理解，这些工人被代替是进步不可避免的一部分。

几年以后，一位多事的报社记者决定调查这个神秘的炼钢过程。她偷偷潜入发明家的工厂，终于发现发明家原来是一个大骗子。发明家根本没有炼钢，他只是违法地把小麦运送到其他国家进口钢铁。发明家唯一所做的事情就是从国际贸易中获取私利。

真相被披露后，政府停止了发明家的经营，钢铁价格随之上升，工人回到了原先的钢铁厂工作，爱索兰国的生活水平退回到以前。

发明家被投入狱中并遭到大家的嘲笑。毕竟他不是发明家，他仅仅是一个经济学家！

(资料来源：作者曼昆，《经济学原理》，北京大学出版社 有改编)

1. 尝试写出文中划线词语的解释

① 誉：＿＿＿＿＿＿＿＿＿＿＿＿＿＿＿＿＿＿＿＿＿＿＿＿＿＿＿＿＿＿＿。

② 蒙受：＿＿＿＿＿＿＿＿＿＿＿＿＿＿＿＿＿＿＿＿＿＿＿＿＿＿＿＿＿。

③ 多事：＿＿＿＿＿＿＿＿＿＿＿＿＿＿＿＿＿＿＿＿＿＿＿＿＿＿＿＿＿。

④ 披露：＿＿＿＿＿＿＿＿＿＿＿＿＿＿＿＿＿＿＿＿＿＿＿＿＿＿＿＿＿。

2. 这个故事说明了什么，请把你的理解写下来。

第六课 乞丐也能玩转市场营销

现代市场营销①无处不在，包括市场调研、目标市场选择、产品开发和定位、产品促销等一系列与市场有关的活动。听起来很深奥是吗？来一起看看乞丐们是如何把市场营销应用到炉火纯青的地步。

▶ 课文

(一) 市场分析和目标客户锁定

我拎着刚买的 levi's 从茂业商厦出来，站在门口等一个朋友。一个职业乞丐发现了我，非常专业的、径直地停在我面前。这一停，便有了后面这个让我深感震撼的故事，就像上了一堂生动的市场调查案例课。

"先生……行行好，给点吧。"我一时无聊，便在口袋里找出一个硬币扔给他，并同他攀谈起来。

乞丐很健谈："……我只在这一带乞讨，你知道吗？我一眼就扫见你。在茂业商厦买 levi's，一定是舍得花钱的人……"。

"哦？你懂的蛮多嘛!"我很惊讶。

"做乞丐，也要用科学的方法。"他说。

我一愣，饶有兴趣地问："什么科学的方法?"

"你先看看我和其他乞丐有什么不同的地方?"我仔细打量他，头发很乱，衣服很破，手很瘦，但都不脏。

他打断我的思考，说："人们对乞丐都很反感，但我相信你并没有反感我，这点我看得出来。这就是我与其他乞丐的不同之处。"

我点头默认，确实不反感，要不我怎么同一个乞丐攀谈起来。

"我懂得 SWOT 分析②，优势、劣势、机会和威胁。对于我的竞争对手，我的优势是我不令人反感，机会无非是深圳人口多，威胁是深圳将要市容整改，不允许我们在城市中心乞讨。我做过精确的计算，这里每天人流上万，穷人多，有钱人更多。理论上讲，我若是每天向每人讨 1 块钱，那我每月就能挣 30 万。但是，并不是每个人都会给，而且每天也讨不了这么多人。所以，我得分析，哪些是目标**客户**，哪些是**潜在**客户。"

"那你是怎样定义你的客户呢？"我追问。

"首先，目标客户，就像你这样的年轻先生，有经济基础，出手大方。另外还有那些情侣也属于我的目标客户，他们为了在异性面前不丢面子也会大方**施舍**。其次，我把独自一人的漂亮女孩看作潜在客户，因为她们害怕纠缠，所以多数会花钱免灾。这两类群体，年龄都控制在 20 至 30 岁之间，因为年龄太小，没什么经济基础；年龄太大，可能已经结婚，财政大权掌握在老婆手中，这类人，根本**没戏**，恨不得反过来找我要钱。"

"那你每天能讨多少钱？"我继续问。

"周一到周五，生意差点，两百块左右吧。周末，甚至可以讨到四五百。"

"这么多？"见我有些怀疑，他给我算了一笔账。"和你们一样，我也是每天工作 8 小时，上午 11 点到晚上 7 点，周末正常上班。我每乞讨 1 次的时间大概为 5 秒钟，扣除来回走动和搜索目标的时间，大概 1 分钟乞讨 1 次得 1 块钱，8 个小时就是 480 块，再乘以成功概率 60%，得到将近 300 块。"他润润嗓子继续说，"千万不能**黏**着客户满街跑，因为他若肯给钱的话早就给了，所以就算**腆**着脸纠缠，成功的机会还是很小。不能将有限的时间浪费在无施舍欲望的客户身上，不如转而寻找下一个目标。"

强！**人不可貌相**，听他分析，这个乞丐倒像是一位**资深**的市场营销**总监**。

（资料来源：作者一地牙，《一个乞丐的营销策略》，《视野》2008 第 21 期 有改编）

（二）深谙营销之道

离我住所不远处，是一条并不算热闹的小街。街口总是坐着一位白发苍苍的老乞丐，一张苍老的脸，像是水土流失极为严重的荒山。两年来，他每天都会在那里，顶着一头白发，雨天的时候也不打伞，只在身上披一个大的黑塑料袋，显然是从垃圾堆里捡来的。他很少说话，从不像其他乞丐那样**低声下气**地乞求，让你看一眼就觉得辛酸，忍不住就想要去摸口袋。

老乞丐的面前总是摆着一个大号的铝盆，里面是零星的钱币。我注意到，那散乱的**钢镚儿**中间总会夹杂着一两张十元或五元的大钞，每天都是这样。我感到很奇怪，天天都有人这么**慷慨**地施舍吗？

慢慢地熟悉了，我就问他，他说，那些整钞都是他自己放进去的。我吃惊地问："为什么？"他说："你见过别人这么大方，还好意思小气吗？"我问他："你为什么不放五十、一百的呢？"他说："别人给那么多，你再给少了好意思吗？给多了又舍不得，干脆就不给了。"

"那你为啥从来不张嘴向人要呢？"我问，"你跟他们要，收入会多点儿吧？"他说，"你硬要，他会觉得你在抢钱；你不要，他就不觉得你讨厌，下次**兴许**就能给一点。"

我想想也对，又问他："为什么你总是坐在这里，不去别的热闹地儿转转？"他说："你见过逮兔子的吗？满山都是兔子，那些背着枪到处跑的人从来都没有下网的人逮得多。"我问他为什么，他说："你跑的时候，兔子也在跑，你不一定**撵**得上。你坐在一个地方不动，那些乱跑的兔子总会撞到你网上的。"

我开始有点佩服他了，又问他："那你为什么不去人最多的广场那儿呢？"他说，"你钓过鱼吗？鱼最多的地方，钓鱼的人也最多。"阳光下，老乞丐**浑浊**的眼睛里有一种**洞察**世事，看穿人心的平静和淡漠。

　　仔细想一想，老乞丐可是有市场营销的真功夫啊！他以地理位置细分市场，避开竞争；以可怜的外表表达了自身定位；他不乞求，让厌倦了推销的现代人感到了差异化；他摆放十元或五元的钞票，抓住了消费者好面子的心理；但他绝不放五十、一百的钞票，是因为非常了解目标市场的消费者行为，面对价格敏感型的消费群体，准确地采用了低价**渗透**策略……

　　我有一种冲动，想高薪聘请这位老人家做高级营销顾问！

（资料来源：作者孟醒，《乞丐的哲学》，《读者》2009 年第 1 期 有改编）

▶ 生词

1. 玩转	wán zhuàn	（动）	对某个方面非常了解，操作得很好；skilled order about
2. 定位	dìng wèi	（动）	确定或指出……的位置；to position
3. 促销	cù xiāo	（动）	进行各种推销活动；to promote sales
4. 深奥	shēn ào	（形）	意思不易理解，高深不通俗；abstruse
5. 炉火纯青	lú huǒ chún qīng	（成）	比喻功夫达到了纯熟完美的境界；perfection
6. 锁定	suǒ dìng	（动）	最终确定；lock
7. 径直	jìng zhí	（副）	直接进行某事；directly
8. 攀谈	pān tán	（动）	指互相闲谈、交谈；to chat
9. 健谈	jiàn tán	（形）	善于谈话，滔滔不绝；be a good talker
10. 饶有兴趣	ráo yǒu xìng qù	（形）	令人感到很有趣，并十分注意；engrossing
11. 市容	shì róng	（名）	城市的面貌；appearance of a city
12. 客户	kè hù	（名）	顾客，客商；customer
13. 潜在	qián zài	（形）	存在于事物内部，不容易被发现的；potential
14. 施舍	shī shě	（动）	以财物救济穷人；to give alms
15. 没戏	méi xì	（动）	事情没有成功的希望；hopeless
16. 黏	nián	（动）	像胶一样附着，指纠缠；stick to
17. 腆	tiǎn	（动）	厚着脸皮；brazen
18. 人不可貌相	rén bù kě mào xiàng	（成）	不能只根据相貌、外表判断一个人；don't judge people by appearances
19. 资深	zī shēn	（形）	阅历丰富，资格老；senior
20. 总监	zǒng jiān	（名）	总督察官；inspector general
21. 谙	ān	（动）	熟悉，精通；versed in
22. 低声下气	dī shēng xià qì	（成）	形容说话时态度卑微恭顺的样子；humble

23.	钢镚儿	gāng bèng er	(名)	小面额的金属硬币；small coin
24.	慷慨	kāng kǎi	(形)	大方，不吝啬；generous
25.	兴许	xīng xǔ	(副)	也许，或许；maybe
26.	撵	niǎn	(动)	追赶；catch up
27.	浑浊	hún zhuó	(形)	由于沉淀或沉积物而混浊不清；muddy
28.	洞察	dòng chá	(动)	看穿，观察得很透彻；to see clearly
29.	渗透	shèn tòu	(动)	某种事物或势力逐渐进入其他方面；to pervade

▶ 经贸词条及注释

① 市场营销

市场营销(marketing)，又称为市场学、市场行销或行销学，是在创造、沟通、传播和交换产品中，为顾客、客户、合作伙伴以及整个社会带来经济价值的活动、过程和体系。市场营销主要是指营销人员针对市场开展经营活动、销售行为的过程。

② SWOT 分析

SWOT 分析法是用来确定企业自身的竞争优势、竞争劣势、机会和威胁，从而将公司的战略与公司内部资源、外部环境有机结合起来的一种科学的分析方法。

▶ 语法

1. 恨不得

意思是多么想，表示一个人的强烈愿望。例如：

① 年龄太大的，可能已经结婚，财政大权掌握在老婆手中，这类人，根本没戏，恨不得反过来找我要钱。

② 他羞愧极了，恨不得找个地洞钻进去。

③ 当今社会人心浮动，互相攀比，恨不得让孩子成为全能天才！

2. 甚至

强调程度更高，事态更严重，有更近一层的意思。例如：

① 周一到周五，生意差点，两百块左右吧；周末，甚至可以讨到四五百。

② 这道题太简单了，不用费脑子，甚至看一眼就能得出答案。

③ 他病得太严重了，虚弱得甚至连呼吸都很艰难！

▶ 练习

(一) 选词填空

谙　饶有兴趣　施舍　黏　资深　径直　低声下气　深奥　攀谈　兴许

1. 我一时无聊，便在口袋里找出一个硬币扔给他，并同他(　　　　)起来。

2. 那些情侣也属于我的目标客户，他们为了在异性面前不丢面子也会大方(　　　　)。

3. 一位深(　　　　)营销之道的老乞丐。

4. 一个职业乞丐发现了我，非常专业的、(　　　　)地停在我面前。

5. 他很少说话，从不像其他乞丐那样(　　　　)的乞求。

6. 千万不能(　　　　)着客户满街跑，因为他若肯给钱的话早就给了。

7. 你不要，他就不觉得你讨厌，下次(　　　　)就能给一点。

8. 我一愣，(　　　　)地问，"什么科学的方法？"

9. 人不可貌相，听他分析，这个乞丐倒像是一位(　　　　)的市场营销总监。

10. 现代市场营销①无处不在，包括市场调研、目标市场选择、产品开发和定位、产品促销等一系列与市场有关的活动。听起来很(　　　　)是么？

(二) 词语造句

1. 炉火纯青：＿＿＿＿＿＿＿＿＿＿＿＿＿＿＿＿＿＿＿＿＿＿＿＿＿＿＿＿＿＿。

2. 潜在：＿＿＿＿＿＿＿＿＿＿＿＿＿＿＿＿＿＿＿＿＿＿＿＿＿＿＿＿＿＿＿＿。

3. 洞察：＿＿＿＿＿＿＿＿＿＿＿＿＿＿＿＿＿＿＿＿＿＿＿＿＿＿＿＿＿＿＿＿。

4. 恨不得：＿＿＿＿＿＿＿＿＿＿＿＿＿＿＿＿＿＿＿＿＿＿＿＿＿＿＿＿＿＿。

5. 甚至：＿＿＿＿＿＿＿＿＿＿＿＿＿＿＿＿＿＿＿＿＿＿＿＿＿＿＿＿＿＿＿＿。

(三) 短文填空

1. 首先，目标客户，就像你这样的年轻先生，有经济基础，出手(　　　　)。另外还有那些情侣也属于我的目标客户，他们为了在异性面前不丢面子也会大方(　　　　)。其次，我把独自一人的漂亮女孩看作(　　　　)客户，因为她们害怕纠缠，所以多数会花钱免灾。这两类群体，年龄都控制在 20 至 30 岁之间，因为年龄太小，没什么经济基础；年龄太大，可能已经结婚，财政大权掌握在老婆手中，这类人，根本(　　　　)，(　　　　)反过来找我要钱。

2. 仔细想一想，老乞丐可是有市场营销的(　　　　)功夫啊！他以地理位置细分(　　　　)，避开竞争；以可怜的外表表达了自身(　　　　)；他不乞求，让厌倦了推销的现代人感到了(　　　　)化；他摆放十元或五元的钞票，抓住了消费者好面子的(　　　　)；但他绝不放五十、一百的钞票，是因为非常了解目标市场的消费者(　　　　)，面对价格敏感型的消费群体，准确地采用了低价渗透策略……

(四) 回答问题

1. 请谈一谈第一个乞丐是怎样进行市场分析和锁定目标客户的。

2. 请分析一下第二个乞丐是怎样运用营销之道进行乞讨的。

(五) 阅读与写作

接水的故事

从前，在一座大山里坐落着一个小村庄，村里仅有一口井。由于井水水位一再下降，所以村长决定在村里修建一个小水库，以解决水源困扰的问题。大山的另外一边有条不错的河流，只是距离有点远。于是村长发动全村的劳力每天去河流那边挑水，并许诺每桶水的工钱为 5 美元。为了更好地激励大家，村长还设置了一笔 5000 美元的奖金，以奖励一年内挑水最多的人。

听到这个消息后最激动的人就属西蒙了，他是村里有名的壮汉，每桶水 5 美元本身就是不错的收入，年终的 5000 美元他更是<u>势在必得</u>了，因为村里没有谁比他更强壮更有力量了。于是，他第一个响应村长的号召。去往河流的路程每天仅够两个来回，比起其他人，西蒙的优势在于他一次可以挑两桶水走完这样的距离。虽然不容易，但西蒙坚持下来了，他觉得奖金是<u>非他莫属</u>的。一年后，水库如期建成了，村民们都很兴奋，最激动的依然还是西蒙，因为一年多的努力终于要得到回报了。村长先感谢了全村人的付出，接着说"我当初许诺给建设水库做出最大贡献的人奖励 5000 美元，今天我将<u>兑现</u>诺言，这个人就是马丁！"

村民们一阵<u>哗然</u>，西蒙更有点意外。虽说马丁和他一样勤劳，但马丁只是个瘦弱的小伙子啊，怎么会是他呢？村长接着说："就在前几天，马丁修通了连接山上河流的管道，从此，我们就有稳定的水源了。"村民们发出了热烈的掌声。西蒙有点失落，却不得不承认马丁的贡献。原来马丁为了帮扶家里，也第一时间响应了村长的挑水计划。刚开始的一个月，马丁真的不适应，山路艰难，他力量也不足，走走停停，每天都要比别人晚到家。这时他心中隐约有了一个想法——因为河流是在山腰上，而村庄是在山脚下，如果能建成一条管道的话，水便可以自然流到村里。虽然对如何建成管道还没有概念，但他还是决定每天尝试一下。于是在每天挑水回来之后，他都会再花点时间砍村边的竹子，并把它们接成水管，然后第二天挑水的时候顺便带上，把水管铺在路上。日复一日，水管终于接到了村里，河流里的水也如愿引到了在建的水库中。

从商业活动角度看，体魄强壮的西蒙就像是一个勇猛果敢的销售人员 Sales，而敏捷聪慧的马丁更像是一个典型的营销人员 Marketing。那么，通过西蒙和马丁的行为，你觉得销售和营销有哪些不同呢？

(资料来源：作者 Waterwalker，知乎问答"营销和销售的本质区别是什么"，

https://www.zhihu.com/question/19663849 有改编)

1. 尝试写出文中划线词语的解释

① 势在必得：＿＿＿＿＿＿＿＿＿＿＿＿＿＿＿＿＿＿＿＿＿＿＿＿＿＿。

② 非他莫属：＿＿＿＿＿＿＿＿＿＿＿＿＿＿＿＿＿＿＿＿＿＿＿＿＿＿。

③ 兑现：＿＿＿＿＿＿＿＿＿＿＿＿＿＿＿＿＿＿＿＿＿＿＿＿＿＿＿＿＿。

④ 哗然：＿＿＿＿＿＿＿＿＿＿＿＿＿＿＿＿＿＿＿＿＿＿＿＿＿＿＿＿＿。

2. 通过西蒙和马丁的行为，你觉得销售和营销有哪些不同呢？请把你的理解写下来。

第七课　生活中的经济法①

　　我们每个人都应该学习一些法律知识，尤其是一些和日常生活、消费、工作、投资、理财关系比较密切的经济法知识。只有这样，才能在权益和财富受到侵害时，予以有效的维护。

▶ 课文

(一) 法律不应只写在纸上

　　美国著名思想家、文学家爱默生有句名言："人们嘴上挂着的法律，其真实含义是财富。"这句话一针见血地点出了法律在公平正义属性的表象内，所包裹的经济属性的内核。法律正是通过对权利义务的规定来进行财富的再次分配，从而最终实现相对的公平与正义。试想一下，当我们想到要拿起法律武器的时候，往往也是我们的权益和财富受到侵害的时候，而我们维权的目的和最终结果也是希望通过法律重新调整原告与被告之间的财富关系，通过被告的经济赔偿来实现法律的权威与公正。

　　当今社会虽然法治理念日益深入人心，但在大多数普通公民的心目中，高高在上的法律却始终笼罩着一层神圣的光环，让人觉得可望而不可即。所以，当人们因为一些日常琐事，诸如买到假冒伪劣商品、被拖欠正常的工资奖金、所购买的理财产品无法按期兑付、保险公司拒不理赔②等问题时，虽然会郁闷，会愤怒，甚至会呐喊，但却不一定知道如何正确运用法律武器来维护自己的合法权益。

　　在许多普通老百姓看来，法律是挂在墙上的，写在纸上的，产生纠纷矛盾时拿出来吓唬别人的，而不能真正维护自己的权益。在许多人眼里，大事化小、小事化了的忍耐，以及任凭自己的性子和主观想法进行私了可能是解决矛盾的首选，这种情况在经济法领域尤其明显。

　　在纷繁复杂的社会生活中，我们应该努力做到学习法律，尊重法律，最终信赖法律。一方面，我们自己要懂法不犯法，不能突破法律红线，否则会给自己带来不必要的麻烦；另一方面，当我们卷入纠纷，甚至合法权益可能或已经被侵害的时候，也应该积极主动地通过法律途径寻求对自己权益的保护。

(二) 生活中处处都有经济法

我们无意于探讨多么艰深难懂的**法理**问题，也不想系统介绍经济法的相关理论知识，这里只是从生活实践出发，把普通老百姓在日常经济活动中最容易碰到的法律纠纷及背后所**蕴含**的经济法知识做一个普及工作。

比如在我们步入神圣的婚姻**殿堂**之前，应该先了解一下《中华人民共和国婚姻法》对结婚和离婚问题是怎么规定的，尤其是针对财产归属问题的相关规定，今后万一婚姻破碎，可以避免自己的权益受到更大程度的侵害。

比如房产是普通老百姓最大的一项资产，房屋买卖也是我们一生最大的投资。在房产买卖过程中容易发生各种纠纷，涉及的法律包括《中华人民共和国物权法》、《中华人民共和国民法通则》、《中华人民共和国合同法》、《中华人民共和国城市房地产管理法》、《中华人民共和国担保法》等，事先了解这些法律知识，能够帮助我们在房屋买卖时提前**规避**一些潜在的合同风险。

又如日常生活中我们都是消费者，每天都可能遭遇消费**欺诈**，如何根据《中华人民共和国消费者权益保护法》的有关规定进行有效维权，也是我们需要学习的。

再比如我们签订劳动合同或者签订投资理财相关合同文件时，可以用《中华人民共和国劳动法》、《中华人民共和国劳动合同法》、《中华人民共和国合同法》的相关规定来**护航**。

要特别提醒的是，不管遭遇哪类纠纷，第一时间保留相关证据永远是最重要的维权手段。上了法庭就要看证据，**举证**困难往往是维权失败的主要原因。

当我们购物时，一定要尽量要求商家开具正规发票，同时注意保存单据、商品宣传页和维权沟通记录等关键信息。当我们在日常工作时，也要保留好考勤卡、加班通知书或其他书面文字记录、工资单、工作交流中的电子邮件等证据。当我们买房或购买保险等各类理财产品时，也一定要仔细阅读合同条文，如果看不懂，应当寻求专业人士的帮助，切不可光听对方的口头介绍和承诺，更不可在没有仔细阅读书面合同条文的情况下就**草率**签字。同时，这些合同以及对方的宣传单页也一定要保留好，如果可能的话，对口头承诺也要通过录音录像等方式保留证据，以便在出现纠纷时能有力维护自己的合法权利。

(资料来源：作者邢力，《生活中的经济法》，《理财周刊》2016 年第 12 期　有改编)

▶ 生词

1. 理财	lǐ cái	(动)	指的是对财务进行管理；financial management
2. 权益	quán yì	(名)	权利和利益；rights and benefits
3. 予以	yǔ yǐ	(动)	给予；give
4. 一针见血	yī zhēn jiàn xiě	(成)	比喻说话直截了当，切中要害； pierce to the heart of the matter

5. 包裹　　bāo guǒ　　（动）　　包扎、包装；wrap up

6. 内核　　nèi hé　　（名）　　指主要内容，实质；kernel

7. 维权　　wéi quán　　（动）　　指维护个人或群体的合法权益；

safeguarding rights

8. 权威　　quán wēi　　（名）　　使人信服的力量和威望；power and prestige

9. 笼罩　　lǒng zhào　　（动）　　指广泛覆盖的样子；to envelop

10. 可望而不可即　　kě wàng bù kě jí（成）　　比喻目前还不能实现的事物；

can be looked at but not touched

11. 琐事　　suǒ shì　　（名）　　繁杂零碎的事；trifle

12. 拖欠　　tuō qiàn　　（动）　　欠钱而拖延不还；behind in payments

13. 兑付　　duì fù　　（动）　　以票据为凭证支付现金；cash a check

14. 呐喊　　nà hǎn　　（动）　　大声呼喊；shout loudly

15. 纠纷　　jiū fēn　　（名）　　争执的事情；dispute

16. 吓唬　　xià hu　　（动）　　恐吓，使害怕；to scare

17. 任凭　　rèn píng　　（介）　　任由，听凭；at one's discretion

18. 私了　　sī liǎo　　（动）　　纠纷不经过司法手续而私下了结；

to settle privately

19. 红线　　hóng xiàn　　（名）　　比喻不可逾越的界限；red line

20. 法理　　fǎ lǐ　　（名）　　法律的理论依据；legal principle

21. 蕴含　　yùn hán　　（动）　　包含在内；to contain

22. 殿堂　　diàn táng　　（名）　　高大建筑物；temple buildings

23. 规避　　guī bì　　（动）　　设法避免；avoid

24. 欺诈　　qī zhà　　（动）　　用狡诈的手段骗人；to cheat

25. 护航　　hù háng　　（动）　　护送航行；a naval escort

26. 举证　　jǔ zhèng　　（动）　　出示证据；put to the proof

27. 草率　　cǎo shuài　　（形）　　轻率，不慎重；not serious

▶ 经贸词条及注释

① 经济法

经济法(economic law)是调整在国家协调本国经济运行过程中发生的经济关系的法律规范的总称。经济法属于国内法体系。

② 理赔

理赔指保险理赔(Insurance claims)，是保险人在保险标的发生风险事故后，对被保险人提出的索赔请求进行处理的行为。在保险经营中，保险理赔是保险补偿职能的具体体现。

▶ 语法

1. 诸如……

举例用语，放在所举的例子前面，表示不止一个例子。例如：

① 当人们因为一些日常琐事，诸如买到假冒伪劣商品、被拖欠正常的工资奖金、所购买的理财产品无法按期兑付、保险公司拒不理赔②等问题时，虽然会郁闷，会愤怒，甚至会呐喊，但却不一定知道如何正确运用法律武器来维护自己的合法权益。

② 他非常关心群众，做了不少好事，诸如访问职工家属、去医院看病人，等等。

③ 我没有时间去欣赏音乐，看电影，以及诸如此类的消遣。

2. 往往……

表示经常、时常，大多数情况如此的意思，一般强调从过去到现在的习惯，而且重复出现，有一定的规律性。例如：

① 上了法庭就要看证据，举证困难往往是维权失败的主要原因。

② 有些看似平常的事往往蕴含着很深的道理。

③ 大地震发生前夕，某些动物往往有异常的反应。

▶ 练习

(一) 选词填空

红线　　私了　　蕴含　　规避　　草率　　欺诈　　护航　　予以

1. 把普通老百姓在日常经济活动中最容易碰到的法律纠纷及背后所(　　　　)的经济法知识做一个普及工作。

2. 切不可光听对方的口头介绍和承诺，在没有仔细阅读书面合同条文的情况下就(　　　)签字。

3. 我们自己要懂法不犯法，不能突破法律(　　　)，这会给自己带来不必要的麻烦。

4. 我们签订劳动合同或者签订投资理财相关合同文件时，可以用《中华人民共和国劳动法》、《中华人民共和国劳动合同法》、《中华人民共和国合同法》的相关规定来(　　　　)。

5. 我们每个人都应该学习一些法律知识，只有这样，才能在权益和财富受到侵害时，
(　　　)有效的维护。

6. 日常生活中，我们都是消费者，每天都可能遭遇消费(　　　)。

7. 事先了解这些法律知识，能够帮助我们在房屋买卖时提前(　　　)一些潜在的合同
风险。

8. 在许多人眼里，大事化小、小事化了的忍耐，以及任凭自己的性子和主观想法进行
(　　　)可能是解决矛盾的首选。

(二) 词语造句

1. 一针见血：＿＿＿＿＿＿＿＿＿＿＿＿＿＿＿＿＿＿＿＿＿。

2. 可望不可即：＿＿＿＿＿＿＿＿＿＿＿＿＿＿＿＿＿＿。

3. 任凭：＿＿＿＿＿＿＿＿＿＿＿＿＿＿＿＿＿＿＿＿＿＿。

4. 诸如：＿＿＿＿＿＿＿＿＿＿＿＿＿＿＿＿＿＿＿＿＿＿。

5. 往往：＿＿＿＿＿＿＿＿＿＿＿＿＿＿＿＿＿＿＿＿＿＿。

(三) 短文填空

1. 美国著名思想家、文学家爱默生有句名言："人们嘴上挂着的法律，其真实含义是
财富。"这句话(　　　)地点出了法律在公平正义属性的表象内，所(　　　)的经济属性
的(　　　)。法律正是通过对权利义务的规定来进行财富的再次分配，从而最终实现相对
的公平与正义。试想一下，当我们想到要拿起法律武器的时候，往往也是我们的权益和财
富受到侵害的时候，而我们(　　　)的目的和最终结果也是希望能通过法律重新调整原告
与被告之间的财富关系，通过被告的经济赔偿来实现法律的(　　　)与公正。

2. 当今社会虽然法治理念日益深入人心，但在大多数普通公民的心目中，高高在上的
法律却始终(　　　)着一层神圣的光环，让人觉得(　　　)。所以，当人们因为一些日
常(　　　)，诸如买到假冒伪劣商品、被(　　　)正常的工资奖金、所购买的理财产品无
法按期(　　　)、保险公司拒不理赔等问题时，虽然会郁闷，会愤怒，甚至会(　　　)，
但却不一定知道如何正确运用法律武器来维护自己的合法权益。

(四) 回答问题

1. 第一篇文章的主要观点是什么？
2. 第二篇文章的主要观点是什么？

(五) 阅读与写作

法律背后的故事：3·15 国际消费者权益日的由来

为扩大对消费者权益保护的宣传，使之在世界范围内得到重视，促进国家、地区消费
者组织之间的合作与交往，更好地开展保护消费者权益工作，国际消费者联盟组织于 1983

年确定每年 3 月 15 日为"国际消费者权益日"。

　　这一日期的选定是基于美国前总统约翰·肯尼迪于 1962 年 3 月 15 日在美国国会发表的《关于保护消费者利益的总统特别咨文》，其中首次提出了著名的消费者的"四项权利"，即消费者有获得消费安全的权利、取得消费正确资讯的权利、自由选择商品的权利及合法申诉的权利。肯尼迪提出的这四项权利，以后逐渐被世界各国消费者组织所<u>认可</u>，并作为最基本的工作目标。1985 年 4 月 9 日，第三十九届联合国大会一致通过《保护消费者准则》，大大促进了世界各国制定并实施消费者权益保护法的工作。

　　自 1983 年以来，国际消费者联盟组织确定每年的 3 月 15 日为"国际消费者权益日"。选择这一天作为"国际消费者权益日"，也是为了扩大宣传，促进国际范围内保护消费者的活动。正如国际消费者联盟组织主席帕金女士所说："人民的交往，产品的交换，技术和通信的活动，等等，要求我们必须在全球范围内考虑并行动。我们每年选择一天，让各方面都能听到我们为消费者而发出的声音，并且获得为未来的任务而努力的精神动力。"

　　中国消费者协会于 1987 年 9 月加入国际消费者联盟组织后，每年的 3 月 15 日"国际消费者权益日"，也都组织全国各地的消费者举办大规模的"国际消费者权益日"，以宣传<u>咨询</u>服务活动，其活动形式丰富多彩，声势大，影响大，效果好。

（资料来源：网易河北，《法律背后的故事：315 国际消费者权益日由来》，

http://hebei.news.163.com/15/0307/17/AK4CC48H02790NA9.html 有改编）

1. 尝试写出文中划线词语的解释

① 由来：＿＿＿＿＿＿＿＿＿＿＿＿＿＿＿＿＿＿＿＿＿＿＿＿＿＿＿＿＿＿。

② 认可：＿＿＿＿＿＿＿＿＿＿＿＿＿＿＿＿＿＿＿＿＿＿＿＿＿＿＿＿＿＿。

③ 咨询：＿＿＿＿＿＿＿＿＿＿＿＿＿＿＿＿＿＿＿＿＿＿＿＿＿＿＿＿＿＿。

2. 你的国家有没有"消费者权益日"，若有，会举行什么活动？请用文字介绍一下。

第八课　电商①风云之亚马逊和阿里巴巴的故事

> 随着互联网的普及和发展，电子商务迎来了**前所未有**的发展机遇。无论是光芒四射的大佬，还是默默发力的**后起之秀**，他们都在用信念追逐着自己的电商之梦。

▶ 课文

（一）杰夫·贝索斯创立亚马逊②

　　有这样一家书店，规模约占好几平方英里，拥有 310 万种以上图书，顾客达 500 万人以上，你得开着汽车才能**浏览**完它所提供的**书目**。也许这些数据让你感到惊讶，现实中真有这样的书店吗？当然它是无法在现实中存在的，因为成本太过高昂，但在互联网中，它却变成了现实，这就是亚马逊网络书店。根据美国互联网及数码**媒体**调查公司公布的数据，去年感恩节至圣诞节期间的 5 周内，亚马逊已经成为最受欢迎的电子商贸网址，访问人次高达 569.3 万。

　　而亚马逊开创的奇迹远远不止这些，作为互联网电子商务的领跑者，它的成长速度让所有的人为之惊讶！而这些，都是因为一个叫杰夫·贝索斯的人！

　　1994 年，贝索斯用 30 万美元的启动资金，在西雅图郊区他租来的房子的车库中，创建了全美第一家网络零售公司——AMAZON.COM(亚马逊公司)。贝索斯用全世界最大的一条河流来命名自己的公司，是希望它能成为出版界中**名副其实**的"亚马逊"。

　　从创业开始，为了让亚马逊在传统书店如林的竞争压力中站稳脚跟，贝索斯花了一年的时间来建设网站和设立数据库，同时打造具有舒适视觉效果的浏览**界面**和方便的选取服务功能，当然还有 110 万的可选书目……凭着这些网上技术优势，1995 年 7 月，亚马逊正式打开了它的"**虚拟商务大门**"。

　　首先，亚马逊是最便宜的书店之一，它天天都在打折，几乎是举世最大的折扣者，有高达 30 万种以上的书目有购买折扣优惠。由于亚马逊的经营不像传统书店的经营，少了中间商**提成**，这使得其销售的书籍或其他商品都有着较为平实的价格。

其次，亚马逊有比传统书店更方便快捷的服务和更全的书目。在亚马逊购书，因为有强大的技术支持，一般三秒钟之内就可得到回应，大大节省了顾客的等待时间。相对于实体书店最多几十万种书目，亚马逊在网络上却可以拿出 250 万册的书目来。

最后，亚马逊库存货物的更新速度让人吃惊。亚马逊除了 200 册的畅销书种外，几乎不存在**库存**，但即使这样，亚马逊更新的**频率**还是让人吃惊。有数据显示，亚马逊每年更换库存达 150 次之多，而实体书店则不过 3～4 次。这个数据不仅表现了亚马逊的速度，也表现了它的销量。

随着亚马逊的发展，其经营已不仅仅限于书籍了，它逐步完成了从网上书店向一个网上零售商的转变，贝索斯要把亚马逊建成一个最大的网络购物中心。

当大部分人都还不知道"电子商务"是什么东西，或还在讨论"电子商务"的时候，贝索斯已经用自己的行动证实了什么是电子商务。"亚马逊"是网络上第一个电子商务品牌，它以惊人的成长速度创造了一个网络神话。

1999 年，杰夫·贝索斯坐上了当年《时代》周刊的风云人物宝座，他也是有史以来第四个获得此**殊荣**的年轻人之一，当时他不过 36 岁。

(资料来源：作者胡综，《杰夫·贝索斯：开创亚马逊神话》，

《名人传记—财富人物》2015 年第 8 期 有改编)

(二) 马云和他的阿里巴巴[③]

他是一个善于创造奇迹的人，全球商人热烈地**追捧**他。他的网站两次被哈佛、斯坦福商学院选为 MBA **案例**，掀起全球研究热潮。阿里巴巴从 1999 年成立至今，全球十几种语言400 多家媒体对它的追踪报道从未**间断**，并连续第 5 次被《福布斯》评选为全球最佳 B2B[④]网站，其排名甚至领先于全球电子商务**巨擘**亚马逊!

这个人是马云。

1999 年，在中国互联网大潮风高浪急之时，马云开始有了自己的想法。他决定做一个和世界上所有电子商务网站不同的 B2B 网站，他不做那 15% 大企业的生意，只做 85% 中小企业的生意。"如果把企业也分成富人穷人，那么互联网就是穷人的世界。"马云在接受某媒体采访时**如是**说。在网上，对大企业和小企业的服务收费是一样的，他要为互联网服务**模式**带来一次革命!

1999 年 3 月，马云的公司在他杭州的家中**横空出世**，他为网站起了一个**众所周知**代表财富的**域名**"阿里巴巴"。创业初期，阿里巴巴团队成员都没日没夜地工作，每天工作 16到 18 小时，甚至就睡在他家的办公室里。夜里三四点钟，他们的办公室里还会**灯火通明**。他们日夜不停地搞网站设计，讨论创意和构思，集中精力做好 B2B 网站。他们抓住商人最关心的**焦点**：买与卖，让商人把求购及求售商品的资料免费"贴"在阿里巴巴的网站内，这很快便吸引了商人的兴趣，越来越多的人知道了他们的网站。

阿里巴巴其后的故事**尽人皆知**——马云 6 分钟说服软银投资基金，拿到第一笔风险投资，随后各路投资纷纷进入，其**股东不乏**国际大财团的身影如高盛、富达、软银，前 WTO

组织主席彼德·苏德兰也位列**董事会**成员中。现在，数以百万计的全球商人在阿里巴巴上交换信息。此外，马云和投资者还在 2003 年 7 月推出为消费者服务的淘宝网⑤，2004 年推出网络交易支付工具"支付宝⑥"。

2000 年，《福布斯》评价马云：有着拿破仑一样的身材，更有拿破仑一样的伟大志向！很快，马云和阿里巴巴在欧美名声日隆，来自国外的点击率和会员呈激增之势！从此，阿里巴巴开始被业界公认为全球最优秀的电子商务网站。

（资料来源：作者张业，《马云：成就"阿里巴巴"的奇才》，
http://b2b.toocle.com/detail--5351434.html 有改编）

▶ 生词

1. 风云	fēng yún	(名)	比喻对局势影响最为关键的人或事；influential
2. 前所未有	qián suǒ wèi yǒu	(成)	从来没有过的；unprecedented
3. 后起之秀	hòu qǐ zhī xiù	(成)	后来出现的或新成长起来的优秀人物；rising star
4. 浏览	liú lǎn	(动)	粗略地看一遍；to skim over
5. 书目	shū mù	(名)	图书目录；book list
6. 媒体	méi tǐ	(名)	媒介，手段；media
7. 名副其实	míng fù qí shí	(名)	指名义和实际相符；not just in name only, but also in reality
8. 界面	jiè miàn	(名)	人与物体互动的媒介；(computing) interface
9. 虚拟	xū nǐ	(形)	不符合或不一定符合事实的；unreal
10. 提成	tí chéng	(名)	从总数中提取一定的份额；to take a percentage
11. 库存	kù cún	(名)	指库中现有的现金或物资；inventory
12. 频率	pín lù	(名)	在单位时间内完成的次数；frequency
13. 殊荣	shū róng	(形)	特殊的荣誉；unusual glory
14. 追捧	zhuī pěng	(动)	指追逐捧场；pursue and admire
15. 案例	àn lì	(名)	已有的可作典型事例的案件；case
16. 间断	jiàn duàn	(动)	连续的事情中断；be disconnected
17. 巨擘	jù bò	(名)	在某一方面居于首位；giant
18. 如是	rú shì	(副)	如此这么，像这样；so

19. 模式	mó shì	(名)	事物的标准样式；pattern
20. 横空出世	héng kōng chū shì	(成)	突然出现并引人注目； roaring Across the horizon
21. 众所周知	zhòng suǒ zhōu zhī	(成)	大家普遍知道的；as everyone knows
22. 域名	yù míng	(名)	网络上某一台计算机或计算机组的名称； domain name
23. 灯火通明	dēng huǒ tōng míng	(形)	某个场景的灯光非常亮；brightly lit
24. 焦点	jiāo diǎn	(名)	比喻事情的关键所在；focus
25. 尽人皆知	jìn rén jiē zhī	(成)	人人都知道；known by everyone
26. 股东	gǔ dōng	(名)	股份制公司的投资人；shareholders
27. 不乏	bù fá	(动)	指不缺少；do not lack
28. 董事会	dǒng shì huì	(名)	是股东大会的业务执行机关；board of directors

▶ 经贸词条及注释

① 电商

电商是电子商务的简称，业界将电商划分为狭义与广义，狭义电商(e-commerce)是指实现整个贸易过程中各阶段贸易活动的电子化，而广义电商(e-business)是指利用网络实现所有商务活动业务流程的电子化。前者集中于基于互联网的电子交易，强调企业利用互联网与外部发生交易与合作；而后者则把涵盖范围扩大了很多，指企业使用各种电子工具从事商务活动。

② 亚马逊

亚马逊公司(Amazon，简称亚马逊；NASDAQ：AMZN)，是美国最大的一家网络电子商务公司，位于华盛顿州的西雅图，是网络上最早开始经营电子商务的公司之一。亚马逊成立于 1995 年，一开始只经营网络的书籍销售业务，现在则扩及了范围相当广的其他产品，已成为全球商品品种最多的网上零售商和全球第二大互联网企业。

③ 阿里巴巴

阿里巴巴(Alibaba)创建于 1998 年年底，总部设在香港(国际总部)及杭州(中国总部)，并在海外设立美国硅谷、伦敦等分支机构。阿里巴巴是目前全球最大的网上贸易市场，已成为全球首家拥有 210 万商人的电子商务网站，被商人们评为全球企业间"最受欢迎的 B2B网站"。

④ B2B

B2B 是 business-to-business 的缩写，指企业与企业之间通过专用网络或 Internet，进行数据信息的交换、传递，开展交易活动的商业模式。它将企业内部网和企业的产品及服务，通过 B2B 网站或移动客户端与客户紧密结合起来，通过网络的快速反应，为客户提供更好的服务，从而促进企业的业务发展。

⑤ 淘宝网

淘宝网是由阿里巴巴集团在 2003 年创立的网购零售平台。随着淘宝网规模的扩大和用户数量的增加，淘宝也从单一的 C2C 网络集市变成了包括 C2C、团购、分销、拍卖等多种电子商务模式在内的综合性零售商圈。目前，淘宝网已经成为世界范围的电子商务交易平台之一。

⑥ 支付宝

支付宝是中国国内领先的第三方支付平台，创立于 2004 年，致力于提供"简单、安全、快速"的支付解决方案。支付宝旗下有"支付宝"与"支付宝钱包"两个独立品牌，已成为当前全球最大的移动支付厂商。

▶ 语法

1. 凭

动词，依靠、根据的意思。例如：

① 凭着这些网上技术优势，1995 年 7 月，亚马逊正式打开了它的"虚拟商务大门"。

② 劳动人民凭着两只手创造世界。

③ 全球环境问题已经超出了民族国家治理能力的范围，仅凭一国的能力已无力解决这些问题。

2. 不乏

动词，表示不缺少，很多，固定搭配为"不乏其人"，表示那样的人并不少。例如：

① 其股东不乏国际大财团的身影。

② 人类总不乏这样的英雄人物。

③ 在众多的科学家中，自学成才的也不乏其人。

▶ 练习

(一) 选词填空

浏览　　尽人皆知　　大佬　　前所未有　　如是　　殊荣　　提成　　虚拟

1. "如果把企业也分成富人穷人，那么互联网就是穷人的世界。"马云在接受某媒体采访时(　　　　)说。

2. 杰夫·贝索斯坐上了当年《时代》周刊的风云人物宝座，他也是有史以来第四个获得此(　　　　)的年轻人之一。

3. 随着互联网的普及和发展，电子商务行业迎来了(　　　　)的发展机遇。

4. 有这样一家书店，规模约占好几平方英里，拥有 310 万种以上图书，顾客达 500 万人以上，你得开着汽车，才能(　　　　)完它所提供的书目。

5. 1995 年 7 月，亚马逊正式打开了它的"(　　　　)商务大门"。

6. 阿里巴巴其后的故事(　　　　)。

7. 无论是光芒四射的(　　　　)，还是默默发力的后起之秀，他们都在用信念追逐着自己的电商之梦。

8. 由于亚马逊的经营不像传统书店的经营，少了中间商(　　　　)，这使得亚马逊销售的书籍或其他商品都有着较为平实的价格。

(二) 词语造句

1. 名副其实：_____。

2. 后起之秀：_____。

3. 尽人皆知：_____。

4. 凭：_____。

5. 不乏：_____。

(三) 短文填空

1. 他是一个善于创造奇迹的人，全球商人热烈地(　　　　)他。他的网站两次被哈佛、斯坦福商学院选为 MBA(　　　　)，掀起全球研究热潮。阿里巴巴从 1999 年成立至今，全球十几种语言 400 多家媒体对它的追踪报道从未(　　　　)，并连续第 5 次被《福布斯》评选为全球最佳 B2B 网站，其排名甚至领先于全球电子商务(　　　　)亚马逊！

2. 1999 年 3 月，马云的公司在他杭州的家中(　　　　)，他为网站起了一个(　　　　)代表财富的(　　　　)"阿里巴巴"。创业初期，阿里巴巴团队成员都没日没夜地工作，每天工作 16 到 18 小时，甚至就睡在他家的办公室里。夜里三四点钟，他们的办公室里还会(　　　　)。他们日夜不停地搞网站设计，讨论创意和构思，集中精力做好 B2B 网站。他们抓住商人最关心的(　　　　)：买与卖，让商人把求购及求售商品的资料免费"贴"在阿里巴巴的网站内，这很快便吸引了商人的兴趣，越来越多的人知道了他们的网站。

(四) 回答问题

1. 你有过在亚马逊购物的经历么？若有，结合你的购物经历谈谈你对亚马逊的印象。

2. 你来中国前听说过阿里巴巴么？试着介绍一下阿里巴巴。

(五) 阅读与写作

亚马逊和阿里巴巴其实不一样

有文章指出，阿里巴巴和亚马逊都是各自国内最大的电子商务公司，但是他们的相似之处其实也就到此为止了。他们各自的商业模式，以及它们各自未来的发展空间和基础，都存在着根本性的差异。

亚马逊建立于 1995 年，是第一波互联网繁荣时代的明星，其模式是基于自己的线上市场。亚马逊的营业收入的四分之三是来自各种商品的销售，23%是来自数字媒体内容，这里所说的媒体内容也包括了亚马逊金牌会员服务，还有一小部分是来自第三方在亚马逊销售产品而缴纳的佣金。

阿里巴巴则是运作着一系列商务网站，分别提供给不同的卖家，合计起来，这些网站每年有 4 亿 2300 万活跃买家。阿里巴巴旗下最大的网站淘宝是一个免手续费市场，它让买家和卖家得以见面，其营收来自销售针对特定网页和搜索结果的广告。阿里巴巴近期的增长在很大程度上应该归因于移动零售的扩张，其在最近的季度当中贡献了超过 20 亿美元的营业收入，同比增长 149%之多。该公司现在已经将视线转向中国的大城市之外，寻求乡村地区的发展。

阿里巴巴在中国电子商务市场占据了大约 80%的份额，尽管中国经济已经显出疲态，但越来越多的人都在逐渐放弃传统的购物方式，让阿里巴巴平台可以继续获得庞大的国内或海外消费者群体。亚马逊在美国市场只占 30%的份额，竞争要更加激烈，但从另一个角度说来，亚马逊的成长空间更大。对于亚马逊而言，继续扩张自己在国内的地盘，或者强化自己在海外的存在，都会是相对轻松的任务，其金牌会员为亚马逊成长提供着可靠的支持。

(资料来源：作者子衿,《阿里巴巴和亚马逊其实不一样》, 新浪财经 2016 年 5 月 6 日 有改编)

1. 尝试写出文中划线词语的解释

① 佣金：_____。

② 运作：_____。

③ 旗下：_____。

④ 份额：_____。

2. 请根据上文列出亚马逊和阿里巴巴在商业模式、发展空间和基础方面存在的差异。

管理篇

第九课　"胡萝卜"与"大棒"

　　员工管理是一件复杂的事情，有时让管理者摸不着头脑，甚至感到头疼。轻松一下，看看下面两个经典的小故事，也许你会领略到员工管理的另一种意境。

▶ **课文**

(一) 善用激励①

　　南山坡住着一群兔子，在兔王的精心管理下，兔子们过得**丰衣足食，其乐融融**。可是最近一段时间，外出寻找食物的兔子带回来的食物越来越少，为什么呢？兔王发现，原来是一部分兔子在**偷懒**。那些偷懒的兔子不仅自己**怠工**，而且对其他的兔子也造成了消极的影响。那些不偷懒的兔子认为，既然干多干少一个样，那还干个什么呢？于是，它们也一个一个跟着偷起懒来。

　　兔王决心要改变这种状况，宣布谁表现好谁就可以得到他特别奖励的胡萝卜。一只小灰兔得到了兔王奖励的第一根胡萝卜，这件事在整个兔群中引起了**轩然大波**。有几只老兔子前来找兔王谈话，**数落**小灰兔的种种**不是**，质问兔王凭什么奖励小灰兔。兔王说："我认为小灰兔的工作表现不错。如果你们也能积极表现，自然也会得到奖励。"

　　兔子们发现了获取奖励的秘诀：原来只要善于在兔王面前表现，就能得到奖励的胡萝卜。于是，兔群中渐渐盛行起当面一套背后一套的风气，许多兔子都在**想方设法**地讨兔王的欢心，甚至**不惜弄虚作假**。

　　为了改变弄虚作假的坏风气，兔王在老兔子们的帮助下，重新制定了奖励办法。规定兔子们采集回来的食物必须经过验收，然后按照完成的数量评判是否得到奖励。一时之间，兔子们的工作效率为之一变，食物的库存量大有提高。可是兔王没有得意多久，兔子们的工作效率很快就陷入了**每况愈下**的困境。兔王感到奇怪，经过仔细调查才知道，原来兔群附近的食物早已被过度开采，却没有谁愿意主动去寻找新的食物。

　　为了改变这种短期的功利主义②行为，兔王给了一只去远处寻找食物的小白兔双倍的奖励。这下很多兔子不高兴了，有的说，"凭什么我干得多，得到的奖励却比小白兔少？"有的说，"我这一次干得多，得到的却比上一次少，这也太不公平了吧？"

时间一长，如果没有高额的奖励，谁也不愿意去劳动。可是，如果都不工作，大家的食物从哪里来呢？兔王**万般无奈**，宣布凡是愿意为兔群做贡献的志愿者，可以立即领到一大筐胡萝卜。布告一出，报名应征者**好不踊跃**。兔王心想，果然重赏之下必有勇夫。可谁也没有料到，那些报名的兔子居然没有一个能如期完成任务。兔王**气急败坏**，跑去责备他们。他们**异口同声**地说："这不能怨我呀，既然胡萝卜已经到手，谁还有心思去干活呢？"

在人力资源管理中，"胡萝卜"是什么意思呢？就是能激励员工努力完成工作任务的方法和方式。从这个意义上讲，能起到激励作用的任何方法方式都可以是"胡萝卜"。作为管理者，要懂得善用"胡萝卜"，若使用**不当**，"胡萝卜"也会失去激励作用！对一个极度饥饿的人来说，给他第一碗饭吃是救命；第二碗饭是满足；第三碗饭则是毒药。同样的道理，兔王的胡萝卜不仅没能起到激励作用，反而使兔子们变得更懒了。所以，作为管理者，应该先弄懂"胡萝卜"的含义，否则不仅无法激励员工们努力工作，反而会惹出许多麻烦。

(资料来源：作者匿名，《管理故事：兔王的激励机制》，中国铝业网 2010 年 7 月 23 日 有改编)

(二) 合理的惩罚

在人力资源管理中，什么是"大棒"呢？就是对于员工的**懈怠**或**失职**，要给予严厉的训示和惩罚，让他认识到错误给企业带来的危害，这样才能保证他以后不会再犯。

一位业绩保持第一的员工认为一项具体的工作流程是应该改进的，她和公司主管、部门经理都提出过，但没有得到重视。于是，她私自违反了工作流程。主管发现后批评了她，而她不但不改，反而认为主管有私心，还和主管发生了冲突，最终离开了工作岗位。主管将此情况反映到部门经理那里，经理决定严惩，扣了这名员工三个月奖金。但这位员工拒不接受，于是部门经理就把问题报告到我这里。

我把这位业务尖子叫到办公室谈话，我没有先上来就批评她，而是让她先叙述事情的经过，并通过和她交谈，交换意见和看法。我发现这位员工确实很有思路，她违反的那项工作流程确实应该改进，而且还提出了许多现行的工作流程和管理制度中存在的**不足之处**。我以朋友的方式和她交流，她感觉受到了重视和尊重，反抗情绪渐渐平息下来，从开始的只认为主管有错，到后来承认自己做得也不对，最终接受了公司对自己的罚款。

此后，我与部门经理以及主管交换了意见，大家讨论决定以该位员工自己认为应受的罚金减半罚款，让她在班前会上公开做了自我检讨。该员工十分愉快地甚至可以说是怀着感激之情地接受了处罚，同时公司以最快的速度改进了那项工作流程。事情过后，我发现这位员工一下子改变了原来的傲气和不服的情绪，积极配合主管的工作，工作热情大增。

既然员工违反了规章制度，就必须处罚。不然，就等于有错不究，赏罚不明。但如何罚？简单地**照章办事**，罚款了事？这是常规的做法，但这样很有可能造成该人才的流失。因此，在必须处罚的前提下，不仅要留住人，更要留住心，关键是要从根本上解决问题。那位员工之所以愉快地接受处罚，最关键之处是她认为不正确的问题得到了改进，她的意见被**采纳**了。通过沟通交谈，她认识到自己做错了，是积极主动地改正错误，而不是屈服于领导被动改正。被动地改、消极地改不是彻底地改，可能会留**后遗症**，随时有可能**反弹**。

（资料来源：作者景素奇，《变惩罚为激励的艺术》，《印刷经理人》2006 年第 6 期　有改编）

▶ 生词

1. 意境	yì jìng	(名)	一种难以用言语阐明的意蕴和境界； artistic conception
2. 丰衣足食	fēng yī zú shí	(成)	穿的吃的都很丰富充足，形容生活富裕； have rich food and clothing
3. 其乐融融	qí lè róng róng	(成)	形容快乐和谐的景象；very cheerful
4. 偷懒	tōu lǎn	(动)	有意逃避，耍弄手段，以使自己少出力；be lazy
5. 怠工	dài gōng	(动)	故意不积极工作，使工作效率降低；to go slow
6. 轩然大波	xuān rán dà bō	(成)	高高涌起的波涛，比喻大的纠纷或乱子； a great disturbance
7. 数落	shǔ luò	(动)	列举过失并加以指责；to criticize
8. 不是	bù shi	(名)	错误，过失；faul
9. 想方设法	xiǎng fāng shè fǎ	(成)	想种种办法；to think up every possible method
10. 不惜	bù xī	(动)	不顾惜；not stint
11. 弄虚作假	nòng xū zuò jiǎ	(成)	制造假的现象以欺骗别人；to practice fraud
12. 每况愈下	měi kuàng yù xià	(成)	表示情况越来越坏；go down the drain
13. 万般无奈	wàn bān wú nài	(成)	形容极其无奈，没有办法；have no alternative
14. 好不	hǎo bù	(副)	多么，很；how
15. 踊跃	yǒng yuè	(形)	比喻做某事积极；enthusiastically
16. 气急败坏	qì jí bài huài	(成)	形容十分慌张或恼怒；utterly discomfited
17. 异口同声	yì kǒu tóng shēng	(成)	不同的人说同样的话，形容意见一致； speak with one voice
18. 不当	bù dàng	(形)	不合适，不恰当；improper
19. 懈怠	xiè dài	(形)	松懈懒惰；slack

20. 失职	shī zhí	(动)	没有履行自己的职责；to neglect one's job
21. 不足之处	bù zú zhī chù	(名)	不完善的地方；shortcomings
22. 照章办事	zhào zhāng bàn shì	(成)	指按照规定办理事情；do everything by rule
23. 了事	liǎo shì	(动)	指办妥事情，使事情得到了结；to dispose of a matter
24. 采纳	cǎi nà	(动)	采取接纳；accept
25. 后遗症	hòu yí zhèng	(名)	比喻因办事或处理问题不周全而留下的问题；residual effects
26. 反弹	fǎn tán	(动)	向相反的方向弹回；negative repercussions

▶ 经贸词条及注释

① 激励

管理学术语，(excitation)就是组织通过设计适当的外部奖酬形式和工作环境，以一定的行为规范和惩罚性措施，借助信息沟通，来激发、引导、保持和规范组织成员的行为，以有效地实现组织及其个人目标的过程。

② 功利主义

功利主义(utilitarianism)，即效益主义，提倡追求"最大幸福"，其基本原则是：一种行为如有助于增进幸福，则为正确的；若导致产生和幸福相反的东西，则为错误的。

▶ 语法

1. 摸不着头脑

弄不清是怎么回事，形容没有思路，常作谓语、状语。歇后语"丈二和尚摸不着头脑"比喻弄不明情况，搞不清底细。例如：

① 员工管理是一个复杂的事情，有时让管理者摸不着头脑，甚至感到头疼。
② 对第一次去纽约的人来说，那里的地铁真让人摸不着头脑。
③ 我刚进入这家公司，对新的工作真是丈二和尚摸不着头脑。

2. 当面一套背后一套

当面说的是一样，背后说的又是一样，比喻表里不一，口是心非。例如：

① 兔群中渐渐盛行起当面一套背后一套的风气。
② 千万别和他做朋友，他这个人当面一套背后一套。
③ 我的同事总是当面一套背后一套，我该怎么办？

3. 重赏之下必有勇夫

意思是在丰厚赏赐的刺激之下，一定会有勇敢的人接受任务(挑战)，旧指用大量金钱、财物作为鼓励手段，可诱导人为之效力。例如：

① 布告一出，报名应征者好不踊跃。兔王心想，果然重赏之下必有勇夫。

② 重赏之下必有勇夫，只要你肯出钱，一定会有人为你卖命。

③ 比赛高额的奖金吸引了众多参赛选手，真是重赏之下必有勇夫啊。

▶ 练习

(一) 选词填空

不惜　　意境　　不足之处　　其乐融融　　不当　　每况愈下　　懈怠　　数落

1. 作为管理者要懂得善用"胡萝卜"，若使用(　　　　　)，"胡萝卜"也会失去激励作用！

2. 对于员工的(　　　　　)或失职，要给予严厉的训示和惩罚，让他认识到错误给企业带来的危害，这样才能保证他以后不会再犯。

3. 许多兔子都在想方设法地讨兔王的欢心，甚至(　　　　　)弄虚作假。

4. 有几只老兔子前来找兔王谈话，(　　　　　)小灰兔的种种不是。

5. 员工管理是一件复杂的事情，有时让管理者摸不着头脑，看了以下经典小故事，也许你会领略到员工管理的另一种(　　　　　)。

6. 我发现这位员工确实很有思路，她违反的那项工作流程确实应该改进，而且还提出了许多现行的工作流程和管理制度中存在的(　　　　　)。

7. 南山坡住着一群兔子，在兔王的精心管理下，兔子们过得丰衣足食，(　　　　　)。

8. 可是兔王没有得意多久，兔子们的工作效率很快就陷入了(　　　　　)的困境。

(二) 词语造句

1. 想方设法：_____。

2. 弄虚作假：_____。

3. 轩然大波：_____。

4. 摸不着头脑：_____。

5. 当面一套背后一套：_____。

(三) 短文填空

1. 时间一长，情况(　　　　　)，如果没有高额的奖励，谁也不愿意去劳动。可是，如果都不工作，大家的食物从哪里来呢？兔王(　　　　　)，宣布凡是愿意为兔群做贡献的志愿者，可以立即领到一大筐胡萝卜。布告一出，报名应征者(　　　　　)。兔王心想，果然重赏之下必有勇夫。可谁也没有料到，那些报名的兔子居然没有一个能如期完成任务。

兔王(　　　　　)，跑去责备他们。他们(　　　　　　)地说："这不能怨我呀，既然胡萝卜已经到手，谁还有心思去干活呢？"

2. 既然员工违反了规章制度，就必须处罚。不然，就等于有错不究，赏罚不明。但如何罚？简单地照章办事，罚款(　　　　)？这是常规的做法，但这样很有可能造成该人才的流失。因此，在必须处罚的前提下，不仅要留住人，更要留住心，关键是要从根本上解决问题。那位员工之所以愉快地接受处罚，最关键之处是她认为不正确的问题得到了改进，她的意见被(　　　　)了。通过沟通交谈，她认识到自己做错了，是积极主动地改正错误，而不是屈服于领导被动改正。被动地改、消极地改不是彻底地改，可能会留后遗症，随时有可能(　　　　)。

(四) 回答问题

1. 说一说课文中"胡萝卜"和"大棒"分别指的是什么？

2. 说一说兔王单一使用奖励"胡萝卜"的手段，出现了什么问题。

3. 为什么说"对一个极度饥饿的人来说，给他第一碗饭是救命；第二碗饭是满足；第三碗饭则是毒药"？

(五) 阅读与写作

"胡萝卜"和"大棒"都是管理工具

一条大蛇为害人间，伤了不少人畜，以致农夫不敢下田耕地，商人无法外出做买卖，大人无法放心让孩子上学，到最后，每个人都不敢外出了。大家无奈之余，便到寺庙的住持那儿求救。

住持驯服并教化了这条蛇，教它不可随意伤人，而蛇也在那天仿佛有了灵性一般。人们慢慢发现这条蛇完全变了，甚至还有些畏怯与懦弱，于是纷纷欺侮它。有人拿竹棍打它，有人拿石头砸它，连一些顽皮的小孩都敢去逗弄它。

某日，蛇遍体鳞伤，气喘吁吁地爬到住持那儿。"你怎么啦？"住持大吃一惊。"我……我……我……"大蛇一时间为之语塞。"别急，有话慢慢说！"住持的眼神满是关怀。"你不是一再教导我应该与世无争，和大家和睦相处，不要做出伤害人畜的行为吗？可是你看，人善被人欺，蛇善遭人戏，你的教导真的对吗？""唉！"住持叹了一口气后说道，"我只是要求你不要伤害人畜，并没有不让你吓吓他们啊！""我……"大蛇又为之语塞。

管理者激励员工，并不是要凡事以"爱"为手段进行管理，它所指的是内在的态度与意识。管理者应该以"诚心善意"为出发点对待部属，但是在方法上不见得都是用"胡萝卜"，别忘了，"大棒"也是管理工具之一。

(资料来源：百度文库，《管理故事：懦弱的蛇》，

https://wenku.baidu.com/view/ba39061853ea551810a6f524ccbff121dd36c56c.html 有改编)

1. 尝试写出文中划线词语的解释

① 教化：_____。

②　遍体鳞伤：_____。

③　语塞：_____。

④　与世无争：_____。

2. 在员工管理方面，你觉得"胡萝卜"和"大棒"两种工具该如何使用呢？请把你的想法写下来。

第十课 两个故事引发的企业战略思考

今天，世界市场环境已经发生了**翻天覆地**的改变，企业长期发展并非易事！大多数企业，由于缺乏战略意识，常常像一艘没有**舵手**的船，**随波逐流**，起起落落，难以抵抗外部世界的大风大雨。

▶ 课文

(一) 战略是一个企业成败的关键

从前，一个农夫有三个儿子，他们分别去**开垦**一片荒地，大儿子想着，种稻子最好，因为是生活必需品嘛，就算不能都卖出去，起码一家人吃的东西有了。二儿子想种鲜花，他发现市场上没有鲜花，而城里人应该都喜欢鲜花。他想，我把鲜花种好然后拿到城里去卖，一定可以赚大钱。最后一个儿子倒没有匆忙作出决定，他观察了周围的地形，发现这块地方离水源很远，然后又查了气象局的长期预报，说是预计今年雨水会很少，于是就**琢磨**着要种耐旱耐寒的作物，于是决定种土豆。

三个兄弟都信心满满的开始了工作，一年过后却有着不同的结果，大儿子种水稻需要水，可是遇到连续干旱，水源又远，所以**收成**很不好。二儿子的鲜花成熟后，的确很多人都需要，开始火了一阵，可是二儿子的地较远，运输成本高，自从临近城里的**花圃**开始经营后，慢慢地也就**无人问津**了。于是两个儿子担心，看来今年冬天要断粮了。好在这时候，三儿子的土豆大**丰收**了，因为土豆抗旱。虽然土豆不能赚什么大钱，但是一家人冬天的**口粮**总算有了**着落**。

这个故事非常有意思，农夫的大儿子看到了什么是他们家最急需的东西，就是冬天的口粮，可是却忘记了水稻是不适合在远离水源的地方生长的，所以失败了。而二儿子呢，看到了市场强烈的需求，并把这样的需求当做了永远，但是在这个世界上没有什么永远的事情，而且过冬的口粮还没有着落呢。三儿子就比较聪明了，他首先想到了他们家冬天要吃饭，又想到了自己的土地水源不足，还看了长期的天气预测，发现今年是一个旱年，于是种了最适合的植物，让他们一家最基本的需求满足了。

这个故事告诉我们，一个人、一个家庭要有所发展，必须结合自己的需求和条件做出正确的**规划**。企业经营何尝不是如此呢？一个企业要想有所发展，同样需要规划，而长远的、**全局**的、基本的规划就是"战略"。企业战略是一个自上而下的整体性规划过程，包括公司战略、职能战略、业务战略及产品战略等几个层面的内容，它是企业发展的灵魂与**纲领**。

　　管理大师彼得·德鲁克①曾经描述过这样一个场景：我们走进一片丛林，开始清除矮灌木林。当我们历经千辛万苦，好不容易清除完这一片**灌木林**，直起腰来，准备享受一下成功的喜悦时，却猛然发现，旁边的一片灌木林才是我们要去清除的丛林！他说："想什么比做什么更重要！怎么想比想什么更重要！企业经营管理最可怕的是——把错的事情做得很好。"没有战略的企业在发展过程中，是不是就如同这些砍伐树林的工人？**埋头**砍伐，却不抬头看路，**沉迷**于做大企业，却并不清楚企业发展的方向。

　　所以，哈佛商学院教授迈克尔·波特②说："战略是一个企业成败的关键"。

（资料来源：作者童笛、姚晶，《从一个故事引发的企业战略规划思考》，
https://wenku.baidu.com/view/2790b9737fd5360cba1adb36.html 有改编）

(二) 比塞尔村的故事

　　比塞尔是西撒哈拉沙漠中的一颗明珠，每年有**数以万计**的旅游者来到这儿。它靠在一块 1.5 平方公里的**绿洲**旁，从这儿走出沙漠一般需要三个昼夜的时间，可是在英国皇家学院的院士肯·莱文 1926 年发现它之前，这里还是一个**封闭**而落后的地方。这儿的人没有一个走出过大漠，据说不是他们不愿离开这块**贫瘠**的土地，而是尝试过很多次都没有走出去。

　　肯·莱文当然不相信这种说法。他用手语向这儿的人问原因，结果每个人的回答都一样：从这儿无论向哪个方向走，最后还是转回到出发的地方。为了证实这种说法，他做了一次试验，从比塞尔村向北走，结果三天半就走了出来。

　　比塞尔人为什么走不出来呢？肯·莱文非常**纳闷**，最后他只得雇一个比塞尔人，让他带路，看看到底是为什么？他们带了半个月的水，牵了两峰骆驼，肯·莱文收起指南针等现代设备跟在后面。10 天过去了，他们走了大约八百英里的路程，第 11 天的早晨，一块绿洲出现在眼前，他们果然又回到了比塞尔。这一次肯·莱文终于明白了，比塞尔人之所以走不出大漠，是因为他们根本就不认识北斗星。在一望无际的沙漠里，一个人如果凭着感觉往前走，他会走出许多大小不一的圆圈，最后的足迹十有八九是一把**卷尺**的形状。比塞尔村处在**浩瀚**的沙漠中间，**方圆**上千公里没有一点**参照物**，若不认识北斗星又没有指南针，想走出沙漠，确实是不可能的。

　　肯·莱文在离开比塞尔时，带了一位叫阿古特尔的青年，就是上次和他合作的人。他告诉这位汉子，只要你白天休息，夜晚朝着北面那颗星走，就能走出沙漠。阿古特尔照着去做了，三天之后果然来到了大漠的边缘。阿古特尔因此而成为比塞尔的**开拓者**，他的铜像至今被竖在小城的中央。

　　在生活中，许多人之所以不成功，缺少的不是能力，而是正确的指导方向和明确的目标。企业发展又何尝不是如此？通用电气董事长兼 CEO 杰克·韦尔奇说："我整天几乎没有几件事做，但有一件做不完的事，那就是规划未来"；海尔公司总裁张瑞敏也强调了企业战略的重要性，他说："一个企业没有发展战略，就是没有发展思路，没有思路也就没有出路"。

（资料来源：作者老残，《比塞尔人的故事》，https://www.wenjiwu.com/gushi/lradnni.html 有改编）

▶ 生词

1.	翻天覆地	fān tiān fù dì	（成）	形容变化巨大而彻底；earth-shaking
2.	舵手	duò shǒu	（名）	掌舵的人，常用以比喻领导者；helmsman
3.	随波逐流	suí bō zhú liú	（成）	比喻没有坚定的立场，缺乏判断是非的能力，只能跟随别人；follow the winds and waves
4.	开垦	kāi kěn	（动）	把荒地垦殖成农田；to clear a wild area for cultivation
5.	琢磨	zuó mo	（动）	思索，考虑；turn sth. over in one's mind
6.	收成	shōu chéng	（名）	农业、渔业等收获的成果；harvest
7.	花圃	huā pǔ	（名）	种植花草的园圃；parterre
8.	无人问津	wú rén wèn jīn	（成）	比喻没有人来探问、尝试或购买；be left without anybody to care for it
9.	丰收	fēng shōu	（形）	收成好，产量高；plenteous harvest
10.	口粮	kǒu liáng	（名）	指一切入口的食品；provisions
11.	着落	zhuó luò	（名）	事情有归宿，有结果；solution
12.	规划	guī huà	（名）	比较全面长远的发展计划；plan
13.	全局	quán jú	（名）	整个局面；overall situation
14.	纲领	gāng lǐng	（名）	指正式表述出来并严格信奉和坚持的原则、条例、意见和教训的条文或概要；guiding principle
15.	灌木	guàn mù	（名）	丛生之木；bush
16.	埋头	mái tóu	（动）	专心致志，不分散精力；be immerse oneself in
17.	沉迷	chén mí	（动）	指深深地迷惑或迷恋某事物；to be addicted to
18.	数以万计	shù yǐ wàn jì	（形）	极多的；numerous
19.	绿洲	lǜ zhōu	（名）	沙漠中孤立的有植被的小块肥沃地；oasis

20.	封闭	fēng bì	(形)	跟外面隔绝；close
21.	贫瘠	pín jí	(形)	土地不肥沃，土壤层薄；barren
22.	纳闷	nà mèn	(动)	疑惑不解；bewildered
23.	卷尺	juǎn chǐ	(名)	可以卷起来的尺子；tape rule
24.	浩瀚	hào hàn	(形)	广阔的；vast
25.	方圆	fāng yuán	(名)	范围、周围；range
26.	参照	cān zhào	(动)	参考并对照比较；to consult a reference
27.	开拓者	kāi tuò zhě	(名)	用来称呼那些发现未知土地或是在未知的土地上生活的人；trail blazers

▶ 经贸词条及注释

① 彼得·德鲁克

彼得·德鲁克(Peter F.Drucker，1909.11.19—2005.11.11)，生于维也纳，祖籍为荷兰，后移居美国，被称为现代管理学之父，其著作影响了数代追求创新以及最佳管理实践的学者和企业家们，各类商业管理课程也都深受其思想的影响。

② 迈克尔·波特

迈克尔·波特(Michael Porter)是哈佛大学商学研究院著名教授，当今世界上少数最有影响的管理学家之一，开创了企业竞争战略理论并引发了美国乃至世界的竞争力讨论，是当今世界上竞争战略和竞争力方面公认的第一权威。

▶ 语法

1. 何尝

用在否定形式前表示肯定，"何尝不是(如此)？"意为就是如此，就是这样。例如：

① 一个人、一个家庭要有所发展，必须结合自己的需求和条件做出正确的规划。企业经营何尝不是如此呢？一个企业要想有所发展，同样需要规划。

② 许多人之所以不成功，缺少的不是能力，而是正确的指导方向和明确的目标。企业发展又何尝不是如此？

③ 星与星之间往往相隔数万年，人与人之间又何尝不是，许多相爱的人一生也只能始终遥遥相望。

2. 之所以……是因为……

"之所以"后面表述情况或结果，"是因为"后面解释原因。例如：

① 比塞尔人之所以走不出大漠，是因为他们根本就不认识北斗星。

② 大家之所以喜爱大熊猫，是因为它们长得实在可爱。

③ 我之所以生气，是因为你一而再，再而三地犯同样的错误。

▶ 练习

(一) 选词填空

开垦　　浩瀚　　开拓者　　纲领　　规划　　翻天覆地　　纳闷　　舵手

1. 大多数企业，由于缺乏战略意识，所以像一艘没有(　　　　　　)的船，随波逐流，起起落落，难以抵抗外部世界的大风大浪。

2. 比塞尔人为什么走不出来呢？肯·莱文非常(　　　　　　)。

3. 一个人、一个家庭要有所发展，必须结合自己的需求和条件做出正确的(　　　　　　)。

4. 从前，一个农夫有三个儿子，他们分别去(　　　　　　)一片荒地。

5. 企业战略是一个自上而下的整体性规划过程，包括公司战略、职能战略、业务战略及产品战略等几个层面的内容，它是企业发展的灵魂与(　　　　　　)。

6. 比塞尔村处在(　　　　　　)的沙漠中间，方圆上千公里没有一点参照物。

7. 今天，世界市场环境已经发生了(　　　　　　)的改变，企业长期发展并非易事！

8. 阿古特尔因此成为比塞尔的(　　　　　　)，他的铜像至今仍被竖在小城的中央。

(二) 词语造句

1. 随波逐流：_____。

2. 琢磨：_____。

3. 着落：_____。

4. 无人问津：_____。

5. 沉迷：_____。

(三) 短文填空

1. 三个兄弟都信心满满的开始了工作，一年过后却有着不同的结果，大儿子种水稻需要水，可是遭遇连续干旱，水源又远，所以(　　　　　　)很不好。二儿子的鲜花成熟后，的确很多人都需要，开始火了一阵，可是二儿子的地较远，运输成本高，自从临近城里的花圃开始经营后，慢慢的也就(　　　　　　)了。于是两个儿子担心，看来今年冬天要断粮了。好在这时候，三儿子的土豆大丰收了，土豆抗旱，虽然不能赚什么大钱，但是一家人冬天的(　　　　　　)总算有了着落。

2. 比塞尔是西撒哈拉沙漠中的一颗明珠，每年有(　　　　　　)的旅游者来到这儿。它靠在一块 1.5 平方公里的(　　　　　　)旁，从这儿走出沙漠一般需要三个昼夜的时间，可是在英国皇家学院的院士肯·莱文 1926 年发现它之前，这里还是一个(　　　　　　)而落后的地方。这儿的人没有一个走出过大漠，据说不是他们不愿离开这块(　　　　　　)的土地，而是尝试过很多次都没有走出去。

(四) 回答问题

1. 彼得·德鲁克说："想什么比做什么更重要！怎么想比想什么更重要！企业经营管理最可怕的是：把错的事情做得很好。"结合课文谈谈你对这句话的理解。

2. 比塞尔村的故事说明了什么？结合课文最后通用电气董事长杰克·韦尔奇和海尔公司总裁张瑞敏的话，谈一谈你的理解。

(五) 阅读与写作

企业战略的内容

虽然企业战略没有固定内容、固定结构，但企业战略的基本要素还是相对稳定的。一般而言，企业战略应涉及企业中长期干什么、靠什么和怎么干等三大方面的问题。

首先，规划企业要干什么，就是要做好定位。一定要非常清晰地知道，你的企业最需要什么？企业为了在未来更好地生存，一定要完成的是什么？故事中，这家人最需要的是来年不饿肚子，这就是核心需求。

其次，明确企业靠什么，就是要了解自身具备什么能力和资源环境。俗话说，没有金刚钻别揽瓷器活，三儿子就做得很好，他发现自己家的地是块旱地，这就是内部资源环境；知己知彼，三儿子又发现，天气预报说近来无雨水，这就是外部资源环境。大家可能会想，二儿子开始的方向是好的，他考察过行业市场，发现整个市场没有鲜花，所以鲜花紧俏，鲜花交易赚钱容易，但是他忽略了外部竞争和企业发展的战略地理，没有意识到这不是正常的市场状态，没有未雨绸缪地做出调整，迎来的也只能是短暂的辉煌。

最后，谋划企业怎么干，就是要制定好战略措施。战略措施是实现定位的保证，是善用资源的体现，是企业发展战略中关键、生动的部分。从哪里入手、用什么策略、保哪些重点、舍哪些包袱、怎么策划、如何运作等，这些都是战略措施的重要内容。战略措施不能只是花架子，要能实实在在地推进企业战略的实施。

(资料来源：作者童笛、姚晶，《从一个故事引发的企业战略规划思考》，
https://wenku.baidu.com/view/2790b9737fd5360cba1adb36.html 有改编)

1. 尝试写出文中划线词语的解释

① 没有金刚钻别揽瓷器活：_____。

② 知己知彼：_____。

③ 未雨绸缪：_____。

④ 花架子：_____。

2. 请写一写你对企业战略的了解和认识。

第十一课　企业经营智慧

> 松下电器创始人松下幸之助被誉为日本"经营之神"，很多**耳熟能详**的日本企业管理制度，如"事业部"、"终身雇佣制"等都由他首创。在长期的企业经营中，松下幸之助形成了其独特的经营智慧。

▶ 课文

(一)　"自来水哲学"和"70%原则"

松下电器创立于 1918 年 3 月 7 日，但是松下幸之助却把公司的创业纪念日确定在 1932 年的 5 月 5 日，原因是这一天他提出了"自来水哲学"。所谓"自来水哲学"是松下幸之助对企业**使命**的比喻。松下幸之助说"企业的使命究竟是什么？一连几天我思考这个问题直至深夜，终于有了答案。简单来说，就是消除世界贫困。比方说，水管里面的水**固然**有其价值，然而喝路边的自来水不用付费也不会受到责备，因为水资源相对丰富。企业的责任不正是让世界物资丰富以消除一切不方便吗？"因此，"企业的责任是：把大众需要的东西，变得像自来水一样便宜。"从本质来看，"自来水哲学"就是通过工业生产手段，把原来只能供少数人享受的**奢侈**品变成普通大众都能享受的**普及**品。由此，松下**奠定**了其经营的基**本方针**：质量必须优先，价格必须低廉，服务必须周到。在这种经营方针下，松下公司通过"规模化生产"使成本随之降低，同时不断开发新的产品，老百姓也从松下的不断实践中获益——电熨斗、收音机、电视机……一大批模仿和创新产品的大量面世大幅度提高了人们的生活质量。家用电器在日本乃至全世界的迅速普及，松下公司**功不可没**。

松下幸之助在用人方面有其独到的理解。我们可以把他的思想总结为：糊涂用人智慧——"70%原则"。首先，他按 70%原则聘用人才，对 70 分左右的中上等人才较为**偏好**[①]，认为他们更容易融入团队，有追逐"顶尖"者的动力，并且他们心存感激会更加忠于公司。其次，他按 70%原则使用人才，认为如果知道这位员工有 70%的可能性胜任这项工作，就应该让他去做这件事，在做的过程中再去考查剩下的 30%。第三，他按 70%原则信任员工，认为如果公司的员工中 70%是值得信任的，主管应该相信员工整体，应该以此为基础对公司进行管理。第四，他按 70%原则发现员工的优缺点，认为要懂得欣赏**下属**，应该以 70% 的眼光去看员工的优点，以 30%的眼光去看员工的缺点。第五，他按 70%原则**授权**，即放 70%，管 30%。松下幸之助认为，主管授权之后，不能过分**干涉**，要宽容到 70%的程度。 第六，他按 70%原则获取员工满意度，认为主管的工作如果得到 70%的员工的认同，就已 经非常不错了，工作就可以顺利地开展。这种遵循 70%原则的管理思想，在 70%的层面上 获得**均衡**，可以有效地处理用人中的矛盾问题。"水至清则无鱼"，有时主管难得糊涂一 下，或许能更有效地解决用人中的矛盾和问题。

(二)　"堤坝式经营"和"玻璃式经营"

　　不断发展壮大的松下公司**步步为营**，**稳扎稳打**，松下幸之助的心态也并没有随着企业 的日益壮大而变得**浮躁**，反而越发重视对风险的控制。1965 年 2 月，松下幸之助提出了"堤 坝式经营"的**理念**：堤坝既能调整水流，又能利用水力发电。修建堤坝既能够保证安全， 又能够创造价值。同样，市场如同河流，经营如同堤坝。"堤坝式经营"的实质是避免经营 过程中的周期性**震荡**，把经营中的**刚性**变为**弹性**，预留出适应环境变化的**余地**，减少不确 定性[②]对企业的冲击。对于企业来说，需要建立的堤坝主要有：设备堤坝——不能使设备百 分之百投入运转；库存堤坝——产品库存要适量，对内作为生产线出问题时的**缓冲**，对 外作为市场波动时的缓冲；资金堤坝——预留部分应急资金；产品堤坝——在一个产品 **如日中天**时，就要推出新产品；心理堤坝——经济有涨有落，任何一个企业的经营过程都 不可能一帆风顺，所以从董事长[③]、总经理到基层员工都要对环境变化有足够的心理准备， 在心理上以不变应万变，在行动上以变制变。"堤坝式经营"理念不仅没有减缓松下前进的 脚步，平和而理性的经营心态反而能使经营变得更加稳健，获得高额利润，进而为社会带 来真正的安定和繁荣。

　　"玻璃式经营"的实质是雇主与员工坦诚相待、互相信任，这必须建立在信任员工的 基础上。松下幸之助把创业之初随时将经营状况通报给员工的习惯一直保持了下来，坚持 "玻璃式经营"，定期对员工公开公司盈亏，说明公司发展规划。松下幸之助在实践中感受 到，这种做法能够有效激励**士气**，保证上下一心，还能培养出高度自主的中层经理和工作 **骨干**。同时，"玻璃式经营"使领导者的关注重心向员工**倾斜**。为使员工真正融入企业，和 公开透明的经营思想相配合，松下在扩张中还形成了一整套对员工的"教育"方式。松下 幸之助曾说过："朝会、唱社歌、朗诵公司七大精神是松下电器的传统，必须遵照执行，贯 彻到底。事情一旦决定之后，必须坚持到底，不得使自己迷失方向，或被他人言行迷惑， 否则不会成功。"

（资料来源：作者清宁，《经营之神：松下幸之助》，

https://www.douban.com/group/topic/20584952/ 有改编）

▶ 生词

1. 耳熟能详　ěr shú néng xiáng　（成）　指听得多了，能够说得很清楚、很详细；

　　　　　　　　　　　　　　　　　　what's frequently heard can be repeated in detail

2.	使命	shǐ mìng	(名)	派遣人去办事的命令，比喻重大的责任；mission
3.	固然	gù rán	(副)	承认某个事实；admittedly (it's true that...)
4.	奢侈	shē chǐ	(形)	指挥霍浪费钱财，过分追求享受；luxurious
5.	普及	pǔ jí	(动)	普遍推广；popularize
6.	奠定	diàn dìng	(动)	建立，使稳固；to establish
7.	方针	fāng zhēn	(名)	引导事业前进的方向和目标；policy
8.	功不可没	gōng bù kě mò	(成)	功劳很大，不能被埋没；contribution can not be left unrecognized
9.	偏好	piān hào	(动)	对某种事物特别爱好；have partiality for sth.
10.	下属	xià shǔ	(名)	部下，下级；subordinate
11.	授权	shòu quán	(动)	委托某人或某机构代行权力；to authorize
12.	干涉	gān shè	(动)	指不应该管的硬管；to interfere
13.	均衡	jūn héng	(名)	平衡；equilibrium
14.	堤坝	dī bà	(名)	指防水拦水的建筑物；dam
15.	步步为营	bù bù wéi yíng	(成)	比喻行动、办事谨慎；advance gradually and entrench oneself at every step
16.	稳扎稳打	wěn zhā wěn dǎ	(成)	有把握、有步骤地工作；steadily and surely
17.	浮躁	fú zào	(形)	急躁，不沉稳；fickleness
18.	理念	lǐ niàn	(名)	理性的看法、思想；idea
19.	震荡	zhèn dàng	(名)	指震动摆荡，不安定；vibrate
20.	刚性	gāng xìng	(名)	坚硬不易变形的性质；stiffness
21.	弹性	tán xìng	(名)	事物的伸缩性；elasticity
22.	余地	yú dì	(名)	言论或行动留下的可以回转的地步；leeway
23.	缓冲	huǎn chōng	(名)	缓和的作用；buffer
24.	如日中天	rú rì zhōng tiān	(成)	比喻事物正发展到十分兴盛的阶段；very influential
25.	士气	shì qì	(名)	士兵的战斗意志；morale

| 26. 骨干 | gǔ gàn | (名) | 比喻在总体中起主要作用的人或事物；backbone |
| 27. 倾斜 | qīng xié | (动) | 歪斜，偏斜；incline |

▶ 经贸词条及注释

① 偏好

偏好是微观经济学的最基本的假设，是指消费者对商品或商品组合的喜好程度。消费者对商品的偏好可以根据某些客观指标作判断，也可以基于因心理感受而给出主观判断。

② 不确定性

不确定性(uncertainty)是经济学里关于风险管理的概念，指经济主体对于未来的经济状况尤其是收益与损失的分布范围及状态不能确知。

③ 董事长

董事长(chairman)是公司或机构的最高管理者，公司利益、股东利益的最高代表，由董事会选出，负责领导股东会。

▶ 语法

1. 固然

副词，表示承认某个事实，引起下文并转折，或表示承认甲事实，同时也不否认乙事实。例如：

① 比方说，水管里面的水固然有其价值，然而喝路边的自来水不用付费也不会受到责备，因为水资源相对丰富。

② 这样办事固然稳当，但是太费事。

③ 意见对，固然应该接受，就是不对也可以作为参考。

2. 乃至

连词，表示递进，甚至的意思，也说"乃至于"。例如：

① 家用电器在日本乃至在全世界的迅速普及，松下公司功不可没。

② 他精通英语、德语、法语、俄语、阿拉伯语乃至世界语。

③ 全学校，乃至全社区都在支持这支篮球队

▶ 练习

(一) 选词填空

　　耳熟能详　　士气　　使命　　偏好　　刚性　　均衡　　倾斜　　干涉

1. 松下幸之助的管理思想，通过 70%原则，在 70%的层面上获得(　　　　)，可以有效地处理用人中的矛盾问题。

2. "玻璃式经营"使领导者的关注重心向员工(　　　　)。

3. 松下幸之助被誉为日本"经营之神"，很多(　　　　)的日本企业管理制度，如"事业部"、"终身雇佣制"等都由他首创。

4. 松下幸之助认为，主管授权之后，不能过分(　　　　)，要宽容到 70%的程度。

5. 松下幸之助在实践中感受到，这种做法能够有效激励(　　　　)，保证上下一心。

6. 松下幸之助说"企业的(　　　　)究竟是什么？一连几天我思考这个问题直至深夜，终于有了答案。"

7. 松下幸之助按 70%原则聘用人才，对 70 分左右的中上等人才较为(　　　　)，认为他们更容易融入团队。

8. "堤坝式经营"的实质是避免经营过程中的周期性震荡，把经营中的(　　　　)变为弹性。

(二) 词语造句

1. 耳熟能详：_____。

2. 功不可没：_____。

3. 稳扎稳打：_____。

4. 步步为营：_____。

5. 如日中天：_____。

(三) 短文填空

1. 松下幸之助说："企业的责任是：把大众需要的东西变得像自来水一样便宜。" 从本质来看，"自来水哲学"就是通过工业生产手段，把原来只能供少数人享受的(　　　　)品变成普通大众都能享受的(　　　　)品。由此，松下奠定了其经营的基本(　　　　)：质量必须优先，价格必须低廉，服务必须周到。在这种经营方针下，松下公司通过"规模化生产"使成本也随之降低，同时不断开发新的产品，老百姓也从松下的不断实践中获益——电熨斗、收音机、电视机……一大批模仿和创新产品的大量面世大幅度提高了人们的生活质量。家用电器在日本乃至全世界的迅速普及，松下公司(　　　　)。

2. 不断发展壮大的松下公司步步为营，(　　　　)，松下幸之助的心态也并没有随着企业的日益壮大而变得(　　　　)，反而越发重视对风险的控制。1965 年 2 月，松下幸之助提出了"堤坝式经营"的(　　　　)：堤坝既能调整水流，又能利用水力发电。修建堤坝既能够保证安全，又能够创造价值。同样，市场如同河流，经营如同堤坝。"堤坝式经营"的实质是避免经营过程中的周期性(　　　　)，把经营中的刚性变为(　　　　)，预留出适应环境变化的(　　　　)，减少(　　　　)对企业的冲击。

(四) 回答问题

1. 介绍一下松下幸之助和课文中提到的松下幸之助的经营智慧。

2. 课下查查资料，请再介绍一两个课文中没有提到的松下幸之助的经营智慧。

(五) 阅读与写作

零分法则

张瑞敏当年砸海尔冰箱时的<u>铿锵</u>声至今在耳边回荡，其"非正品即废品"的质量理念正是来源于松下幸之助最基本的一条经营智慧——"零分法则"。零分法则强调：对产品质量来说，不是 100 分，就是 0 分，即"100–1≠99"，"100 – 1=0"。产品质量是一个绝对严肃的话题，不存在任何<u>侥幸</u>，也没有任何<u>折中</u>的标准。

古希腊英雄阿吉里斯的故事正好与此有<u>异曲同工</u>之妙。阿吉里斯有着超乎普通人的神力和刀枪不入的身体，但全身唯一的弱点——脚后跟却成了他最终倒在对手面前的致命之处。市场如战场，产品任何一个局部的、细微的质量问题都可能成为竞争对手攻击的突破口，都可能导致全局的崩溃。因此，在市场上进行质量竞争时，我们必须追求产品质量"零缺陷"，用心、用全力做好每一个产品局部的、细微的环节。

松下强调"销售产品要像嫁女儿"一样，"将自己的产品<u>呵护</u>负责到底"，还强调"以质量竞争和以服务取胜"，为消费者提供价值。对于产品质量和服务的认真和执著，不仅仅是对于产品的关注，而更多的是对人的认真、执著和关注。

(资料来源：作者清宁，《经营之神：松下幸之助》，

https://www.douban.com/group/topic/20584952/ 有改编)

1. 尝试写出文中划线词语的解释

① 铿锵：＿＿＿＿＿＿＿＿＿＿＿＿＿＿＿＿＿＿＿＿＿＿＿＿＿＿＿＿＿。

② 侥幸：＿＿＿＿＿＿＿＿＿＿＿＿＿＿＿＿＿＿＿＿＿＿＿＿＿＿＿＿＿。

③ 折中：＿＿＿＿＿＿＿＿＿＿＿＿＿＿＿＿＿＿＿＿＿＿＿＿＿＿＿＿＿。

④ 异曲同工：＿＿＿＿＿＿＿＿＿＿＿＿＿＿＿＿＿＿＿＿＿＿＿＿＿＿＿。

⑤ 呵护：＿＿＿＿＿＿＿＿＿＿＿＿＿＿＿＿＿＿＿＿＿＿＿＿＿＿＿＿＿。

2. 请写出你对松下幸之助和其经营智慧的认识。

第十二课 练就甄别信息的"好眼力"

21 世纪是信息社会，对于个人来说，掌握的信息越多，越有可能作出正确决策。对于社会来说，信息越透明，越有助于降低人们的交易成本，提高社会效率。既然信息这么重要，那么如何获取我们需要的有用信息呢？

▶ 课文

（一）买的不如卖的精

在经营过程中，人们总会感到很困惑，并苦苦寻求答案，当终于找到答案时，才发现是无用的甚至是具有欺骗性的，这就是市场经济的**弊病**——信息不对称①。生活中，信息不对称随处可见。人们在购买瓶装的酒，盒装的香烟，鸡蛋，或录音带、录像带等商品时，或是看不到商品包装内部的样子，或是看得到也无法用眼睛辨别商品质量的好坏。这是什么原因造成的？是买方和卖方的信息不同造成的！

你特别努力地工作，你的老板理应多付你工资，但是因为老板对你的努力只是个**模糊**概念，所以你的回报很少。如果老板完全看清楚你的能力与努力，他就可以将你的薪水与表现**挂钩**。交易的双方，谁把握的信息越多，谁就越占优势，也就能获得越多的利益。一般是卖方掌握的信息更多，在交易的时候当然就能灵活掌控商品的价格，而即使买方拼命**杀价**，到最后可能会以前所未有的折扣买下"战利品"，**殊不知**，卖家怎么可能不顾成本给你降价？在他们心里，顶多就是**薄利多销**，绝对不会让买家占便宜。

有一对情侣到超市购买日用品，结账的时候，收银员送给他们一张 100 元的首饰购物券，并告诉他们只要在这里购物就送 100 元的购物券。女的心里想，那多买几次不值钱的东西岂不赚大了？男的则感到很不解，他认为这其中有**猫腻**。女人不服，于是他们来到购物券的指定消费地点——楼下的**品牌**首饰柜台。首饰倒是真货，但价格确实很不合理。他们在同一品牌的专卖店看到的同一档次的吊坠在这里价格至少会高 100 元，也就是说在这儿购买首饰的顾客根本没有得到任何优惠，甚至还会付出更高的价格。不过**招儿**再高，遇到**理性**的人也会很容易被**识破**，只有那些对"大便宜"没有**免疫力**的人才会轻易**上当**。

　　在现实经济活动中，信息不对称发生的**概率**很高，及时收集和识别有用的信息，提高获取信息的能力，增加获取信息的**渠道**，才能减少因信息不对称造成的损失。

（资料来源：作者黄晓林，《20几岁要懂点经济学》，中国华侨出版社，有改编）

（二）做大数据时代下经济世界中的"人精"

　　我们生活在信息时代，每天都要接收大量的信息，甄别信息的真伪就成为每一个人的基本能力。信息**甄别**是市场交易中没有私人信息的一方为了减弱信息不对称对自己的不利影响，以便能够区别不同类型的交易对象而提出的一种交易的方式方法。

　　要买二手车的人为什么不求助于私人售车者，而是向经销商求助？因为售车者比购车者更易掌握车辆的质量。为什么**保险**公司提供给每个人的保险组合各不相同？因为**保单**持有人比保险公司更清楚自己发生事故的**风险**。这些现象的共同点是：合作双方中的一方比另一方知道的信息更多。

　　夏天买西瓜，卖瓜人会问你，要不要在挑好的西瓜上切个三角小口，如果瓜不熟就不要钱，这就是经济学中的信号发送。买方怕得不到商品的真实信息而吃亏，所以面对多而繁杂的信息，买方必须运用自己的信息甄别能力作出决策。买一件羽绒服，你需要了解羽绒的质量，而不是光看衣服上挂着的说明。为了降低信息甄别的成本，买方往往**倾向**购买品牌产品以降低风险。

　　如何降低信息不对称或虚假信息带来的损害？首先，要判别信息来源的**途径**，若是**道听途说**的，可靠程度则降低。其次，要根据自己的理性和经验来判断，不盲目相信已获取的信息，也不对获取的信息轻易下结论。再次，多渠道获取信息，扩大信息量，这样利于作出理性的决策。最后，向权威机构**核实**以**鉴别**真伪。

　　现实生活中，信息不对称造成的劣势几乎是每个人都要面临的困境。为了避免这种困境，人们应该尽可能掌握有关信息，把知识和经验作为"信息库②"，尽量扩大自己的知识**储备**，从而成为大数据③时代下经济世界中的"人精"。

（资料来源：作者维克托·迈尔·舍恩伯格，《大数据时代》，浙江人民出版社 有改编）

▶ 生词

1. 精	jīng	（形）	精干聪明；dexterous
2. 弊病	bì bìng	（名）	事物的毛病、缺点；malady
3. 模糊	mó hu	（形）	轮廓模糊不清，难以辨认；vague
4. 挂钩	guà gōu	（动）	比喻两者之间建立联系；to link together
5. 杀价	shā jià	（动）	买东西时压低价格；to beat down the price

6. 殊不知　　shū bù zhī　　　　（动）　　竟不知道；hardly realize

7. 薄利多销　bó lì duō xiāo　　（形）　　以低价低利扩大销售；

　　　　　　　　　　　　　　　　　　　　small profits but quick returns

8. 猫腻　　　māo nì　　　　　　（名）　　指隐蔽之事；illegal deal

9. 品牌　　　pǐn pái　　　　　（名）　　商品牌号，商标；brand name

10. 招儿　　　zhāo ér　　　　　（名）　　计策，办法，手段；method

11. 理性　　　lǐ xìng　　　　　（形）　　理智；reason

12. 识破　　　shí pò　　　　　（动）　　看穿别人的秘密或事物的真相；penetrate

13. 免疫力　　miǎn yì lì　　　　（名）　　比喻对社会生活中不健康的因素进行自我抵制的

　　　　　　　　　　　　　　　　　　　　能力；immunity

14. 上当　　　shàng dàng　　　（动）　　中了别人的奸计；be fooled

15. 概率　　　gài lǜ　　　　　（名）　　事件发生的可能性大小；probability

16. 渠道　　　qú dào　　　　　（名）　　比喻门路或途径；channel

17. 人精　　　rén jīng　　　　　（名）　　经验丰富、阅历深的人；worldly-wise man

18. 甄别　　　zhēn bié　　　　（动）　　审查区分；to screen

19. 保险　　　bǎo xiǎn　　　　（名）　　对风险或损失提供补偿的业务；insurance

20. 保单　　　bǎo dān　　　　（名）　　保险单；insurance policy

21. 风险　　　fēng xiǎn　　　　（名）　　遭受损失、伤害的可能性；risk

22. 倾向　　　qīng xiàng　　　（名）　　偏向于某一方面；trend

23. 途径　　　tú jìng　　　　　（名）　　方法，路子；way

24. 道听途说　dào tīng tú shuō　（成）　　指没有根据的传闻；

　　　　　　　　　　　　　　　　　　　　what is spoken and heard in the street

25. 核实　　　hé shí　　　　　（动）　　检验和查证；to verify

26. 鉴别　　　jiàn bié　　　　（动）　　审察辨别；to distinguish

27. 储备　　　chǔ bèi　　　　（名）　　储存备用的东西；reserve

▶ 经贸词条及注释

① 信息不对称

信息不对称(asymmetric information)理论是美国经济学家约瑟夫·斯蒂格利茨、乔治·阿克尔洛夫、迈克尔·斯宾塞在 20 世纪 70 年代"信息经济学"阶段提出的。这三位经济学家因这一理论获得了 2001 年度诺贝尔经济学奖，它指交易中的各人拥有的信息不同。在社会政治、经济等活动中，一些成员拥有其他成员无法拥有的信息，由此造成了信息的不对称。

② 信息库

信息库(repository)是存储大量数据、信息文档的资料库，是系统分析员、程序设计人员和系统构造人员保存与一个或者多个系统或项目有关的文档、知识和产品的地方。

③ 大数据

大数据(big data)指无法在一定时间范围内用常规软件工具进行捕捉、管理和处理的数据集合，是需要新处理模式才能进行分析处理海量、高增长率、多样化的信息资产。IBM 提出大数据的 5V 特点：volume(大量)、velocity(高速)、variety(多样)、value(低价值密度)、veracity(真实性)。

▶ 语法

殊不知

竟不知道、竟没想到，有纠正原先想法的意思，表示转折，起到强调后文内容的作用。例如：

① 即使买方拼命杀价，到最后可能会以前所未有的折扣买下"战利品"，殊不知，卖家怎么可能不顾成本给你降价？在他们心里，顶多就是薄利多销，绝对不会让买家占便宜。

② 我以为他还在，殊不知他已经去世了。

③ 许多人企求着生活的完美结局，殊不知美根本不在于结局，而在于追求的过程。

▶ 练习

(一) 选词填空

　　　　概率　　薄利多销　　杀价　　弊病　　甄别　　模糊　　保险　　风险

1. 我们生活在信息时代，每天都要接收大量的信息，(　　　　　)信息的真伪就成为每一个人的基本能力。

2. 你特别努力地工作，你的老板理应多付你工资，但是因为老板对你的努力只是个(　　　)概念，所以你的回报很少。

3. 在现实经济活动中，信息不对称发生的(　　　　　)很高。

4. 卖家怎么可能不顾成本给你降价？在他们心里，顶多就是(　　　　　)，绝对不会让买家占便宜。

5. 保单持有人比保险公司更清楚自己发生事故的(　　　　　)。

6. 一般是卖方掌握的信息更多，在交易的时候就能灵活掌控商品的价格，而买方只能拼命(　　　　　)。

7. 为什么(　　　　　)公司提供给每个人的保险组合各不相同？

8. 在经营过程中，人们总会感到很困惑，并苦苦寻求答案，当终于找到答案时，才发现是无用的甚至是具有欺骗性的，这就是市场经济的(　　　　　)——信息不对称。

(二) 词语造句

1. 殊不知：＿＿＿＿＿＿＿＿＿＿＿＿＿＿＿＿＿＿＿＿＿＿＿＿。

2. 前所未有：＿＿＿＿＿＿＿＿＿＿＿＿＿＿＿＿＿＿＿＿＿＿。

3. 杀价：＿＿＿＿＿＿＿＿＿＿＿＿＿＿＿＿＿＿＿＿＿＿＿＿。

4. 甄别：＿＿＿＿＿＿＿＿＿＿＿＿＿＿＿＿＿＿＿＿＿＿＿＿。

5. 储备：＿＿＿＿＿＿＿＿＿＿＿＿＿＿＿＿＿＿＿＿＿＿＿＿。

(三) 短文填空

1. 有一对情侣到超市购买日用品，结账的时候，收银员送给他们一张100元的首饰购物券，并告诉他们只要在这里购物就送100元的购物券。女的心里想，那多买几次不值钱的东西岂不赚大了？男的则感到很不解，他认为这其中有(　　　　　)。女人不服，于是他们来到购物券的指定消费地点——楼下的(　　　　　)首饰柜台。首饰倒是真货，但价格确实很不合理。他们在同一品牌的专卖店看到的同一档次的吊坠在这里价格至少会高100元，也就是说在这儿购买首饰的顾客根本没有得到任何优惠，甚至还会付出更高的价格。不过(　　　　　)再高，遇到理性的人也会很容易被(　　　　　)，只有那些对"大便宜"没有(　　　　　)的人才会轻易上当。

2. 如何降低信息不对称或虚假信息带来的损害？首先，要判别信息来源的(　　　　　)，若是(　　　　　)的，可靠程度则降低。其次，要根据自己的理性和经验来判断，不(　　　　　)相信已获取的信息，也不对获取的信息轻易下结论。再次，多渠道获取信息，扩大信息量，这样利于作出理性的决策。最后，向权威机构(　　　　　)以(　　　　　)真伪。

现实生活中，信息不对称造成的劣势几乎是每个人都要面临的困境。为了避免这种困境，人们应该尽可能掌握有关信息，把知识和经验作为(　　　　　)，尽量扩大自己的知识(　　　　　)，从而成为大数据[3]时代下经济世界中的"人精"。

(四) 回答问题

1. 什么是信息不对称？请结合课文案例讲一讲。

2. 购物中你怎么与商家杀价？请举例说明。

3. 你如何理解薄利多销？试着说一说。

(五) 阅读与写作

练就甄别信息的"好眼力"

甄别信息在日常生活中非常重要。对于不良的信息，如果我们不加甄别地阅读并运用，轻则破财伤身，重则损害智商，甚至可能危及生命。当然转发不良信息还会贻害亲友同事，甚至流毒社会、祸国殃民。

如何鉴别并剔除这些不良信息呢？首先，提高自身的辨别能力，多学习，需要提高哪一方面的辨别能力就可以多读那一方面的书籍。其次，多向他人请教，多问为什么，多分析信息与信息之间的相关程度等。第三，要认真分析信息的来源、信息的发出者等，因为有一些信息是权威部门发出的，有较高的可信程度，而有一些信息是小道消息，可信度较差。

面对无所不在的信息诱惑，我们应该培养良好的信息意识。要学会甄别有用信息、无用信息和有害信息，在信息的海洋中及时地捕捉对自己有用的信息，同时提高对负面信息的鉴别能力和自我防护意识。作为信息社会的公民，我们应该努力培养高尚的信息道德，自觉遵守相关法律、法规，不制造、不散布无用、有害、虚假的信息，不剽窃他人作品，不使用盗版软件，自觉抵制损害信息安全的行为，为实现一个安全的信息社会而努力。

(资料来源：作者厉小军，《信息技术基础》，浙江大学出版社 有改编)

1. 尝试写出文中划线词语的解释

① 贻害：_____。

② 祸国殃民：_____。

③ 剔除：_____。

④ 小道消息：_____。

⑤ 剽窃：_____。

2. 结合你所了解的事实，写出一个"信息不对称"的案例。

金融篇

第十三课　雅浦岛上的石头：货币

　　　在经济社会中，我们每天都在与金融打交道，货币、信用、利率在不知不觉中影响着我们的生活。虽然这些名词并不陌生，但我们是否真的了解什么是货币，什么是信用，什么又是利率呢？

▶ 课文

(一) 什么是货币、信用和利率?

　　货币产生于**流通**，是商品交换的产物。在商品经济条件下，生产的成果是商品，由于个人不能生产所有商品，所以社会分工决定了生产者要彼此**依存**，彼此交换。交换就必然要体现个人劳动**价值**等价交换的问题，从而产生了代表商品价值的货币。

　　信用是信用经济下的**借贷**行为，是以偿还和付息为条件的价值单方面运动的特殊形式。不同于实物交换，信用的作用主要是：可以保证现代化大生产的顺利进行；可以实现**资本**转移，自发调节各部门的发展比例；可以节约流通费用，加速资本周转；可以为股份公司的建立和发展创造条件。

　　利率是指一定时期内利息额同借贷资本总额的**比率**。利率是单位货币在单位时间内的利息水平，表明利息的多少。利率通常由国家的中央银行[①]控制，在美国由联邦储备委员会[②]管理。利率的高低取决于货币的供求，货币**需求**增加，利率上升，货币需求减少，利率下降，即当市场**供不应求**时，利率会升高，供过于求时，利率则会下降。目前，所有国家都把利率作为宏观经济**调控**的重要工具之一。

(资料来源：作者杨彪，《货币，信用与利率的关系》，
https://wenku.baidu.com/view/7ac257a22cc58bd63086bd16.html 有改编)

(二) 雅浦岛上的石头：货币

　　在太平洋加罗林群岛中有个雅浦岛，岛上没有金属，于是那里的人们把石头打制成圆形，以此作为交换**媒介**，当地人把这种圆形的石头叫做费。奇怪的是，当岛上的居民完成

某笔交易后，石头竟然可以不用搬走。

曾经有一家人在某个**盛产**石头的岛上采到了一块硕大的费，但在把费运回雅浦岛的中途遭遇风暴，最后只好砍断捆着费的缆绳，船上的人才得救，但费却沉入了海底，无法打捞。人们回到岛上，都证明那家人得到了一块**质地**优良且体积巨大的费。从那以后，岛上所有的人都承认，石头落入海底是个意外，这块费虽然躺在大洋底下一动未动，但它却在岸上媒介了几辈子的交易。

岛上的统治者想修一条路，但赤脚走惯了**珊瑚**小路的岛民不愿去修，无奈之下，统治者派人拿着一支笔，把每块有价值的费都画上一个黑色标记并告诉岛民们，凡是画了标记的石头都已经被政府征收。这样一来，岛上的公路马上就修好了。后来，当局又派人擦掉了费上的标记，并承诺这些擦掉标记的石头已经按原来的所有权归还岛民。

故事中被叫做"费"的石头，实际上是岛上用来充当交换的媒介，也就相当于我们现在所说的**货币**。

货币是从商品中分离出来，固定的充当一般**等价物**的商品。货币的本质就是一般等价物。从货币的定义来看，货币是商品，而且是特殊的商品。它的特殊之处在于，它是"固定的充当一般等价物的商品"，这一特殊性也恰恰反映了货币的**本质**。货币不是从来就有的，它是商品交换发展到一定阶段的必然产物。

交换刚刚出现的时候是没有货币的，当时人们需要的物品不多，想要哪样物品，就可以用自己拥有的物品直接去换。比如一个人**狩猎**时捕获了一只狼，但他却需要中草药，而另一个人恰好拥有中草药并且想获得肉类食品，于是这两个人直接交换就能得到自己想要的东西了。

随着社会分工的细化，人们需要的物品越来越多，物物交换的方法逐渐无法适应频繁而大量的交换。于是人们不得不寻找一种物品作为大家所**公认**的交换媒介，就像雅浦岛上被称为"费"的石头一样，这种物品就是最原始的货币。

历史上曾经有很多物品被作为货币使用，如法国人用的兽皮，蒙古人用的砖茶，印度原始居民用的杏仁等。中国古代也曾用贝壳作为货币。

经过长年的**淘汰**和选择，在绝大多数社会里，金属逐渐**取代**了其他物品作为交换中的固定媒介。古希腊哲学家亚里士多德[③]认为，货币必须具有实质价值，这种价值由其金属价值决定，货币的实体必须由贵金属构成。这就是亚里士多德朴素的金属学说。

随着经济的进一步发展，金属货币同样显示出使用上的不便。在大额交易中，大量的金属货币的重量和体积给人们增添了很多麻烦，而且在金属货币的使用过程中，**磨损**问题也不可避免。由于大量的黄金会在人们的手中、衣袋里，甚至钱柜中受到磨损，所以出现了纸币。纸币本身没有任何价值，它其实是金属货币的**象征**符号。据调查，世界上最早出现的纸币出现在中国宋朝年间的四川地区，这种纸币在当时被人们称作"交子"。目前，世界上共有200多种纸币，纸币的出现大大方便了人们的交换活动。

萨缪尔森在其名著《经济学》有关货币的章节中引用了金·哈伯特的一句名言："在一万人中只有一人懂得**通货**问题，而我们每天都碰到它。"可以看出，货币本身的问题实际上极其复杂。

19世纪中叶，英国的一位议员格莱顿曾经说过，"在研究货币本质中受到欺骗的人，比谈恋爱受欺骗的人还要多。"可见关于货币的本质仍然存在大量的争论，但这并不影响货币在交换中的基本**职能**。

在交换过程中，价值**尺度**和流通手段是货币的基本职能。

价值尺度是货币的基本职能之一，所谓"尺度"是一种衡量标准。经常听人说："找一个大家都能接受的尺度"，这里的尺度指的是人们所认同并愿意执行的标准。货币的价值尺度也是如此，它是衡量某种商品价值量的标准，而这种价值量最终以价格的形式体现出来。简单来说，价值尺度就是买一件商品要花多少钱。正是由于货币的价值尺度功能，才使得人们可以将不同形式的商品先转化为货币的价格形式，然后再与其他商品进行交换。

流通手段是货币价值尺度职能的发展。只有货币执行了流通手段之后，才使得商品的交换有了可能。试想一下，如果货币只衡量了商品的价值，反映了商品的价格，但不在交换中流通，那么以货币作为交换媒介就是虚谈。

日常生活中，货币的职能无处不在，每一次交换都**无一例外**地体现着货币的两种职能。

每个人都知道手里的钱越多越好，金钱万能论也早已不再新鲜。虽然纸币本身没有任何价值，但因为它有着货币不可缺少的两种基本职能，所以备受**追捧**，既是**人之常情**，也是人之本性。

(资料来源：作者庆裕，《让你爱上经济学》，新世界出版社　有改编)

▶ 生词

1. 流通	liú tōng	(名)	货币或其他交换手段在整个团体或社会内从人到人的传递；circulation
2. 依存	yī cún	(动)	依靠于某人或某物而生存；depend for existence
3. 价值	jià zhí	(名)	商品的一种属性，其大小取决于生产这件商品所需的社会必要劳动时间；value；worth
4. 借贷	jiè dài	(动)	一般指向人借用钱物，或者指簿记或资产表上的借方和贷方；borrow or lend money
5. 资本	zī běn	(名)	资本是投入生产资料的一部分，投入包括劳务、土地、资本；capital
6. 比率	bǐ lǜ	(名)	比值，两数相比所得的值；ratio
7. 需求	xū qiú	(名)	购买商品或劳务的愿望和能力；demand
8. 供不应求	gōng bú yìng qiú	(成)	供应不能满足需求，形容某种事物的需求量很大，但供应不足；supply falls short of demand
9. 调控	tiáo kòng	(动)	调节、控制的意思；regulate

10. 媒介　　méi jiè　　(名)　　使双方(人或事物)发生关系的人或事物；media

11. 盛产　　shèng chǎn (动)　　指大量地产出；teem with, abound in

12. 质地　　zhì dì　　(名)　　通常指的是某种材料的结构或性质；texture

13. 珊瑚　　shān hú　　(名)　　许多珊瑚虫的骨骼聚集物，树状，供玩赏；coral

14. 货币　　huò bì　　(名)　　一种所有者与市场关于交换权的契约，根本上是

　　　　　　　　　　　　　　所有者相互之间的约定；currency

15. 等价物　děng jià wù (名)　用来充当另一种商品的价值表现的商品；equivalent

16. 本质　　běn zhì　　(名)　　事物本身所固有的根本属性；nature

17. 狩猎　　shòu liè　　(动)　　捕杀或猎取野生动物；hunting

18. 公认　　gōng rèn　　(动)　　公众所承认，大家一致地承认；be generally acknowledged

19. 淘汰　　táo tài　　(动)　　指留下好的，或去掉不合适的、保留合适的；

　　　　　　　　　　　　　　eliminate through selection

20. 取代　　qǔ dài　　(动)　　推翻他人或排斥同类，以便自己顶替其位置；

　　　　　　　　　　　　　　 substitute

21. 磨损　　mó sǔn　　(动)　　机件或其他物体由于摩擦和使用而造成损耗；

　　　　　　　　　　　　　　wear and tear

22. 象征　　xiàng zhēng(名)　　不可见的某种物(如一种概念或一种风俗)的可以看见的

　　　　　　　　　　　　　　标记；symbol

23. 通货　　tōng huò　　(名)　　流通货币，在商品流通过程中充当一般等价交换物，

　　　　　　　　　　　　　　包括纸币、铸币等有形实体货币和信用货币；currency

24. 职能　　zhí néng　　(名)　　事物、机构本身具有的功能或应起的作用；function

25. 尺度　　chǐ dù　　(名)　　指准绳、分寸，衡量长度的定制，可引申为看待

　　　　　　　　　　　　　　事物的一种标准；yardstick

26. 无一例外　wú yī lì wài(副)　全部如此，没有例外；without exception

27. 追捧　　zhuī pěng　　(动)　　指追求、捧场；pursuit, chase

28. 人之常情　rén zhī cháng qíng(成)　　一般人都有的感情；human nature

▶ 经贸词条及注释

① 中央银行

中央银行是由政府组建的金融机构,负责控制国家货币供给、信贷条件,监管金融体系。商业银行和其他储蓄机构,是国家最高的货币金融管理组织机构,在各国金融体系中居于主导地位。国家赋予中央银行制定和执行货币政策,对国民经济进行宏观调控,对其他金融机构乃至金融业进行监督管理的权限,中央银行的地位非常特殊。

② 联邦储备委员会

美国联邦储备委员会,简称美联储委员会,是美国联邦储备系统的核心管理机构,它是一个美国联邦政府机构,其办公地点位于美国华盛顿特区。"美联储"一般是对美国整体储备系统的简称,而非对其委员会的简称。

③ 亚里士多德

亚里士多德(Aristotle,公元前 384—前 322),古代先哲,古希腊人,世界古代史上伟大的哲学家、科学家和教育家之一,堪称希腊哲学的集大成者。亚里士多德是柏拉图的学生,亚历山大的老师。

▶ 语法

1. 只有……才……

"只有"和"才"搭配使用,前一分句用了"只有"引出某个或多个条件,后一个分句通常会用"才"来表达满足条件之后的目的或结果。例如:

① 只有自己才是最了解自己需要的人。

② 我们只有依靠群众,相信群众,才能取得成功。

③ 只有完全明白了词语的意思,才能正确使用它。

2. 由于……使得……

书面语,意思是引起一定的结果,在此结构中"使得"是无主动词,前面不能有主语。例如:

① 由于天气变化,使得航班延迟了两个小时。

② 由于货币的价值尺度功能,才使得人们可以将不同形式的商品先转化为货币的价格。

③ 由于他工作的疏忽,使得我们全队的努力付之东流。

▶ 练习

(一) 选词填空

借贷　供不应求　比率　淘汰　取代　等价物　无一例外　媒介　尺度　职能

1. 信用是信用经济上的(　　　　)行为,是以偿还和付息为条件的价值单方面运动的特殊形式。

2．利率的高低取决于货币的供求，货币需求增加，利率上升，货币需求减少，利率下降。即当市场(　　　)时，利率会升高，供过于求时，利率则会下降。

3．利率是指一定时期内利息额同借贷资本总额的(　　　　)。

4．经过长年的(　　　　)和选择，在绝大多数社会里，金属逐渐(　　　)了其他物品作为交换中的固定媒介。

5．货币是从商品中分离出来，固定的充当一般(　　　)的商品。

6．在交换过程中，价值尺度和流通手段是货币的基本(　　　)。

7．日常生活中，货币的职能无处不在，每一次交换都(　　　)地体现着货币的两种职能。

8．在太平洋加罗林群岛中有个雅浦岛，岛上没有金属，于是那里的人们把石头打制成圆形，以此作为交换(　　　)。

9．价值(　　　)是货币的基本职能之一，所谓"(　　　　)"是一种衡量标准。

(二) 词语造句

1．磨损：_____。

2．公认：_____。

3．只有……才……：_____。

4．由于……使得……：_____。

5．把：_____。

6．盛产：_____。

(三) 短文填空

1．信用是信用经济上的(　　　)行为，是以偿还和付息为条件的价值单方面运动的特殊形式。不同于实物交换，(　　　)的作用主要是：可以保证现代化大生产的顺利进行；可以实现(　　　)转移，自发调节各部门的发展比例；可以节约(　　　)费用，加速资本周转；可以为股份公司的建立和发展创造了条件。

2．随着经济的进一步发展，金属(　　　)同样显示出使用上的不便。在大额交易中，大量的金属货币的重量和体积给人们增添了很多麻烦，而且在金属货币的使用过程中，(　　　)问题也不可避免。由于大量的黄金会在人们的手中、衣袋里，甚至(　　　)中受到(　　　)，所以出现了纸币。纸币本身没有任何价值，它其实是金属货币的(　　　)符号。据调查，世界上最早出现的纸币出现在宋朝年间我国的四川地区，这种纸币在当时被人们称作"交子"。

(四) 回答问题

1．文章介绍的货币本质是什么？

2．文章介绍了货币的两种基本职能，它们分别是什么？

3．请谈谈你对信用货币的理解。

(五) 阅读与写作

了解通货膨胀

在一战结束时，协约国要求德国支付巨额赔款。战后的德国政府面对巨额赔款苦不堪言，于是通过大量发行货币的方式来筹集赔款，使得从 1922 年 1 月开始到 1924 年底德国的货币和物价都以惊人的速度<u>飙升</u>。就以报纸的价格来说，在 1921 年 1 月的时候是 0.3 马克，到 1922 年 5 月的时候涨到 1 马克，同年 10 月涨到了 8 马克。在 1923 年 9 月的时候，报纸的价格已经是 1000 马克。而后真正的超速膨胀开始了：报纸价格 10 月 1 日为 2000 马克，过了 15 天涨到 12 万马克，又过了 15 天涨到 100 万马克，又过了 10 天涨到 500 万马克，直到 11 月 17 日售价已经是 7000 万马克。德国马克的价值接连<u>暴跌</u>，已发展到无法控制的地步。1923 年，德国的<u>通货膨胀率</u>每月上升 2500%。当时，工人们的工资一天要分两次发，傍晚一个面包的价格等于早上一幢房屋的价格。

(资料来源：作者鹏程聚金，《听完这两个故事，你就能真正了解通货膨胀》，

http://www.sohu.com/a/123390956_490445　有改编)

1．尝试解释文中划线词语的意思

① 飙升：_____。

② 暴跌：_____。

③ 通货膨胀率：_____。

2．根据这篇课文，谈谈你对通货膨胀的看法，请举例说明。

第十四课　服务的银行

生活中，我们每天都会和银行打交道，享受着银行的服务，小到生活缴费，大到存款贷款。服务是银行立足的基石，是银行发展的根本。优质的服务，就是要注重每一个细节，做好细致工作。

▶ **课文**

(一) 银行里的男孩

一天，我到西大街的一家银行的一个小**储蓄所**准备开个新**账户**。已经是午饭时间，只有一位大约 40 岁的工作人员在**值班**，他头发整齐，西装笔挺，身上的每一处都**暗示**着他是一位细心、**谨慎**的人。这位职员正站在**柜台**后面，柜台前站着一位男孩。我想，我特别注意他是因为他看起来更像一位初中生，而不是一位银行的顾客。

男孩继续引起我的兴趣的是后来所发生的事。

他手上拿着一本打开的**存折**，脸上写满了**沮丧**的表情。"但是我不明白，"他对银行职员说，"我自己开的账户，为什么我不能取钱。"

"我已经向你解释过了。"职员对他说，"没有父母的**信函**，一个 14 岁的小孩不能自己取钱。"

"但这似乎不公平，"男孩说，他的声音有点**颤抖**，"这是我的钱。我把钱存进去。这是我的存折。"

"我知道是你的存折。"职员说，"但规定就是那样。现在需要我再讲一遍吗？"

他转身对我微笑了一下。"先生，您需要办理什么**业务**？"

我本来想开一个新账户，但是看到在这里刚刚发生的一幕后，我改变了主意。"如果我理解的没错的话，您刚才的意思是说，这个孩子已经够年龄把钱存入你们的银行，却没有达到取出他的钱的年龄。如果无法证明他的钱或者他的存折有任何问题的话，那么银行的规定的确太可笑了。"

"对你来说也许可笑，"他似乎有点生气了，"但这是银行的规定，我必须遵守。"

在我跟银行职员辩论的时候，男孩满怀希望地紧挨着我，但最终我也无能为力。突然，我注意到在他手上紧抓着的那本打开的存折上显示只有 100 美元的结余。存折上面还显示进行过多次**小额**的存款和取款。

我想我**反驳**的机会来了。

"孩子，以前你自己取过钱吗？"我问男孩。

"取过。"他说。

我一笑，转问银行职员："你怎么解释这个？为什么你以前让他取钱，现在不让呢？"

他看起来发火了。"因为以前我们不知道他的年龄，现在知道了，就这么简单。"

我转身对男孩**耸耸肩**，然后说道："你真的被骗了。你应该让你的父母到这里来，向他们提出**抗议**。"

男孩看起来完全失望了。他把存折放进背包，然后离开了银行。

银行职员看着男孩的背影消失在街道的拐角，转身对我说道："先生，你真的不应该从中**插一杠**。"

"我不应该插一杠？"我大声说道，"就你们那些该死的规定，难道他不需要一个人来保护他的**利益**吗？"

"银行正在保护他的利益。"

我无法相信这个人居然会这样说，"请你跟我解释解释银行是如何保护那个孩子的利益的。"

"当然"他说道，"今天早上我们得到消息，街上的一群流氓强迫这个孩子每周取一次钱给他们。显然，那个可怜的孩子由于太害怕而没有把这件事告诉任何人。不过警察已经知道这件事，今天他们也许就会实施**抓捕**行动。"

"你的意思是说根本没有年龄太小而不能取钱的规定？"

"我从没听说过这个规定。现在，先生，你还需要开户吗？"

（资料来源：作者菲利普·罗斯，《银行里的男孩》，群言出版社 有改编）

(二) 倔老头和银行保安的故事

平时就很倔强的老李头退休后又加了一个怪字，看啥啥不顺眼，瞅啥啥不顺心。一天，老伴儿板着脸对老李头说："咱家现在是水管没水，电话**欠费**，燃气不着，电灯报废。"然后扬扬手里的一**摞**单据说："这是物业**催费**的单子，还有社区献爱心为灾区捐款的费用，全小区除了咱家都交了，你交不交？"说完掏出一张银行卡扔给老李头，温柔地说："要不我向邻居借点去。"还别说，老伴儿的激将法还真灵，老李头黑着脸拿起银行卡就出了家门，直奔银行。

老李头推开银行的门就要进，这时一个穿警服的保安走了过来，笑容满面，语气轻柔地说："大爷，您办什么业务呀？"老李头生硬地说："我不办业务，就是取点钱。"保安依旧微笑着，"大爷，您看，屋里人很多，需要等很长时间，您要取的不多就到**柜员机**取吧。"

　　老李头从未用过柜员机，但看到保安就来气，为了和保安赌气，他来到柜员机前一站，一动不动，一会儿后边就排了好多人。保安看着老李头，先是笑容消失，然后就是直运气，老李头抱着肩膀依然**岿然不动**。

　　保安苦着脸说："大爷，您倒是快取钱呀，后边都排这么多人了。"老李头瞪着眼说："我倒是想取，可我从来没用过这玩意儿。"保安也急了，"大爷，您倒是早说呀，您看刚才那个小伙子着急都走了。"

　　老李头更来劲了，"我早知道你看我不顺眼，我来银行取钱，你连门都不让我进，就让我到柜员机等，半天没人理我。"老李头越说越**来劲**，越说声越大，保安一看不好，立刻满面笑容地说："大爷，我错了，是我没向您说清楚。"

　　老李头依旧**不依不饶**，"大爷，求您了，我们正好在摄像头**监控**的范围内，如果让领导看见，我今年的年终奖①就全**泡汤**了。"

　　老李头依旧强硬地说："那我不管，我来了半天，钱没取到，还生了半天气，你看怎么解决吧。"保安从兜里掏出五百元，委屈地说："大爷，我这有五百您先拿去行吗，就当您是我亲爷爷孝敬您了，行吗？"老李头也不客气，从保安手里拿起五百元钱头也不回地走了。

　　第二天，老李头又推门进了银行，找到昨天的保安，把五百块钱塞到保安手里，笑着说："我是来还钱道歉的，昨天都是我不对，自从我退休后，心情就一直不好，真不好意思，让你无谓的当了我的**出气筒**，但我有一事不明，你为什么会给我五百元钱呢"？

　　保安挠了挠头，不好意思地说："说实话，给你钱后我都怀疑我是不是精神病**前兆**，您说我的举动像不像精神病。"老李头乐了乐说："不像，就是。"

（资料来源：作者清可映人，《银行门口的故事》，

http://www.storychina.cn/frmPopAuthor_Detail.aspx?ID=514980 有改编）

▶ 生词

1. 储蓄所　　chǔ xù suǒ　　（名）　储蓄所是银行处理个人业务的一个业务部门；
　　　　　　　　　　　　　　　　　savings department of a bank

2. 账户　　　zhàng hù　　　（名）　账簿上对各种资金运用、来源和周转过程等设置的
　　　　　　　　　　　　　　　　　分类；account

3. 值班　　　zhí bān　　　　（动）　(轮流)在规定的时间担任工作；be on duty

4. 暗示　　　àn shì　　　　 （动）　不明说，而用含蓄的话或动作使人领会；hint

5. 谨慎　　　jǐn shèn　　　 （形）　细心、慎重；careful, prudent

6. 柜台　　　guì tái　　　　（名）　企业、商店用以隔开本单位工作人员与顾客
　　　　　　　　　　　　　　　　　来进行交易的长柜；counter

7. 存折　　　cún zhé　　　　（名）　银行、信用合作社等发给存户作为凭证的小本子；

bankbook

8. 沮丧	jǔ sàng	(形)	灰心失望；depress
9. 信函	xìn hán	(名)	信件；letter
10. 颤抖	chàn dǒu	(动)	颤动，发抖；shiver
11. 业务	yè wù	(名)	个人或某个机构的本行业本职工作；professional work
12. 小额	xiǎo é	(形)	小数额；small amount
13. 反驳	fǎn bó	(动)	提出反对的理由辩驳；retort
14. 耸肩	sǒng jiān	(动)	微抬肩膀(表示轻蔑、疑惑、惊讶等)；shrug
15. 抗议	kàng yì	(动)	对某人、某国、某单位的言论、行为或措施表示强烈反对；protest
16. 插一杠	chā yī gàng	(俗)	第三者插进来进行干扰，使事情不能顺利进行；have a hand in at a wrong time
17. 利益	lì yì	(名)	益处，有益于他人的事；benefits
18. 抓捕	zhuā bǔ	(动)	公安机关对嫌疑人进行人身控制；arrest
19. 欠费	qiàn fèi	(动)	亏欠，欠钱； arrears
20. 摞	luò	(量)	堆在一起的或逐个叠放东西；pile
21. 催	cuī	(动)	使赶快行动，赶快交钱；urge
22. 柜员机	guì yuán jī	(名)	进行提款、存款等银行柜台服务的机器； ATM
23. 岿然不动	kuī rán bù dòng	(成)	形容高大坚固，不能动摇；remain unmoved
24. 来劲	lái jìn	(形)	立时引起一种情感波动；in high spirits
25. 不依不饶	bù yī bù ráo	(动)	形容要求不遂就纠缠个没完；not to overlook
26. 监控	jiān kòng	(名)	监测并进行控制；supervisory control
27. 泡汤	pào tāng	(动)	事情或希望落空；hope dashed to piece
28. 出气筒	chū qì tǒng	(名)	被人当作发泄怨恨的对象；a person against whom sb's anger is wrongly vented
29. 前兆	qián zhào	(名)	预兆，预示；foreshadow

▶ 经贸词条及注释

① 年终奖

年终奖就是老板给予员工一年来的工作业绩奖励，也是可给可不给的一个项目。奖金对于员工来说是一种物质奖励，如果员工的绩效优良，工作成绩突出，为企业的发展做出了贡献，就应该给予奖励。

▶ 语法

1．连……+都/也+动词+……

"连"字句在意义上的特点是隐含比较，用介词"连"接引的比较对象凸显的是一个极端事物或现象，即最不可能或最有可能具有某种特性的事物或现象。例如：

① 他上学时，连宿舍都要他妈妈来帮忙收拾。

② 怎么连马丁也没来？

③ 连小孩子都懂得这个道理。

2．"越+A 越+B"

"越+A 越+B"，表示在程度上 B 随着 A 的变化而变化。

(1) A 和 B 主语相同。例如：

① 雨越下越大。

② 汉语越学越有意思。

③ 东西不是越便宜越好。

(2) A 和 B 主语不同。例如：

① 他越说，我越不懂。

② 老师越表扬学生，学生就越努力。

③ 越怕说话越说错。

▶ 练习

(一) 选词填空

细心谨慎　　欠费　　业务　　泡汤　　监控　　岿然不动　　结余

1．他头发整齐，西装笔挺，身上的每一处都暗示着他是一位(　　　)的人。

2．我一进银行，银行的保安就问我："您好，您要办什么(　　　)？"

3．如果让领导知道这件事，那我今年的年终奖就全(　　　)了。

4．我们正好在摄像头(　　　)的范围内，什么都会被录下来，千万别这样做。

5．他装作没看见，站在那儿，抱着肩膀依然(　　　)。

6．在他手上紧抓着的那本打开的存折上显示只有 100 美元的(　　　)。

7．我家又停电了，难道又(　　　)了，我得赶紧去缴费。

(二) 词语造句

1. 本来：_____。

2. 来劲：_____。

3. 抗议：_____。

4. 颤抖：_____。

5. 暗示：_____。

6. 小额：_____。

7. 值班：_____。

8. 连……都……：_____。

(三) 短文填空

1. 在我跟银行职员(　　　　　　　)的时候，男孩满怀希望地紧挨着我，但最终我也(　　　　　　　)。突然，我注意到在他手上紧抓着的那本打开的存折上显示只有 100 美元的(　　　　　　　)。(　　　　　　　)上面还显示进行过多次(　　　　　　　)的存款和取款。

2. 第二天，老李头又推门进了银行，找到昨天的保安，把五百块钱(　　　)到保安手里，笑着说："我是来还钱(　　　)的，昨天都是我不对，自从我退休后，心情就一直不好，总想(　　　)，有时还真(　　　)不了自己，不过昨天和你嚷过了，我的心里敞亮多了，正常多了。真不好意思，让你无谓的当了我的(　　　)，但我有一事不明，你为什么会给我五百元钱呢"？

(四) 回答问题

1. 你觉得课文一中的顾客是管闲事吗？

2. 你觉得课文二中保安的做法妥当吗？如果你是保安，你会怎么对待这个倔强的老头？

(五) 阅读与写作

银行卡进入"芯片时代"

"5 月 1 日起，银行将全面关闭芯片磁条复合卡的磁条交易"的消息近日刷爆朋友圈。近日，有一些持有信用卡的市民反映，以前办理的双标磁条信用卡到期后，银行寄来的新卡仍旧是带磁条的卡片，而不是芯片卡，咨询银行客服得到的回复是"不能直接升级为芯片卡"。目前持有双标磁条信用卡的人居多，不少人质疑，"为什么我们手中带磁条卡不能升级为芯片卡呢？"

工行、建行、农行等几家国有银行信用卡中心给出的答复是：因为银联芯片卡与 Visa 或 Master 芯片卡所采用的标准不一样，所以带有"银联"和"Visa"或"Master"双标识的磁条信用卡的确不能直接升级为芯片卡，客户只能申办带"银联"，或者是"Visa"或

"Master"单标识的芯片信用卡。

无法直接升级为芯片卡，5月1日起又听说磁条通道要被关闭，那怎么办？信用卡中心表示，原磁条卡虽然不能直接升级为芯片卡，但并不影响它在境内外的正常使用，而5月1日起关闭的磁条通道，只针对复合卡(磁条+芯片)，与双标磁条信用卡没关系。多家银行信用卡中心客服人员表示，如果客户持有的是该行银联单标识磁条卡，卡片到期后，银行会自动免费升级为芯片卡，卡号也无须更换。如果没有到期，客户也可以主动联系银行信用卡客服中心来进行升级。

(资料来源：作者王赫,《银行卡进入"芯片时代"》,西安晚报2017年4月19日有改编)

1. 尝试写出文中划线词语的解释

① 刷爆：＿＿＿＿＿＿＿＿＿＿＿＿＿＿＿＿＿＿＿＿＿＿＿＿＿。

② 芯片卡：＿＿＿＿＿＿＿＿＿＿＿＿＿＿＿＿＿＿＿＿＿＿＿。

③ 磁条卡：＿＿＿＿＿＿＿＿＿＿＿＿＿＿＿＿＿＿＿＿＿＿＿。

2. 结合这篇短文,总结一下银行卡进入芯片时代对于我们的生活有没有影响,如果有,请说明具体影响是什么?

第十五课　股市：卖烧饼的故事

　　股市常常受挫，每天都有数不清的股民资产缩水，他们以为那是个金矿，其实却是个"坑"。股市的门道到底是什么？一个卖烧饼的故事也许会让你恍然大悟！

▶ 课文

(一) 股市：卖烧饼的故事(上)

　　A 君和 B 君两个人在街上卖烧饼，记住了，我们假设这个世界只有他们两个人卖烧饼。我们再假设他们的烧饼价格没有物价局①监管，不需要向工商局①、税务局①缴纳税费，也不必担心城管部门①的罚款行动，总之就是很自由的摆摊设点；再假设每个烧饼只卖一块钱就可以保本；最后假设他们的烧饼数量一样多。如果你问我为什么有这么多假设，我只能告诉你，股市里任何技术面②和基本面②要成立，本来就有非常多的假设条件作为基础，这是游戏规则。

　　可能是因为他们选择的地段不理想，也可能是当地的居民不喜欢吃烧饼，A 君和 B 君的生意很不好，辛辛苦苦站了一天也没有一个人买他们的烧饼。

　　A 君说"好无聊啊"，B 君说"好无聊啊"，这时候，整个故事的气氛就像股市中的震荡行情，一点都不活跃。A 君对 B 君说："要不，咱们玩个游戏？"B 君说，"好"。故事就此开始……

　　A 君花一块钱跟 B 君买了一个烧饼，B 君也花一块钱跟 A 君买了一个烧饼，现金交割。

　　A 君再花两块钱跟 B 君买了一个烧饼，B 君也再花两块钱跟 A 君买了一个烧饼，现金交割。

　　A 君再花三块钱跟 B 君买了一个烧饼，B 君也再花三块钱跟 A 君买了一个烧饼，现金交割……

　　于是在整个市场的人看来，烧饼的价格飞速上涨，不一会烧饼的价格就涨到了每个 20 元，烧饼的交易过程中产生了巨大的泡沫，令人意想不到的是，A 君和 B 君两个人的烧饼数量仍然一样多，他们钱包里的钱也分文没有改变，但他们的烧饼价格的确是上涨了啊，他们拥有的资产也的确是"增值"了，他们所拥有的烧饼"市值③"也的确是增加了许多，这到底是为什么呢？

正在两个人想不明白的时候，聪明的 C 君出现了。C 君刚才听自己的朋友说烧饼涨价了，心想要赶快去买，说不定买了之后再卖给别人还能赚一笔。C 君也确实发现，他刚来的时候烧饼价格只有 5 元，很快就涨到了 20 元了。C 君是个经济学家，也是股市中的**投资兼投机**实践家，他确信烧饼价格还没到顶。旁边的"分析家"虽然不敢买，却大胆预测烧饼价格的真正顶部至少要到 100 元。于是 C 君带头以 20 元的价格买了一批烧饼，在 C 君的示范效应④下，群众开始疯狂抢购价格飞涨的烧饼，当 A、B 二人的烧饼全部卖完的时候，每个烧饼的价格已经达到 80 元了。我们惊奇地发现，这个故事中所有的人都赚到了钱。

这个时候，你可以看出，A 君和 B 君谁手上的烧饼少，即谁的资产少，谁就真正的赚钱了。参与购买的人，谁手上没烧饼了，谁就真正赚钱了！而且卖了的人都很后悔——因为烧饼的价格还在飞快地上涨……

那谁亏钱了呢？答案是：谁也没有亏钱，**皆大欢喜**。因为很多出高价购买烧饼的人手上持有大家公认的优质资产——烧饼！而烧饼当然比现金好！现金存银行才有多少利息啊，哪比得上价格飞涨的烧饼啊！

(二) 股市：卖烧饼的故事(下)

故事还没有结束，我们继续。

这些买烧饼的群众有些人比较理性，认为一只原本只值 1 元的烧饼涨到快 100 元了，已经有很大的风险了，于是**转手**卖给了别人。一些胆小的人也在接近 100 元的时候卖掉了，然而当他们卖完后，发现烧饼价格已经突破了 100 元，随后一口气涨到了 120 元。**后悔莫及**啊！于是他们又杀个**回马枪**，**倾家荡产**地买了一大堆烧饼。

当烧饼价格突破了"分析家"预测的 100 元之后，群众开始预测烧饼要涨到 200 元、300 元甚至 500 元。这种利润多么大啊，比银行存款高了不知道多少倍！于是，再也没有人愿意卖了，都死死地抱着自己心爱的烧饼，即使没钱吃饭了，也不舍得吃掉手上的烧饼——这不是吃烧饼，是吃金子啊！

假设 C 君一直控制着超过 50% 的烧饼，这个时候他打算去开发下一个交易品种——面包。于是他在价格为 200 元左右时偷偷地把手上的烧饼全部卖掉了，利润整整为 10 倍。可是面包是个新产品，没有人去买，大家的兴趣还停留在烧饼上面。怎么办呢？只有让大家卖掉烧饼才有钱啊。于是 C 君又偷偷地跑到监管部门，**举报**群众在**倒卖**烧饼，使得烧饼产生了巨大的泡沫。

监管部门跑到那里一看，不得了！这样的物价不会导致通货膨胀⑤吗？不利于经济的健康发展啊！要**打压**！于是监管部门下了一道命令：每只烧饼限价 1 元，并鼓励 A 君和 B 君继续大量制作烧饼。与此同时，工商局找到了 A 君和 B 君，要求二人注册商标并有固定的办公场地，税务局要求 A 君和 B 君缴纳税费，也要求烧饼交易者缴纳交易税，城管部门也出来抓人了，哪个敢当街交易，统统罚款。

　　崩溃了，崩溃了，**崩溃**的不但是烧饼的价格，崩溃的还包括买烧饼的群众。有**内幕**消息的人、C 君的亲戚朋友在监管部门还没发布限价令时就高价卖掉了烧饼，手脚快的人打 8 折将烧饼转卖了，而大多数人花了近 200 元每只烧饼的价格买入，最后不得不 1 元卖出，亏得**血本无归**。

　　这个卖烧饼的故事非常简单，人人都觉得高价买烧饼的人是傻瓜，但我们再回头看看股市上的人又何尝不是这样？股市本就是一个追本逐利的市场，机构有**融资**的自由，有**操纵**股价的能力，这些我们都是知道的，而我们既然还去参与，只能将眼睛擦亮再擦亮，**慎重**再慎重！

　　因为，你很可能成为一个持有高价烧饼的**路人**！很多人懂得这个道理，却总以为本人不会是最后那个买烧饼的人。

　　(资料来源：网络文章，http://www.360doc.com/content/15/0413/15/4322249_462906031.shtml 有改编)

▶ 生词

1. 股市	gǔ shì	(名)	买卖股票的市场；stock market
2. 缩水	suō shuǐ	(动)	减少；shrink
3. 坑	kēng	(名)	地面上凹下去的地方；pit
4. 门道	mén dào	(名)	指做事的门路或方法；way to do sth.
5. 恍然大悟	huǎng rán dà wù	(成)	形容一下子明白过来；to suddenly realize
6. 监管	jiān guǎn	(动)	监督管理；watch and control
7. 保本	bǎo běn	(动)	不赚不亏，交易中收益和损失两抵；break even
8. 成立	chéng lì	(动)	理论、意见等有根据，站得住脚；to hold water
9. 行情	háng qíng	(名)	市价；quotations on the market
10. 活跃	huó yuè	(形)	行动积极、踊跃；active
11. 交割	jiāo gē	(动)	买卖双方结清手续；complete a business transaction
12. 泡沫	pào mò	(名)	表面上繁荣而实际上虚浮不实的成分；bubble
13. 投资	tóu zī	(动)	投入资金；investment
14. 兼	jiān	(动)	同时具有或涉及几种事务；hold two or more…concurrently
15. 投机	tóu jī	(动)	利用时机谋取私利；to speculate
16. 皆大欢喜	jiē dà huān xǐ	(成)	人人都高兴、满意；to the satisfaction of all

17.	转手	zhuǎn shǒu	（动）	从一方买到的东西卖给另一方；resell
18.	后悔莫及	hòu huǐ mò jí	（成）	指事后懊悔也来不及了；too late for regrets
19.	回马枪	huí mǎ qiāng	（名）	比喻转变立场，对自己一方进行攻击的举动；back thrust
20.	倾家荡产	qīng jiā dàng chǎn	（成）	指全部家产都被输光；dissipate one's fortune
21.	举报	jǔ bào	（动）	检举，报告；to report
22.	倒卖	dǎo mài	（动）	未经官方批准，以投机手段高价出售；resell at a profit
23.	打压	dǎ yā	（动）	用非常方法将股价大幅度压低；suppress
24.	崩溃	bēng kuì	（动）	彻底破坏或垮台；to collapse
25.	内幕	nèi mù	（名）	不为外界了解的内部不好的情况；inside story
26.	血本无归	xuè běn wú guī	（成）	指本钱赔光了，一点也没收回；lose all the capital invested
27.	融资	róng zī	（动）	企业资金筹集的行为与过程；financing
28.	操纵	cāo zòng	（动）	把持，支配；to control
29.	股价	gǔ jià	（名）	指股票的交易价格；price of stock
30.	慎重	shèn zhòng	（形）	谨慎持重；cautious
31.	路人	lù rén	（名）	行人，过路人；passer-by

▶ 经贸词条注释

① 物价局、工商局、税务局、城管部门

物价局(price bureau)是政府负责物价工作的行政机构。工商局(industry and commerce bureau)是政府主管市场监管和行政执法的工作部门。税务局(tax bureau)为主管税收工作的直属机构。城管部门(departments of city management)负责城市管理监察行政执法的指导、统筹协调和组织调度工作。

② 技术面、基本面

投资者对股票市场的分析用语。技术面指反映变化的技术指标、走势形态等；基本面是指对宏观经济、行业和公司基本情况的分析。

③ 市值

市值是指一家上市公司的发行股份按市场价格计算出来的股票总价值，其计算方法为每股股票的市场价格乘以发行总股数。

④ 示范效应

示范效应(demonstration effect)指消费者的消费行为要受周围人们消费水准的影响，如果别人收入和消费增加了，虽然某个人的收入并没有增加，但因顾及在社会上的相对地位，也会提高自己的消费水平。

⑤ 通货膨胀

通货膨胀(inflation)指在一段时间内物价水平普遍持续增长，从而造成货币购买力的持续下降。

▶ 语法

1. 一口气

一次吸气或呼气，指做事没有中断，无间断，在句中做状语。例如：

① 当他们卖完后，发现烧饼价格已经突破了 100 元，随后一口气涨到了 120 元。

② 我在游泳池里，一口气游到了对岸，虽然很累，但我成功了。

③ 听到母亲病倒的消息，他一口气跑到医院，看望母亲。

2. 杀回马枪

比喻出其不意地回头一击，在句中常作谓语、宾语。例如：

① 他们后悔莫及啊！于是又杀个回马枪，倾家荡产地买了一大堆烧饼。

② 在公安、税务等部门进行联合检查之后，检查组又杀了个"回马枪"，又查出四家单位存在问题。

③ 你要小心他杀回马枪。

▶ 练习

(一) 选词填空

举报　　皆大欢喜　　路人　　交割　　泡沫　　缩水　　兼　　行情

1. A 君花一块钱跟 B 君买了一个烧饼，B 君也花一块钱跟 A 君买了一个烧饼，现金（　　　）。

2. 你很可能成为一个持有高价烧饼的(　　　)！很多人懂得这个道理，却总以为本人不会是最后那个买烧饼的人。

3. 股市常常受挫，每天都有数不清的股民资产(　　　)。

4. 这时候，整个故事的气氛就像股市中的震荡(　　　)，一点都不活跃。

5. 烧饼的价格飞速上涨，不一会烧饼的价格就涨到了每个 20 元，烧饼的交易过程中产生了巨大的(　　　　)。

6. 那谁亏钱了呢？答案是：谁也没有亏钱，(　　　　　　　)。因为很多出高价购买烧饼的人手上持有大家公认的优质资产——烧饼！

7. C 君是个经济学家，也是股市中的投资(　　　　)投机实践家，他确信烧饼价格还没到顶。

8. C 君又偷偷地跑到监管部门，(　　　　)群众在倒卖烧饼，使得烧饼产生了巨大的泡沫。

(二) 词语造句

1. 恍然大悟：＿＿＿＿＿＿＿＿＿＿＿＿＿＿＿＿＿＿＿＿＿＿＿。

2. 后悔莫及：＿＿＿＿＿＿＿＿＿＿＿＿＿＿＿＿＿＿＿＿＿＿＿。

3. 皆大欢喜：＿＿＿＿＿＿＿＿＿＿＿＿＿＿＿＿＿＿＿＿＿＿＿。

4. 血本无归：＿＿＿＿＿＿＿＿＿＿＿＿＿＿＿＿＿＿＿＿＿＿＿。

5. 一口气：＿＿＿＿＿＿＿＿＿＿＿＿＿＿＿＿＿＿＿＿＿＿＿＿。

6. 杀回马枪：＿＿＿＿＿＿＿＿＿＿＿＿＿＿＿＿＿＿＿＿＿＿。

(三) 短文填空

1. 这些买烧饼的群众有些人比较理性，认为一只原本只值 1 元的烧饼涨到快 100 元了，已经有很大的风险了，于是(　　　　)卖给了别人。一些胆小的人也在接近 100 元的时候卖掉了，然而当他们卖完后，发现烧饼价格已经突破了 100 元，随后(　　　　)涨到了 120 元。(　　　　)啊！于是他们又杀个(　　　　　)，(　　　　)地买了一大堆烧饼。

2. 崩溃的不但是烧饼的价格，崩溃的还包括买烧饼的群众。有(　　　　　　)消息的人、C 君的亲戚朋友在监管部门还没发布限价令时就高价卖掉了烧饼，手脚快的人打 8 折将烧饼(　　　　)了，而大多数人花了近 200 元每只烧饼的价格买入，最后不得不 1 元卖出，亏得(　　　　　　)。这个卖烧饼的故事非常简单，人人都觉得高价买烧饼的人是傻瓜，但我们再回头看看股市上的人又(　　　　)不是这样？股市本就是一个追本逐利的市场，机构有(　　　　)的自由，有(　　　　)股价的能力，这些我们都是知道的，而我们既然还去参与，只能将眼睛擦亮再擦亮，慎重再(　　　　)!

(四) 回答问题

1. 根据课文内容，讲一讲烧饼价格被炒高至最后崩溃的过程。

2. 谈一谈卖烧饼的故事给你带来什么启示。

(五) 阅读与写作

股市的"真谛"是什么

从前有一个村子，村后有一座小山，山上有好多好多猴子。村民们每年春种夏收辛勤劳动赚点微薄的收入，艰难维持生计，也从来没跟山上的猴子打过什么交道。

这天有一个商人带着一个助手来到这个村子，他跟村民买猴子，每只猴子以 10 元钱的价格收。于是村民们开始上山抓猴子，抓来的猴子都卖给了商人。

就在大家热情高涨地抓猴子时，商人又说以每只 50 元的价格收猴子。这下村民们几乎全部都放下了手里的农活跑到山上抓猴子，一时间山上的猴子所剩无几。

就在猴子越来越少的时候，商人又开口了，称每只猴子以 100 元的价格买。这时的村民们已经丧失了所有理智，认为这简直是天上砸下来的大馅儿饼，不顾一切地上山抓猴子，再带回来卖给商人。每个从商人手里接到实实在在的钱的村民都跟捡了巨大的便宜似的，美滋滋的，也没有心思再管那已经杂草丛生的庄稼了。

终于，山上的猴子被抓光了，再也抓不到一只猴子了。

但就在这时，商人居然又开口了，谁要是能继续抓来猴子，他会以每只 500 元的价格买！村民们这时已经傻了……他们已经不会去想商人到底有什么目的，也不会去思考一只猴子为什么会值这么多钱，而只是拼命地想办法抓猴子。但实在没有猴子了。

这时，商人的助手私下里偷偷跟村民说，商人买下的猴子统统在我这里保管，现在我可以以 400 元每只的价格卖给你们，然后你们再以每只 500 元的价格卖给商人，这样你们不是可以白赚 100 元钱吗？

村民们又一次疯了，开始争先恐后地从助手那里买猴子——每只猴子 400 元。没多久，猴子就被抢购一空了。就在村民们兴致勃勃地找商人卖猴子的时候，发现商人和助手早已没有了踪影。

村民们手中只剩下一群 400 元一只买来的猴子，以及被荒废了的农田。有些人在买猴子的时候甚至跑去邻村借了好多钱，现在一分钱不剩，还欠了一屁股债。

我一直非常喜欢这个故事，因为它简直就是股市的缩影。

在市场里，谁是猴子，谁是商人，谁是村民，谁是助手，大家想一想，品一品其中的道理。

(资料来源：作者叶天，《股市的真谛是什么》，http://blog.sina.com.cn/s/blog_6769c8030102wzwp.html 有改编)

1. 尝试写出文中划线词语的解释

① 真谛：_____。

② 微薄：_____。

③ 生计：_____。

④ 所剩无几：_____。

⑤ 踪影：_____。

2. 你觉得股市的"真谛"是什么呢？结合这一课的学习，把你对股市的认识和想法写下来。

第十六课　保险的前世今生

> 现代社会是一个**多元化**社会，每个人在享受它的繁华的同时，又深深感受到个人前途的不确定性和各种风险的存在，买保险已经成为现代人必不可少的选择。那么，关于保险，你了解多少？

▶ 课文

(一) 关于保险的起源

很久以前，商船在过海时，大概每十条船中总会有一条发生事故。对**出事**的商船来说，那几乎是 100% 的损失，**遭遇**一次，一辈子可能就白干了。后来，有人想出了一个聪明的办法，商船之间互相**联盟**，把大家的货物全部**分摊**来放，每条船只放十分之一。事故依然会发生，但因为大家提前做了分船安排，所以每人都只会损失百分之十的货物。

但这个方法要把货物装来**卸**去，毕竟还是有些麻烦，而且也不是每次都同时有十条以上的商船。不知过了多少年，有人想出了更好的办法，他们直接收取每条船百分之十的风险**承担**费用，如果船出事故，那就按百分之百来**赔偿**；如果商船正常到岸，那百分之十的费用也不再**返还**。海上保险，也即最早的"保险"，就此**诞生**了。

目前世界上所发现的最古老的保险单①是 1347 年 10 月 23 日在意大利的热那亚由"圣·克勒拉"号商船的主人和喜欢**冒险**的商人乔治·勒克维伦订立的一张承担海上风险的契约。如今，这份 666 年前**签署**的保单①被精心保存在热那亚国立图书馆内。现代意义上的保险合同是 1384 年订立的比萨合同。到 1397 年，佛罗伦萨**出具**的保单已经有承保②"海上灾难、天灾、火灾、抛弃、捕捉"等字样。这个时期，意大利在海上保险中**独领风骚**。第一家海上保险公司也于 1424 年在热那亚出现。

这种海上保险的模式就相当于今天的"消费型保险③"。人们买"保险"不是为了直接赚钱获益，是为了**保全**"货船"，这是保险的起源与本质。后来，随着商船技术的进步以及竞争的加剧，有了"返还型保险④"和"分红型保险⑤"。随后，保险不仅仅局限于海上险种了，一切可能发生损失的财产都可保险。再后来，从海上奴隶贸易开始，保险扩展到了"人"的身上，"意外身故险"、"健康险"、"医疗险"、"重大疾病险"、"养老险"、"教育险"等，都蓬勃发展起来。今天，从模特的大腿、歌星的嗓子到演员的脸蛋，一切**关乎**自己未来的东西，都可以通过保险来进行某种程度的"保全"。

（资料来源：期刊编辑部，《关于保险的起源，经典的故事是这样讲述》，《投资与理财》2013 年第 19 期　有改编）

(二) 保险产品"私人定制"时代已来临

中国的保险业近年来有**突飞猛进**的发展，早已不像 20 年前或者 10 年前需要亲自去保险公司和银行购买保险产品，也不仅仅只是**单一**的几个险种。如今，随着互联网的高度发展，保险的种类日益丰富多样，保险业也将迎来"私人**定制**"的时代。

电影《非诚勿扰》里，主人公秦奋用一份 300 万元的寿险保单给爱情"上保险"，让"婚姻险"成为年度热词之一；网上淘宝购物，商品寄过来后却**差强人意**，要求退换却需要自己支付邮费，"退货运费险"应时而生；上班族因工作忙碌，在上班时间无法**抽身**为自己的爱车续保⑥，下班后通过手机上网一键续保，省时省力又省心……还有赏月险、"脱光"险(摆脱单身状态)、怀孕险、春运险等一批创新产品**引爆**公众对互联网保险的关注，各保险公司在获得大量保费的同时，老百姓对保险的关注度也迅速提升。目前，保险的产品定制化和定价个性化也从以往"产品**导向**"向"用户和需求导向"转变，从"我有什么卖给你"转向"谁要什么、我如何提供"，这让更多的老百姓从中受益。

在公司上班的杨伟民就享受到了"互联网保险"带来的方便与快捷。他平时除了工作外，基本都**宅**在家里，连给车子续保都不想动，"好在现在的保险越来越**人性化**，在淘宝上，或是在各保险公司研发的手机 APP 上都能直接续保，为我们省去了很多时间。"不仅如此，在理赔⑦上，保险也**愈发**变得简单，"以前出险后，必须要等到保险公司的理赔工作人员到场定损，如今，只要拍几张事故现场图，上传到 APP 上就可以获得理赔，太便捷了。"杨伟民这样感叹道。

据了解，已有超过三分之二的保险公司自建网上商城或通过第三方电商平台分销，近 40 家保险公司进驻了淘宝。"私人定制"保险产品将会越来越受消费者的**青睐**，保险公司将根据消费者的需要提供差异化、**专属化**的保险产品，使消费者获得最合理的保险保障的同时，也可以让保险公司收获广阔的市场。

（资料来源：编辑部，《从单一险种到创新保险产品　保险"私人定制"时代已来临》，

云南信息报 2015 年 7 月 8 日　有改编）

▶ 生词

1. 多元	duō yuán	(形)	三个以上的整体或实体；multivariant
2. 出事	chū shì	(动)	遇险失事，发生事故；meet with a mishap
3. 遭遇	zāo yù	(动)	碰上，遇到；meet with
4. 联盟	lián méng	(动)	两个或以上的人或组织结成联盟；to bond with
5. 分摊	fēn tān	(动)	分担(费用等)；share

6.	卸	xiè	（动）	把东西去掉或拿下来；get rid of
7.	承担	chéng dān	（动）	担当，负责；to undertake
8.	赔偿	péi cháng	（动）	对损失、损坏或伤害的补偿；indemnify
9.	返还	fǎn huán	（动）	返回，退还；return
10.	诞生	dàn shēng	（动）	指人出生或新事物出现；come into being
11.	冒险	mào xiǎn	（动）	不顾危险从事某种活动；take a risk
12.	签署	qiān shǔ	（动）	在文件、条约、凭证上签字；to sign (an agreement)
13.	出具	chū jù	（动）	开出、写出(证明、证件等)；to issue (document)
14.	独领风骚	dú lǐng fēng sāo	（成）	形容超群出众，没有谁可与之相比；clueless
15.	保全	bǎo quán	（动）	保持完整无损；to save from damage
16.	关乎	guān hū	（动）	关系到，涉及；to relate to
17.	突飞猛进	tū fēi měng jìn	（成）	形容进步和发展特别迅速；to advance by leaps and bounds
18.	单一	dān yī	（形）	指单纯的，唯一的；single
19.	定制	dìng zhì	（动）	为个别客户单独制作；made-to-order
20.	差强人意	chā qiáng rén yì	（成）	做的事情勉强达到别人的要求，还算令人满意；just passable
21.	抽身	chōu shēn	（动）	脱身离开，解脱干系；to withdraw
22.	引爆	yǐn bào	（动）	使某事物引起轰动效应；to detonate
23.	导向	dǎo xiàng	（名）	指所引导的方向；orientation
24.	宅	zhái	（动）	待在家里不出门；stay at home
25.	人性化	rén xìng huà	（形）	方便人们使用、操作的各种事项；hommization
26.	愈发	yù fā	（副）	越发，更加；increasingly
27.	青睐	qīng lài	（动）	表示对人喜爱或尊重；favour
28.	专属	zhuān shǔ	（形）	形容人或物是某人唯一的,别人无法得到；exclusive

▶ 经贸词条注释

① 保险单、保单

保险单(insurance policy)简称为保单，是保险人与被保险人订立保险合同的正式书面证明。保险单必须完整地记载保险合同双方当事人的权利义务及责任，是合同双方履行责任及义务的依据。

② 承保

承保指保险人在投保人提出要保请求后，经审核认为符合承保条件并同意接受投保人申请，承担保单合同规定的保险责任的行为。

③ 消费型保险

消费型保险是一种消费型的保险，即投保人跟保险人签订合同，在约定时间内如发生合同约定的保险事故，保险公司按原先约定的额度进行补偿或给付；如果在约定时间内未发生保险事故，保险公司不返还所交保费。

④ 返还型保险

返还型保险也是我们俗称的储蓄型保险，即被保险人生存至约定年限后，保险公司有返还其所交保费或者合同列明的保险金额。

⑤ 分红型保险

分红型保险即保单持有人可以分享保险公司经营成果的保险种类，保单持有人每年都有权获得建立在保险公司经营成果基础上的红利分配。

⑥ 续保

续保(policy renewal)是原保险合同有效期满后，投保人在原有保险合同的基础上向保险人提出续保申请，保险人根据投保人的申请和实际情况，可对原合同条件做适当修改而继续签约承保的行为。

⑦ 理赔

理赔(claim settlement)指保险事故发生后，保险人对被保险人所提出的索赔案件的处理。索赔和理赔是同一个问题的两个方面。

▶ 语法

1. 关乎

关系到、涉及的意思，动词。例如：

① 今天，从模特的大腿、歌星的嗓子到演员的脸蛋，一切关乎自己未来的东西，都可以通过保险来进行某种程度的"保全"。

② 这个问题的解决，关乎到我们在座每一个人的利益。

③ 食品安全问题关乎于全国人民的健康。

2. 愈发

意思为越发、更加，表示程度进一步加深，副词，在句中做状语。例如：

① 在理赔上，保险也愈发变得简单。

② 看着那一轮明月，诗人愈发想念自己的家乡。

③ 一个人的道德情操在他穷困之时愈发显现出来。

▶ 练习

(一) 选词填空

多元 签署 关乎 专属 宅 青睐 遭遇 保全 独领风骚 人性化

1. 人们买"保险"不是为了直接赚钱获益，是为了(　　　)"货船"，这是保险的起源与本质。

2. 对出事的商船来说，那几乎是100%的损失，(　　　)一次，一辈子可能就白干了。

3. 现在的保险越来越(　　　)，在淘宝上，或是在各保险公司研发的手机APP上都能直接续保，为我们省去了很多时间。

4. "私人定制"保险产品将会越来越受消费者的(　　　)。

5. 现代社会是一个(　　　)化社会。

6. 这个时期，意大利在海上保险中(　　　)，第一家海上保险公司也于1424年在热那亚出现。

7. 这份666年前(　　　)的保单①被精心保存在热那亚国立图书馆内。

8. 他平时除了工作外，基本都(　　　)在家里，连给车子续保都不想动。

9. 保险公司将根据消费者需要提供差异化、(　　　)化的保险产品。

10. 从模特的大腿、歌星的嗓子到演员的脸蛋，一切(　　　)自己未来的东西，都可以通过保险来进行某种程度的"保全"。

(二) 词语造句

1. 独领风骚：_____。

2. 突飞猛进：_____。

3. 差强人意：_____。

4. 关乎：_____。

5. 愈发：_____。

(三) 短文填空

1. 这个方法要把货物装来卸去，毕竟还是有些麻烦，而且也不是每次都同时有十条以上的商船。不知过了多少年，有人想出了更好的办法，他们直接收取每条船百分之十的风险(　　　)费用，如果船出事故，那就按百分之百来(　　　)；如果商船正常到岸，那百分之十的费用也不再(　　　)。海上保险，也即最早的"保险"，就此(　　　)了。

2. 电影《非诚勿扰》里，主人公秦奋用一份300万元的寿险保单给爱情"上保险"，让"婚姻险"成为年度热词之一；网上淘宝购物，商品寄过来后却(　　　)，要求退换却需要自己支付邮费，"退货运费险"应时而生；上班族因工作忙碌，在上班时间无法(　　　)为自己的爱车续保⑧，下班后通过手机上网一键续保，省时省力又省心……还有赏月险、"脱光"险(摆脱单身状态)、怀孕险、春运险等一批创新产品(　　　)公众对互联网保险的关注，各保险公司在获得大量保费的同时，老百姓对保险的关注度也迅速提升。目前，保险的产品定制化和定价个性化也从以往"产品(　　　)"向"用户和需求导向"转变，从"我有什么卖给你"转向"谁要什么、我如何提供"，这让更多的老百姓从中受益。

(四) 回答问题

1. 根据课文内容，说一说最早的保险是怎样诞生的。

2. 根据课文内容，说一说随着互联网高度发展，出现了哪些"私人定制"的保险产品，它们给人们生活带来了哪些便捷？

(五) 阅读与写作

马云揭秘保险业的前景

马云用两个故事预测保险行业的发展前景，很快在保险圈<u>刷屏</u>。

说起保险，很多人的第一反应是保险销售员，他们<u>不厌其烦</u>地向你推荐保险。在保险行业，可以说哪家公司的销售员人数最多、口才最好，他们家的业务就最好。但随着互联网技术进入保险行业，情况发生了变化。"支付宝的账户安全险"是一款互联网保险，花一两块钱保一年，保额 100 万。账户安全险目前已有 1 个多亿的用户，但没有一个销售人员，用户都是在支付宝上购买的。要是靠人工销售，根本没法维持。这意味着保险将从主要依赖销售，转向依赖从头到尾的动态大数据<u>风控</u>。今天保险业的核心人员是销售端，而未来，保险的核心能力是对灾难的预防、处理、技术和服务的提升，风险的防控，保险公司的核心人员将是大数据工程师。

"风力指数保险"是一个专门针对农民的险种，农民在手机上就能购买，投保金额 1 元起，保障的是大风灾害后的农业生产。理赔依据很简单，就是中国天气网对外发布的当地最大风力等级。只要所在地最大风力超过 6 级以上，就直接理赔，钱就到农民帐上。因为风力超过六级，农民肯定会有损失，那就不需要农民再提供什么证明材料，简单明了。马云说，"以后买保险很简单，条款简单，购买简单，理赔简单，随时随地买，随时随地理赔，无处不在，无时不在，这个时候用户才能真正有安全感。"

(资料来源：和讯新闻，《马云用 3 个故事揭秘保险行业 讲完大家都鼓掌了》，
http://news.hexun.com/2016-08-18/185591504.html 有改编)

1. 尝试写出文中划线词语的解释

① 刷屏：＿＿＿＿＿＿＿＿＿＿＿＿＿＿＿＿＿＿＿＿＿＿＿＿＿＿。

② 不厌其烦：＿＿＿＿＿＿＿＿＿＿＿＿＿＿＿＿＿＿＿＿＿＿＿。

③ 风控：＿＿＿＿＿＿＿＿＿＿＿＿＿＿＿＿＿＿＿＿＿＿＿＿＿＿。

2. 通过这一课的学习，请把你所了解的保险的"前世今生"用笔写下来。

財

会

篇

第十七课　会计工作不简单

众所周知，**财务**处是每个公司不可缺少的重要部门，财务会计主要负责什么工作？一名合格的会计需要具备哪些专业知识和优秀品质？如果认真了解，你会发现，会计工作并不是做账那么简单。

▶ 课文

(一) 会计学是什么

会计学是什么？

很多人以为会计就是记录公司单位**收支账目**的工作，但其实会计可不是算账那么简单。一个会计专业的学生，他大概需要学习以下课程：经济学、财务管理、市场营销、经济法、税收、审计学、会计英语、管理学，等等。除了会计的专业知识以外，会计专业还要教你一些基础的数学和法律知识。总而言之，会计就是用**数据**来**解读**商业行为。

会计学对考生有哪些方面的要求？

性格方面：要细心，**沟通**能力要强。会计工作大多是坐在电脑桌前处理各种数据，要能够静下心来做事情；会计工作处理的很多都是**细节**问题，要求平时要细心，做事要**踏实**、**勤奋**。

面对复杂的数据，一个合格的会计要能进行清晰的思考、处理。那些面对无聊的数据易**烦躁**、对数字不**敏感**的人不适合做会计。

财务会计部门是企业的一个综合管理部门，会计既要与单位内的各部门沟通，又要和**税务**、银行等交流。因此，善于沟通，语言表达能力强的人更适合学习会计专业。

此外，做会计工作还要诚实、负责。

各行各业都需要会计，但如何成为一名优秀的会计需要个人的努力奋斗。

(资料来源：搜狐教育，《论"会计学"就业前景》，

http://www.sohu.com/a/148697187_428327 有改编)

(二) 三个会计的故事

　　老主任这名老会计退休后，财务室就只剩下马大姐和大王、小李三个会计了。马大姐**资历**老、业务熟，是个"老财务"。大王和小李虽然年轻，但两个小伙子都是专业会计出身，论**业务**能力，也不在马大姐之下。

　　最近公司换了经理。新经理上任后，公司内就有消息说可能会**裁员**。

　　财务室是公司最重要的部门之一，作用非常大。老主任退休前，四个会计整天忙得团团转。往来账目、职工工资、报税纳税①，平时还要接受审计、税务、财政各部门的各种检查，忙得不得了。所以，他们谁也没把裁员的事放在心上，他们关心的是谁能当上财务室的主任。

　　为了当上主任，三个会计更加注意自身形象和人际关系的处理。以前，他们最怕发工资，忙；也怕有人来**报销**，烦。现在，他们都很看重每一次与其他部门职工接触的机会，都想让大家看到自己好的一面。一有人来就让座倒水，特别热情。

　　常来财务室报销**差旅费**的，除了营销人员，就是公司领导。新经理报销的次数最多，数额也最大。

　　这天，小李刚去国税局②报税，新经理就推开财务室的门，马大姐和大王马上站起来让座。

　　新经理笑了笑，将一沓票据放在大王的桌子上。

　　大王拿过票据一看，全是**白条**：招待客户用烟 560 元；用餐费 850 元；其他 300 元。

　　"这……"大王看看新经理，不知道说什么好。

　　"我签字了，在这儿，"新经理指了指自己的**签名**，"报了吧。"

　　"这是白条，不能报！"大王认真地说。

　　"怎么不能报？这都是为公司办事儿花的钱。"新经理的脸"晴转多云"。

　　"这，这没法**下账**的——再说，财务制度您也是知道的。"大王的态度很**坚决**，将票据推给新经理。

　　"给我吧。"马大姐笑着伸手拿过了票子。

　　"一共是 1710 元。"马大姐将填好的票据交给新经理。新经理的脸这才"多云转晴"。

　　没过几天，新经理又拿着一沓票据走进财务室。马大姐和大王、小李马上站起来让座。

　　新经理笑了笑，将票据放在小李的桌子上。

　　小李拿过票据一看，全是白条，每张条子上都有新经理的签字。

　　"经理，您先请坐。"小李笑着说。

　　"不不，**你赶紧做**，我还有事儿。"

　　"那您先忙着，回头我给您送办公室去。"小李认真地说。

　　"好好。"新经理笑着转身走出财务室。

　　大王看着小李，只见小李一张一张地**翻**看着票据，又一张一张地放在桌上。

　　过了好一会儿，小李喝了口水，拿着票据走出了财务室。

　　小李回来时，脸上没有什么表情。

"票据呢？"大王问。

"退回去了——都是白条，报不了。"小李说。

马大姐笑了："唉！你们呐……"马大姐看了看两个年轻人，摇了摇头。

三天后，公司发布了财务室人员变动情况：小李担任财务室主任；马大姐**调到车间**工作；大王没动，还是会计。

有人不明白，问新经理为什么这样安排。

新经理说："不讲原则的人，不能用；只讲**原则**的人，不能重用；既讲原则又讲方法的人——重用！"

（资料来源：东奥会计在线，《三个会计的故事告诉我们的启示》，

http://www.dongao.com/kjzx/tjgs/201208/79459.shtml 有改编）

▶ 生词

1. 会计	kuài jì	（名）	一种核算和监督单位经济活动的经济管理工作；accountant
2. 财务	cái wù	（名）	公司经济活动中的资金运动，主要资产和负债；finance
3. 收支	shōu zhī	（名）	财物的收入和支出；revenue and expenditure
4. 账目	zhàng mù	（名）	关于金钱、货币出入的记录；accounts
5. 数据	shù jù	（名）	进行各种统计、研究或查证等依据的数值；data
6. 解读	jiě dú	（动）	阅读解释，分析研究；interprete
7. 沟通	gōu tōng	（动）	人际交流或组织之间的交流；communicate
8. 细节	xì jié	（名）	起关键作用的小事；detail
9. 踏实	tā shi	（形）	指工作或做事认真、切合实际；steady and sure
10. 勤奋	qín fèn	（形）	工作或做事认真、刻苦努力；hard work
11. 烦躁	fán zào	（形）	心中烦闷不安，着急易怒；fidgety
12. 敏感	mǐn gǎn	（形）	对外界事物感觉敏锐，反应快速；sensitive
13. 税务	shuì wù	（名）	和税有关的事务；tax administration
14. 资历	zī lì	（名）	工作资格经历；qualifications
15. 业务	yè wù	（名）	个人或某个机构的本行业本职工作；business
16. 裁员	cái yuán	（动）	用人单位辞退员工；cut down the number of persons employed
17. 报销	bào xiāo	（动）	把领用钱款或收支账目开出清单，报请单位核销；apply for reimbursement
18. 差旅费	chāi lǚ fèi	（名）	因公出差时产生的交通费、住宿费、伙食费等；travel expense
19. 沓	dá	（量）	用于叠起来的纸或其他薄的东西；pile
20. 白条	bái tiáo	（名）	非法或不合规定的发货票或收付款收据；blank note；IOU

21.	签	qiān	(动)	亲自写上姓名；sign one's name
22.	下账	xià zhàng	(动)	登记成本费用，支出账户；keep accounts
23.	坚决	jiān jué	(形)	确定，不犹豫；determined
24.	赶紧	gǎn jǐn	(副)	马上；at once
25.	翻	fān	(动)	一页页地翻看查找；leaf through
26.	调	diào	(动)	公司安排员工从一个部门到另一个部门工作；be transferred to another job
27.	车间	chē jiān	(名)	公司进行产品生产的基本组织；workshop
28.	原则	yuán zé	(名)	说话、做事的规范；principle

▶ 经贸词条注释

① 报税纳税

纳税指根据国家税法规定，把集体或个人收入的一部分交给国家。

报税指向税务部门申报办理有关纳税手续。

② 国税局

国家税务局，是国家税收征收机关。

▶ 语法

1. 在……之下

"在……之下"既可以表示事物之间的空间关系，又可以表示条件、原因及时间等关系。例如：

① 两个小伙子都是专业会计出身，论业务能力，也不在马大姐之下。

② 孩子大多生活在父母的保护之下。

③ 在老师的指导下，我顺利完成了毕业论文。

2. 将

相当于"把"、"用"，多用于书面语。例如：

① 新经理笑了笑，将一沓票据放在大王的桌子上。

② 马大姐将填好的票据交给新经理，新经理的脸这才"多云转晴"。

③ 打印机是将计算机内的文件和图片打印在纸上的常用机器设备。

3. 讲

重视，注重。例如：

① 新经理说："不讲原则的人，不能用；只讲原则的人，不能重用；既讲原则又讲方法的人——重用！"

② 教师教学要讲方法，不能老是批评学生，而应该多以平等的方式指导学生。

③ 商家在市场活动中必须讲信用，诚实不欺。

▶ 练习

(一) 选词填空

细节　　裁员　　报销　　调　　原则　　账目　　资历　　财务

1. (　　　　)会计部门是企业的一个综合管理部门。

2. 新经理上任后，公司内就有消息说可能会(　　　　　　)。

3. 公司发布了人员变动情况：小李担任财务室主任；马大姐(　　　　)到车间工作。

4. 新经理说："不讲(　　　　)的人，不能用。"

5. 很多人以为会计就是记录公司单位收支(　　　　　　)的工作。

6. 马大姐(　　　　)老、业务熟，是个"老财务"。

7. 常来财务室(　　　　　　)差旅费的，除了营销人员，就是公司领导。

8. 会计工作处理的很多都是(　　　　)问题，要求平时要细心，做事要踏实、勤奋。

(二) 词语造句

1. 解读：_____。

2. 坚决：_____。

3. 沟通：_____。

4. 赶紧：_____。

5. 将：_____。

6. 沓：_____。

7. 讲：_____。

8. 在……之下：_____。

(三) 短文填空

1. 会计学对考生有多方面的要求。性格方面：要细心，沟通能力要(　　　)。会计工作大多是坐在电脑桌前(　　　)各种数据，要能够静下心来做事情；会计工作处理的很多都是细节问题，要求平时要细心，做事要(　　　)、勤奋。

面对复杂的数据，一个合格的会计要能进行(　　　)的思考、处理。那些面对无聊的数据易烦躁、对数字不(　　　)的人不适合做会计。

2. 财务室是公司最重要的(　　　)之一，作用非常大。老主任退休前，四个会计整天忙得(　　　)。往来账目、职工工资、报税纳税，平时还要(　　　)审计、税务、财政各部门的各种检查，忙得不得了。所以，他们谁也没把裁员的事放在心上，他们关心的是谁能当上财务室的主任。为了当上主任，三个会计更加注意自身形象和(　　　)关系的处理。

(四) 回答问题

1. 要成为一名合格的会计，应该学习哪些专业知识？

2. 会计学对考生有哪些方面的要求？

3. 工作中，老板会重用什么样的员工？试着说一说。

(五) 阅读与写作

小小账本，记录百味人生

卢先生是一名会计，所以他对钱的数额比较敏感。他记账是从 2006 年大学毕业开始的。

"我记得，刚毕业离开学校自己租房子的那段时期，自己真的很穷。"卢先生说，自己读书时申请了<u>助学贷款</u>，所以一毕业就有还贷压力。自己开始工作了，也不好意思再跟家里要钱。而且，当时家里刚买了新房，哥哥每个月要负担 2500 元的房贷，也拿不出太多钱帮他。

"我记的第一笔账就是当时交的房租。我跟一位师兄合租，<u>押金</u> 1500 元，3 个月的租金是 1200 元。除此之外，记录的还有一些<u>卫生纸、洗衣粉之类的生活用品</u>费用。"卢先生翻看自己 2006 年的记账本，有些感慨。他还记得，那一年由于支出大，自己过年回家坐火车时都没敢买卧铺票，是坐硬座回家的。

卢先生的账本记录到第 5 年时，账本里记录到他在出差时给自己和爱人各买了一部刚上市的手机。那是他们俩一起购买的第一部手机。"你别小看这小小的账本，它记录了我人生各种酸甜苦辣的滋味。"卢先生说。

(资料来源：梁如雪 李艳，《生活账本之故事：小小账本，记录他们人生百味》，
http://news.gxnews.com.cn/staticpages/20161021/newgx58094a59-15560180.shtml 有改编)

1. 尝试写出文中划线词语的解释

① 助学贷款：_____。

② 押金：_____。

③ 生活用品：_____。

2. 写一写你或你身边人的记账小故事。

第十八课 故事中的财务管理①(上)

> 财务管理主要解决企业资金的**筹集**、投放，利润的分配和财务风险规避问题，也就是钱从哪里来，用到哪里去，怎么分，以及怎么防止钱的不当**流失**，这些对企业发展实在是太重要了。那么，怎样做好企业财务管理呢？秘密就在下面的故事中……

▶ 课文

(一) 财务战略早规划

扁鹊的医术：扁鹊是中国古代春秋战国时期的名医，有一次国王问他，"听说你家三个弟兄都学医，那谁的医术最高啊？"扁鹊**脱口而出**："我大哥的医术最高，我二哥其次，我最差。"国王很惊讶，问，"那你为什么最有名，他们两人一点名气都没有？"扁鹊说："我大哥的医术之高，在于他可以做到提前预防。大哥看一个人的**气色**，就知道这个人将要生病，然后通过饮食把他治好，所以人们都以为我大哥不会治病，他一点名气都没有。我二哥的**能耐**是能治病于初起之时。一个人若以后要生大病，在他刚咳嗽感冒的时候，二哥就用药将他治好，所以我二哥的名气仅在乡村，人们认为二哥是治小病的乡村医生。我呢？就因为医术最差，所以一定要等到病人**病入膏肓**的时候给他治病，一般人都看到我给病人做大**手术**，所以以为我的医术高明，我的名气因此传遍全国。"

曲突徙薪：有位客人到某人家里做客，看见主人家的烟囱是直的，旁边又有很多木材。于是客人告诉主人说，**烟囱**最好改弯曲，木材应该移开，否则将来可能会有火灾，主人听了没有做任何表示。不久主人家里果然**失火**，四周的邻居赶紧跑来救火，最后火被扑灭了，于是主人请客感谢邻居帮忙救火，但是并没有请当初建议他将木材移走，改弯烟囱的人。有人对主人说："如果当初听了那位先生的话，今天也不用请客，而且也没有火灾的损失，而给你建议的人却没有被感恩，真是奇怪！"主人听完明白了，赶紧去邀请当初给予建议的那个客人。

如果企业的财务管理还是停留在事后控制阶段，缺乏财务前期规划意识，结果就是管理人员成天扮演"救火员"的角色到处"灭火",而一旦碰到"特大火灾",公司的所有财产就可能**灰飞烟灭**;或者等到病入膏肓才想到去看"企业医生",但往往错过了治疗的最佳时机。可见,**防患于未然**才能从根本上解决问题。正确的财务管理思路应该是提前规划好企业的财务战略,建立健全财务制度,选择合适的财务人员,加强财务知识的培训普及工作,做到事前有规划、事中有控制、事后有分析,才能把财务风险消灭于**萌芽**状态中。

(资料来源:作者林昭强,《听故事学财务管理之一:"规划篇"》,

http://blog.chinaceot.com/front/showarticle.php?id=587765 有改编)

(二) 财务制度②早制定

决堤与修堤:春秋时期,楚国修建了一条南北**水渠**。这条水渠又宽又长,足以**灌溉**万亩农田,可是一到天旱的时候,周围村庄的农民就在渠水退去的堤岸边种植农作物,有的甚至还把农作物种到了堤**中央**。等到雨水一多,渠水上涨,这些农民为了保住农作物,便偷偷地在堤坝上挖开**口子**放水。这样的情况越来越严重,一条辛苦修建的水渠被弄得因决口而经常发生水灾。面对这种情形,历代官员都无可奈何。每当渠水暴涨成灾时,便调动军队去修筑堤坝。后来宋代李若谷出任地方官员时,也碰到了决堤修堤这个头疼的问题,他便贴出布告说,"今后凡是水渠**决口**,不再调动军队修堤,只抽调沿渠的百姓,让他们自己把决口的堤坝修好。"这条**布告**贴出以后,再也没有人偷偷地去决堤放水了。

七个**和尚**分**粥**记:有七个和尚曾经住在**寺庙**里,每天分一大桶粥,要命的是,粥每天都是不够的。一开始,他们每天轮一个人分粥,一周下来,他们只有一天是饱的,就是自己分粥的那一天。后来他们开始选出一个道德高尚的和尚来分粥,大家为了多吃粥又开始想各种方法去**讨好**他。然后大家开始组成三人的分粥**委员会**及四人的评选委员会,互相争吵下来,粥吃到嘴里全是凉的。最后和尚们想出来一个方法:**轮流**分粥,但分粥的人要等其他人都挑完后拿剩下的最后一碗。为了不让自己吃到最少的,每人都尽量分得平均,就算不平均,也只能接受。用这个办法终于解决了分粥问题,大家从此快快乐乐,日子越过越好。

从以上两则小故事中可以看出,不同的管理制度会带来不同的效果。财务管理也不**例外**,只有一开始就把财务制度制定好,才能保证企业健康发展。但如何才能制定出一套**行之有效**的财务制度呢?有效的财务制度必须做好以下四点:一要把公司的利益与员工的利益结合在一起;二要明确标准,像"七个和尚分粥记"中的和尚一样,要事先把财务的游戏规则明明白白地告诉员工,告诉他们什么能做,什么不能做,怎么做是对的,怎么做是错的;三要互相**监督**;四要分清责任,像"决堤与修堤"故事中的地方官员一样明确地告诉员工不按财务制度执行会有什么后果,会有什么经济损失,必须承担什么责任,处罚的标准是什么。

(资料来源:作者林昭强,《听故事学财务管理之五:"制度篇"》,

http://blog.chinaceot.com/blog-htm-do-showone-uid-1100814-type-blog-itemid-589217.html 有改编)

▶ 生词

1. 筹集　　　chóu jí　　　　　(动)　筹取征集;raise (money)

2．流失　　　　liú shī　　　　　（动）　指有用的东西流散失去；to run off

3．脱口而出　　tuō kǒu ér chū　（成）　不经考虑，随口说出；to let slip

4．气色　　　　qì sè　　　　　　（名）　一个人的精神和皮肤色调；complexion

5．能耐　　　　néng nài　　　　（名）　指本事，技能；ability

6．病入膏肓　　bìng rù gāo huāng（成）　比喻病情、事态严重到不可挽回的地步；

　　　　　　　　　　　　　　　　　　　the disease is not curable

7．手术　　　　shǒu shù　　　　（名）　对病人身体进行的切除、缝合等治疗；surgery

8．曲突徙薪　　qū tū xǐ xīn　　（成）　比喻消除可能导致事故发生的因素；

　　　　　　　　　　　　　　　　　　　take precautions against a possible danger

9．烟囱　　　　yān cōng　　　　（名）　排除烟气或气体的烟道；chimney

10．失火　　　　shī huǒ　　　　（动）　指起火，发生火灾；catch fire

11．灰飞烟灭　　huī fēi yān miè　（成）　比喻事物消失净尽；ashes to ashes

12．防患于未然 fáng huàn yú wèi rán (成) 在祸患发生之前就加以预防；nip in the bud

13．萌芽　　　　méng yá　　　　（名）　指草木初生发芽，事物的开端；germination

14．水渠　　　　shuǐ qú　　　　（名）　人工挖掘的渠道；canal

15．灌溉　　　　guàn gài　　　　（动）　用水浇地；to irrigate

16．中央　　　　zhōng yāng　　　（名）　指中心的地方；center

17．口子　　　　kǒu zi　　　　　（名）　大的豁口；gap

18．决口　　　　jué kǒu　　　　（动）　堤岸被水冲出缺口；levee breach

19．布告　　　　bù gào　　　　　（名）　书面的或印刷的通告或公告；notice

20．和尚　　　　hé shàng　　　　（名）　出家人，僧人；buddhist monk

21．粥　　　　　zhōu　　　　　　（名）　用米面等食物煮成的半流质食品；porridge

22．寺庙　　　　sì miào　　　　（名）　佛教建筑、供奉神佛或圣贤的处所；temple

23．讨好　　　　tǎo hǎo　　　　（动）　为得到好感或讨人喜欢而去迎合某人；

　　　　　　　　　　　　　　　　　　　curry favor with sb.

24．委员会　　　wěi yuán huì　　（名）　完成某项职责的一级组织机构；committee

25．轮流　　　　lún liú　　　　（动）　按次序一个接一个地周而复始；do sth. in turn

26．例外　　　　lì wài　　　　　（名）　超出常例之外；exception

27. 行之有效　xíng zhī yǒu xiào　(成)　　实行起来有成效；effective
28. 监督　　　jiān dū　　　　　　(动)　　监视、督促和管理；preside

▶ 经贸词条注释

① 财务管理

　　财务管理(financial management)是在一定的整体目标下，关于资产的购置(投资)，资本的融通(筹资)和经营中现金流量(营运资金)，以及利润分配的管理。财务管理是企业管理的一个组成部分，它是根据财经法规制度，按照财务管理的原则，组织企业财务活动，处理财务关系的一项经济管理工作。

② 财务制度

　　财务制度(the financial system)是各级政府财政部门制定的企业组织财务活动和处理财务关系的行为规范(国家统一财务制度)，以及企业根据财政部门制定的财务制度制定的企业内部财务制度。

▶ 语法

1. 否则
意思是"如果不是这样，就……"，作连词，用在分句的句首。例如：
① 客人告诉主人说，烟囱最好改弯曲，木材应该移开，否则将来可能会有火灾。
② 我得早点去，否则就赶不上火车了。
③ 偶尔要回头看看，否则永远都在追寻，而不知道自己失去了什么。

2. 一旦
不确定的时间词，含有"万一"、"突然"、"如果"等预设意味。例如：
① 如果企业的财务管理还是停留在事后控制阶段，缺乏财务前期规划意识，结果就是管理人员成天扮演"救火员"的角色到处"灭火"，而一旦碰到"特大火灾"，公司的所有财产就可能灰飞烟灭。
② 有人说男人一旦变心，九头牛也拉不回，难道女人变心，九头牛就拉得回来吗？
③ 一旦一个人停止寻求知识和信息，就会变得无知。

3. 凡是
总体概括之词，意思是"只要是"，指某个范围内的一切。例如：
① 今后凡是水渠决口，不再调动军队修堤，只抽调沿渠的百姓，让他们自己把决口的堤坝修好。
② 凡是老王答应你的事，他一定会去做。
③ 凡是新发行的纪念邮票，他总是抢先购买收藏。

▶ 练习

(一) 选词填空

筹集　失火　普及　例外　行之有效　萌芽　寺庙　灰飞烟灭　讨好

1. 正确的财务管理思路应该是提前规划好企业的财务战略，建立健全财务制度，选择合适的财务人员，加强财务知识的培训(　　　　)工作。

2. 如何才能制定出一套(　　　　)的财务制度呢？有效的财务制度必须做好以下四点。

3. 财务管理主要解决企业资金的(　　　　)、投放，利润的分配和财务风险规避问题。

4. 有七个和尚曾经住在(　　　　)里，每天分一大桶粥。

5. 缺乏财务前期规划意识，结果就是管理人员成天扮演"救火员"的角色到处"灭火"，而一旦碰到"特大火灾"，公司的所有财产就可能(　　　　)。

6. 他们开始选出一个道德高尚的和尚来分粥，大家为了多吃粥又开始想各种方法去(　　　　)他。

7. 客人告诉主人说，烟囱最好改弯曲，木材应该移开，否则将来可能会有火灾，主人听了没有做任何表示。不久主人家里果然(　　　　)，四周的邻居赶紧跑来救火。

8. 不同的管理制度会带来不同的效果，财务管理也不(　　　　)。

9. 做到事前有规划、事中有控制、事后有分析，才能把财务风险消灭于(　　　　)状态中。

(二) 词语造句

1. 脱口而出：_____。

2. 防患于未然：_____。

3. 行之有效：_____。

4. 否则：_____。

5. 一旦：_____。

6. 凡是：_____。

(三) 短文填空

1. 扁鹊是中国古代春秋战国时期的名医，有一次国王问他，"听说你家三个弟兄都学医，那谁的医术最高啊？"扁鹊(　　　　):"我大哥的医术最高，我二哥其次，我最差。"国王很惊讶，问，"那你为什么最有名，他们两人一点名气都没有？"扁鹊说："我大哥的医术之高，在于他可以做到提前预防。大哥看一个人的(　　　　)，就知道这个人将要生病，然后通过饮食把他治好，所以人们都以为我大哥不会治病，他一点名气都没有。

我二哥的(　　　　　　)是能治病于初起之时。一个人若以后要生大病，在他刚咳嗽感冒的时候，二哥就用药将他治好，所以我二哥的名气仅在乡村，人们认为二哥是治小病的乡村医生。我呢？就因为医术最差，所以一定要等到病人(　　　　　　)的时候给他治病，一般人都看到我给病人做大(　　　　　　)，所以以为我的医术高明，我的名气因此传遍全国。"

2. 春秋时期，楚国修建了一条南北(　　　　)。这条水渠又宽又长，足以(　　　)万亩农田，可是一到天旱的时候，周围村庄的农民就在渠水退去的堤岸边种植农作物，有的甚至还把农作物种到了堤(　　　　)。等到雨水一多，渠水上涨，这些农民为了保住农作物，便偷偷地在(　　　)上挖开(　　　)放水。这样的情况越来越严重，一条辛苦修建的水渠被弄得因(　　　)而经常发生水灾。面对这种情形，历代官员都无可奈何。每当渠水暴涨成灾时，便调动军队去修筑堤坝。后来宋代李若谷出任地方官员时，也碰到了决堤修堤这个头疼的问题，他便贴出(　　　)说，"今后凡是水渠决口，不再调动军队修堤，只抽调沿渠的百姓，让他们自己把决口的堤坝修好。"这条布告贴出以后，再也没有人偷偷地去决堤放水了。

(四) 回答问题

1. 请讲一讲"扁鹊的医术"的故事，分析一下其中关于财务管理的道理。
2. 请讲一讲"决堤与修堤"的故事，分析一下其中关于财务管理的道理。
3. 课文中有这样一段话："如果企业的财务管理还是停留在事后控制阶段，缺乏财务前期规划意识，结果就是管理人员成天扮演'救火员'的角色到处'灭火'，而一旦碰到'特大火灾'，公司的所有财产就可能'灰飞烟灭'；或者等到'病入膏肓'才想到去看'企业医生'，但往往错过了治疗的最佳时机。"请你解释一下'救火员'、'灭火'、'特大火灾'、'灰飞烟灭'、'病入膏肓'、'企业医生'的含义。

(五) 阅读与写作

富翁与乞丐

一天，某富翁走过地下通道时碰到一个乞丐，看到乞丐衣衫单薄的样子，富翁一下动了<u>恻隐之心</u>，掏钱时才发现身上只带了 100 元。"如果把钱给乞丐，那自己的午饭怎么解决？"富翁手里拿着 100 元犹豫起来，乞丐见到这 100 元心里一阵狂喜，但突然富翁又把钱收了起来，乞丐吞了一下口水。富翁脱下自己的大衣对乞丐说："衣服给你吧，价值 1000多元呢。"富翁以为乞丐会很感激，可乞丐接过大衣后很快又还给他，并盯着他的钱包说："你还是给我现金吧，衣服不能拿去买饭吃！"这回富翁饿了一中午……

名贵衣服虽然价值 1000 多元，但只能用来穿，而 100 元可以让乞丐得到很多他需要的东西。对乞丐来说，100 元现款比 1000 多元的衣服更有<u>诱惑力</u>。那对一个企业来说，是利润重要还是手里的现金重要？当然是现金重要。有句财富格言：十万利润在"林"，不如一万现金在手。

企业必须要有<u>"现金为王"</u>的财务理念。

(资料来源：作者会计学习网，《看故事学财务管理》，
http://www.2361.net/article/jichu/201403/13746.html 有改编)

1. 尝试写出文中划线词语的解释

① 恻隐之心：_____。

② 诱惑力：_____。

③ 现金为王：_____。

2. 请用笔写一写"曲突徙薪"和"七个和尚分粥记"的故事。

第十九课　我们的生活与税收

美国政治家富兰克林有一句**家喻户晓**的名言："人的一生中有两件事是不可避免的，一是死亡，二是税收。"这句话道出了税收与人生的紧密联系。

▶ 课文

(一) 人人都是纳税人①

社会为什么需要政府？简单地说，生活中有一类物品每个人都需要，但每个人都不会主动去购买或生产，例如公共场所的路灯、城市的地下管道、社区的**消防**服务等。这类物品的特点是，它的消费不可**分割**，很多人能同时享用。另外，它的价格往往比较**昂贵**。这样一来，个人的购买力很难承担这种物品，而且个人拥有这种物品往往会有其他人白**占便宜**——这就是公共物品。**引申**来说，社会**治安**、城市建设、国防安全等，都属于公共物品。公共物品的存在，对一个社会的运行和发展来说**至关重要**。谁能想象，城市里的环卫工人停止工作，警察部门宣布**解散**，或是印钞厂关门**歇业**，会对社会造成什么样的冲击？

公共物品是社会正常运行所必需的，但在简单形态的市场上，因为没有人购买公共物品，就不会有资源去投入生产，这就出现了**矛盾**。为了解决这个矛盾，人们只好组织一个特殊机构，专门提供公共物品。当然，这个**机构**不可能**凭空**变出公共物品，这个机构里的人，也不能不养家过日子。所以，这种机构必须向大家要钱。这种钱，就是税收；这个机构，就是政府。在现代社会里，政府的角色定位是：向民众征收税款，同时负责提供一系列公共物品和公共服务。换句话说，政府和大众之间是一种交易关系——大众用税款去购买政府的服务。

那么，纳税是不是一部分人的事？是不是收入较低的人、没有稳定工作的人、工资水平低于个税起征点②的人就没有向政府交税呢？不是。任何人生活在社会中，只要有购买商品的行为，他就是一个纳税人。例如中国实行的是含税价，在商品价格中，包括生产成本(或商家的进价)、厂商的利润、国家收取的税金——它们可能是增值税、消费税、营业税，也可能是城建税和教育费附加等。这些税，或多或少要由消费者承担一部分。所以，你每购买一件商品，就是向政府交一次税，我们日常消费的过程，便是纳税的过程。

比如，当你在商场买衣服时，所付价款中除了衣服成本外还包括许多税款；当你在餐馆吃饭时，支付的饭钱中已经包括了餐饮应交的各种税款；当你的工资收入超出一定标准时，要交个人所得税；当你买车、买房时，车价、房价之外还需要**缴纳**车船购置税与房产税；甚至我们不消费，把钱存在银行里取得利息，也需缴纳个人所得税；如果你办企业，从事生产经营活动，就要涉及增值税、营业税、资源税，等等。在全部税收中，通常企业上交的税比较多，但归根结底，企业也是由个人组成的，所以税收终究由个人承担。

所以，我们人人都是纳税人。

（资料来源：作者黄凯平、芩科，《税的真相：让老百姓读懂中国税》，中信出版社　有改编）

(二) 税收与社会福利

你幸福吗？最新一期美国《福布斯》杂志刊登的幸福**指数**调查显示，来自北欧的丹麦、芬兰、挪威和瑞典在受调查的 155 个国家中名列前四，感受幸福的人比例最高。这些北欧国家不是世界上最富裕的**国度**，也不是最强大的国度，为何那里的人却有世界上最高的"幸福感"？原因很大程度上在于北欧高税收养高福利的模式。

福利国家意味着人们普遍享有养老金、失业保险、医疗保险、大学免费教育、全日制幼儿园等各种服务。以瑞典为例，它的福利可谓**五花八门**，有病人补助、父母补助、妻子生活补助、医疗补助、住房补助、未成年人补助，从小学到大学全部免交学费，中小学生免费午餐，等等。这些措施的结果使瑞典的家庭既没有**富可敌国**的富豪，也没有**食不果腹**的穷人，都成为典型的**中产**阶级家庭，中产阶级占人口的比重为 55%，是世界上中产阶级队伍最庞大的国家之一。瑞典一个家庭一般由一对父母和一双子女构成，人均收入不低于 15 万瑞典克朗，人均居住面积不少于 80 平方米。随着"从摇篮到坟墓"的社会福利制度的逐步完善，人们无需再为生老病死担忧，无需再为上学、看病、养老攒钱，即使是收入一般的家庭，也都能买得起轿车和房产，也能到国外旅游、度假，过上中产阶级的生活。

"我们的社会福利制度真是一个好东西，因为依靠税收可以建设一个美好社会。"瑞典中学英语教师佩尔·埃里克森说，"如果你发生意外，或丢了工作，没事儿，你照样可以看牙医。"埃里克森的税后月收入约为 4200 美元，扣除昂贵的日常开销后，每月只剩 200 到 300 美元。不过，他说他不需要更多钱，因为他不必为看病、失业、上大学存钱。他对眼下的生活十分满意，可以下馆子、度假，有自己的公寓，甚至还享有公休假去完成自己的梦想：为已故歌曲作家泰德·加德斯泰德**立传**。

从社会的层面来说，北欧各国普遍通过征税实行转移支付③。瑞典的纳税人所交纳的平均所得税达到其收入的 31%，而雇主税的税率为 33%，大公司的经理几乎要交 60% 到 70% 的个人所得税，最高达到 85%。正是由于较高的税率④，为各种福利提供了坚实的资金保障，高税收养高福利，结果是中产阶级的繁荣。

正如媒体指出，人们的幸福感在很大程度上**取决**于人的心理和社会需求是否得到满足。

北欧国家通过高税收塑造出"**纺锤**形"的社会，贫富差距小，稳定的中产阶层占社会人口的多数。同时，通过高支出打造"从摇篮到坟墓"的社会福利保障网。要是在其他国家，也许他能挣更多钱，但日子可不会这么舒心，因为可能有一大堆**后顾之忧**在等着呢。

（资料来源：大河报，《解读北欧的 3 个幸福密码》，

http://news.sina.com.cn/o/2014-06-26/041030423559.shtml 有改编）

▶ 生词

1. 税收	shuì shōu	(名)	国家依法通过征税所得到的收入；tax revenue
2. 家喻户晓	jiā yù hù xiǎo	(成)	家家户户都知道；well know, widly know
3. 消防	xiāo fáng	(名)	灭火与防火；fire fighting
4. 分割	fēn gē	(动)	把一个整体或有联系的事物强行分开；break up
5. 昂贵	áng guì	(形)	物价很高；expensive
6. 占便宜	zhàn pián yi	(动)	用不当方法得到非分的好处；to take unfair advantage
7. 引申	yǐn shēn	(动)	指产生派生的意义；to extend (the meaning of a word etc)
8. 治安	zhì ān	(动)	治理，使社会安定；public security
9. 至关重要	zhì guān zhòng yào	(成)	相当重要；crucial
10. 解散	jiě sàn	(动)	分散，离散；dissolve
11. 歇业	xiē yè	(动)	停止营业；to go out of business
12. 冲击	chōng jī	(动)	冲撞碰击；lash
13. 矛盾	máo dùn	(名)	互相依赖又互相排斥的关系；contradiction
14. 机构	jī gòu	(名)	指机关、团体；organization
15. 凭空	píng kōng	(副)	没有证据；out of the void
16. 缴纳	jiǎo nà	(动)	交付规定的现金或实物；to pay (taxes etc)
17. 福利	fú lì	(名)	给予员工生活上的利益；(social) welfare
18. 指数	zhǐ shù	(名)	表示数量变动的数字(如成本物价等)；index
19. 国度	guó dù	(名)	指国家；country
20. 五花八门	wǔ huā bā mén	(成)	比喻变化多端或花样繁多；multifarious
21. 富可敌国	fù kě dí guó	(成)	形容极为富有；extremely wealthy

22．食不果腹　shí bù guǒ fù　　　（成）　形容生活贫困；have little food to eat

23．中产　　　zhōng chǎn　　　　（名）　指中等财产；middle class

24．立传　　　lì zhuàn　　　　　　（动）　写成传记；write a biography

25．取决　　　qǔ jué　　　　　　　（动）　指由某人或某种情况决定；depending on

26．纺锤　　　fǎng chuí　　　　　　（名）　纺纱、线用的手工工具；spindle

27．后顾之忧　hòu gù zhī yōu　　　（成）　在前进中担心后方发生问题；

　　　　　　　　　　　　　　　　　　　　　　fears of trouble in the rear

▶ 经贸词条及注释

① 纳税人

纳税人(tax payer)亦称纳税义务人、"课税主体"，是税法上规定的直接负有纳税义务的单位和个人。

② 起征点

起征点，又称"征税起点"或"起税点"，是指税法规定对征税对象开始征税的起点数额。

③ 转移支付

转移支付(transfer payment)，又称无偿支出，它主要是指各级政府之间为解决财政失衡而通过一定的形式和途径转移财政资金的活动。

④ 税率

税率(tax rate)是对征税对象的征收比例或征收额度。税率是计算税额的尺度，也是衡量税负轻重与否的重要标志。

▶ 语法

1. 终究

意思是"终归"、"毕竟"、"最后还是"，副词，一般在句中做状语。例如：

① 归根结底，企业也是由个人组成的，所以税收终究由个人承担。

② 名利终究是身外之物，一个人的品行才是要紧的。

③ 你已经触犯了法律，如果还不肯去自首，你终究会受到法律的制裁。

2. 取决于

A 取决于 B，指前者 A 由后者 B(某人、某方面或某种情况)来决定。例如：

① 正如媒体指出，人们的幸福感在很大程度上取决于人的心理和社会需求是否得到满足。
② 成功不但取决于天分，也取决于勤奋。
③ 这件事的结果，取决于你的决定。

▶ **练习**

(一) 选词填空

立传　家喻户晓　纺锤　指数　　缴纳　定位　取决　凭空　矛盾　后顾之忧

1. 正如媒体指出，人们的幸福感在很大程度上(　　　)于人的心理和社会需求是否得到满足。

2. 在简单形态的市场上，因为没有人购买公共物品，就不会有资源去投入生产，这就出现了(　　　)。

3. 最新一期美国《福布斯》杂志刊登的幸福(　　　)调查显示，来自北欧的丹麦、芬兰、挪威和瑞典在受调查的 155 个国家中名列前四，感受幸福的人比例最高。

4. 要是在其他国家，也许他能挣更多钱，但日子可不会这么舒心，因为可能有一大堆(　　　)在等着呢。

5. 美国政治家富兰克林有一句(　　　)的名言："人的一生中有两件事是不可避免的，一是死亡，二是税收"。

6. 当你买车、买房时，车价、房价之外还需要(　　　)车船购置税与房产税。

7. 北欧国家通过高税收塑造出"(　　　)形"的社会，贫富差距小，稳定的中产阶层占社会人口的多数。

8. 在现代社会里，政府的角色(　　　)是：向民众征收税款，同时负责提供一系列公共物品和公共服务。

9. 当然，这个机构不可能(　　　)变出公共物品，这个机构里的人，也不能不养家过日子。

10. 他甚至还享有公休假去完成自己的梦想：为已故歌曲作家泰德·加德斯泰德(　　　)。

(二) 词语造句

1. 家喻户晓：＿＿＿＿＿＿＿＿＿＿＿＿＿＿＿＿＿＿。

2. 至关重要：＿＿＿＿＿＿＿＿＿＿＿＿＿＿＿＿＿＿。

3. 五花八门：＿＿＿＿＿＿＿＿＿＿＿＿＿＿＿＿＿＿。

4. 富可敌国：＿＿＿＿＿＿＿＿＿＿＿＿＿＿＿＿＿＿。

5. 食不果腹：＿＿＿＿＿＿＿＿＿＿＿＿＿＿＿＿＿＿。

6. 终究：＿＿＿＿＿＿＿＿＿＿＿＿＿＿＿＿＿＿。

7. 取决于：_____。

(三) 短文填空

1. 社会为什么需要政府？简单地说，生活中有一类物品每个人都需要，但每个人都不会主动去购买或生产，例如公共场合的路灯、城市的地下管道、社区的消防服务等。这类物品的特点是，它的消费不可(　　　　)，很多人能同时享用。另外，它的价格往往比较(　　　　)。这样一来，个人的购买力很难承担这种物品，而且个人拥有这种物品往往会有其他人白(　　　　)——这就是公共物品。(　　　　)来说，社会治安、城市建设、国防安全等，都属于公共物品。公共物品的存在，对一个社会的运行和发展来说是(　　　　)的。谁能想象，城市里的环卫工人停止工作，警察部门宣布解散，或是印钞厂关门(　　　　)，会对社会造成什么样的(　　　　)？

2. (　　　　)国家意味着人们普遍享有养老金、失业保险、医疗保险、大学免费教育、全日制幼儿园等各种服务。以瑞典为例，它的福利可谓(　　　　)，有病人补助、父母补助、妻子生活补助、医疗补助、住房补助、未成年人补助，从小学到大学全部免交学费、中小学生免费午餐，等等。这些措施的结果使瑞典的家庭既没有(　　　　)的富豪，也没有(　　　　)的穷人，都成为典型的(　　　　)阶级家庭，中产阶级占人口的比重为 55%，是世界上中产阶级队伍最庞大的国家之一。瑞典一个家庭一般由一对父母和一双子女构成，人均收入不低于 15 万瑞典克朗，人均居住面积不少于 80 平方米。随着"从摇篮到坟墓"的社会福利制度的逐步完善，人们无需再为生老病死担忧，无需再为上学、看病、养老攒钱，即使是收入一般的家庭，也都能买得起轿车和房产，也能到国外旅游、度假，过上中产阶级的生活。

(四) 回答问题

1. 为什么说"人人都是纳税人"？请结合课文解释一下。
2. 结合课文，以瑞典为例介绍一下北欧国家"高税收养高福利"的模式。

(五) 阅读与写作

做个明白纳税人

要说明这一点，还得回到税收的本质定义——它是百姓用来购买政府服务的费用。人们需要政府的服务，是因为在简单形态的市场上，企业不能单独提供公共物品。但这并不意味着在生产公共物品的过程中，企业就不能发挥作用；也不意味着民众交给政府的税款，全部都是政府服务的报酬。

比方说，某个国家的政府收到 1 万元税款后，拿出 2000 元修马路，2000 元盖学校，2000 元建医院，2000 元作社会保险，剩下 2000 元给政府官员作办公费用和发工资。这时候可以说，前面的 8000 元钱，民众并没有真正"给"政府，只是委托政府，让其作为一个承包人，用这些钱去组织资源，向他们提供简单市场上无法购买的公共物品。与此同时，在另一个国家，政府收了 5000 元的税，但除了用来招募公务员和给他们发工资外，其他什么也没干，显然，它的服务费用要比前一个政府高。也就是说，衡量一个国家真实税负的高低，不能光看民众交了多少钱，还要看他们交钱后得到了什么；不能光看政府收了多少钱，还要看政府如何花掉这些钱。

世界上有高税国家，比如瑞典，税收占 GDP 的 51%；也有低税国家，比如美国，税收占 GDP 的 27%。但无论是高税还是低税，他们税收的主要用途都是社会保障、教育、医疗保健和公共服务，这些功能一般占税收总额的 70%～80%。也就是说，政府成本相对较少，政府把税收的大部分都以福利的形式返还给了百姓；相反，如果政府开支膨胀，税收的大部分则被政府部门自己花掉了，那就意味着大众福利的流失。所以，税负的痛苦取决于政府如何使用税收，而不是税率。

我们都是纳税人，税收变动的一点一滴关系到每个人的切身利益。所以，我们要像关注自己的钱包一样，关注税收状况的变化；要像抵制抢劫一样，抵制不合理的税收政策；要像维护自己的财产一样，努力改变不合理的税收格局。

(资料来源：作者黄凯平、岑科，《税的真相：让老百姓读懂中国税》，中信出版社 有改编)

1. 尝试写出文中划线词语的解释

① 招募：_____。

② 衡量：_____。

③ 税负：_____。

④ 返还：_____。

2. 关于"税收和我们的生活"，你是怎样理解的？请用笔把你的想法写下来。

第二十课　中国审计故事

> 审计[①]作为一种监督机制，是国家反腐败的**利剑**。让我们通过下面两则审计报告背后的中国审计故事，了解审计人员是如何从一组组数据中发现重大违法违纪问题**线索**。

▶ 课文

(一) 审山、审船、审天气

国家为了长江**防洪**，造福两岸百姓，**拨付**了很多专用资金用来根治水患。其中，长江**堤防隐蔽**工程被列为国家重点建设项目。这一工程涉及湖北、湖南、江西、安徽四省，全长近 2000 公里，工程投资达到 64.94 亿元。

所谓"专用资金"，就是必须专款专用的资金，也就是说，这些拨付的防洪专用资金必须全部用在防洪上。"堤防隐蔽工程"主要包括基础处理、水下抛石固基等部分，因为这些设施大多隐蔽在水面之下，故被称之为隐蔽工程。

但是在大量的资金面前，一些人还是利用"隐蔽工程"，伸出了**罪恶**之手。他们**捏造**虚假工程，**套取**国家专用资金，装进个人的口袋。于是就出现了正义与邪恶的**较量**，湖北某地一个"水下抛石固基工程"的审计过程就是一个**例证**。

用石料水下抛固保护堤防是防洪的有效措施之一，但石料抛下水后，抛了多少，是肉眼看不出来的，也很难计量。于是，有人就利用这点制造了一个抛石 X 方——支付几百万款项的"工程"，我们就把这个巨大的石料数用 X 表示吧。

担负保证这笔专用资金有效使用的审计人员来到了"工程"现场，面对江水、堤防上撒落的石头，以及"工程"负责人一副看你怎么查的表情，审计人员**另辟蹊径**，通过"审山、审船、审天气"的方式，取得了审计**证据**，**揭露**了这起严重的造假"工程"。

首先是审山。根据"工程"负责人提供的石料来源地，审计人员来到几十公里以外的一个石料厂，但这个石料厂不是"供料"的那个石料厂，从而验证了"供料"的那个石料厂纯属**虚构**；面对那个被开采了一个小坑的山头，专家测算，就是把这座小山全开采了，也凑不够"工程"所耗用的 X 方石料。这就取得了证明"工程"虚假的基本审计证据。但这还不够，要完全揭露这起虚假"工程"，必须取得方方面面的证据。

于是，审计人员又开始审船。石料"供应地"与工程现场相距几十公里，要把这些石料运过来，只能通过货船。审计人员把当地的货船全部统计了一遍，它们总体的运输能力根本运输不了"工程"耗用的 X 方石料，更何况"工程"不可能调用当地全部的货船。这再一次证明了这是个虚假"工程"。

这还不够，为了进一步取得审计证据，把这个虚假"工程"证"死"，审计人员又开始审天气。审计人员从气象台调出"工程"期间的天气资料，比照"工程"负责人提供的作业日记——每天抛出的石料记录，查出在多个不具备工程作业条件的暴雨天气日子里，"工程"日记里却有"抛石料多少方"的记录，显然是事后假造的记录。

哪来的这么多石料？哪来的这么多货船？为什么在暴雨天气作业？在铁的事实面前，一个虚假工程露出了原形。三十几人为了这个"工程"进了监狱，这也算是"工程"的代价吧。只是在"工程"开工前，他们没有算过这个代价，甚至没有想过这个代价，以至于**一念之差**就改变了这些人的人生。

这是一个真实的审计，审计人员"审山、审船、审天气"的**取证**方式实在令人**折服**。

(资料来源：作者葛长银，《领导者审计学》，机械工业出版社　有改编)

（二）"一审"挖"三案"

江苏省如皋市审计局接到一项政府交办的任务：对该市 A 厂进行审计。A 厂是一家国有食品加工企业，下有一个**分厂**。

审计人员发现 A 厂分厂账面有"其他货币资金"404 万元，且长期以来余额较大，并在总厂财务账面反映；而总厂因经营效益不佳，职工的基本工资都难以维持。何以一方面资金紧张，一方面资金大量**沉淀**？这引起了审计人员的**警惕**。审计组决定奔赴分厂开户的外地甲银行**核对**，甲银行账户存款余额与分厂账面**相差无几**，但发现在审计组核对的两天前，有款项从甲银行账户转入乙银行。于是审计组赶赴乙银行，终于查清事实，分厂在三个开户行实有其他货币资金存款 905 万元。至此，隐瞒销售收入 501 万元的事实被查实**曝光**。但查证并未因此结束，500 多万元的账外资金从哪里来？**票据**在哪里？经过教育，分厂经办人交出了数千份未入账的收入票据，审计组通过对历年收支逐年逐笔核对，发现两笔现金解款单[②]回单[③]与银行对账单[④]相差整整 8 万元，通过去开户行核对，最终确认犯罪**嫌疑人**私自改了现金解款单回单，至此，一起**贪污**案终于**水落石出**。

审计过程中，审计组发现该厂近五年来未对物资进行全面盘存[⑤]，未进行账账核对。A 厂产品属于大众食用消费品，不盘存不核对，就极有可能被"不恰当"地消费掉。审计组决定先盘存，再核对。盘存结果令审计人员大为震惊：主产品实际结存 195 吨，而财务账面结存 517 吨，账面数与实际数相差 322 吨，A 厂经办人员对此也表现出"十分惊讶"，但未说出任何原因。在实际数确定后，审计人员开始对财务仓库账进行核对，遗憾的是仓库保管员提供的是不能叫"账"的流水记录，即一大堆散乱的白条[⑥]收条。再难也不能放手，审计工作一年年地往前延伸，一笔笔地往前核对，结果确定实际短少 364 吨。这么多的产品，就是用大型货车运输，也得是一个长长的车队啊。审计信息被及时报告给公安机关，面对证据，犯罪嫌疑人不得不交代了**监守自盗**的犯罪行为。

　　审计过程中，审计人员发现 A 厂近几年生产经营效益不断下滑，到底是什么原因呢？审计人员决定对该厂几年来原料的购进、生产加工、销售进行详细的财务分析。分析发现，该厂既有自产业务，也有外加工业务，原料购进及外加工业务大部分与外省市交易。在分析主产品外加工业务中发现，A 厂委托本地一家包装材料厂加工量达 1200 多吨，近两年来未有业务发生，往来款已结清。包装材料厂与 A 厂不属于同行业，为何有这么大的加工业务？职业的敏感促使审计人员决定延伸核对与该厂的业务往来。核对结果显示，该包装材料厂下属有一个加工厂，几年来的所有加工业务与 A 厂双方收支往来一致。在实地审计时，审计人员特意在包装材料厂内四处走走看看，发现包装材料厂所办的加工厂不过是两排不足 400 平方米的车间，以及不多的设备。规模这么小的加工厂怎么能吃得下那么多的加工任务呢？难道其中有假？为了取得第一手证据，审计人员决定从加工产品所必须配套且可量化的包装物用量入手，结果发现该加工厂实际购进、耗用的包装物仅为其加工成品所需耗用量的三分之二。难道有三分之一的业务是虚假的？审计人员决定一边再选择其他配套材料进一步验证，一边找 A 厂经办人询查与包装材料厂加工业务实情，两方面询查分析的结果证实了审计人员的怀疑，包装材料厂与 A 厂之间的加工业务有三分之一是捏造的，包装材料厂通过与 A 厂虚开购销、委托加工业务**发票**，从中**非法**获利 28 万元。就这样，又一条经济犯罪线索移交给了公安机关。

　　一个审计项目就这样挖出了三个案件，审计人员通过自己的工作保护着公共资金和公众资产。

(资料来源：作者陈岗、周长龙，《一场漂亮的"挖蛀战"——江苏省如皋市审计局"一审"挖三案》，

《中国审计》2001 年第 11 期 有改编)

▶ 生词

1. 审计	shěn jì	(动)	审查核定财政收支、预算、决算等；to audit
2. 利剑	lì jiàn	(名)	锋利的剑；sharp sword
3. 线索	xiàn suǒ	(名)	比喻事情的头绪或发展脉络；trail
4. 防洪	fáng hóng	(动)	防备洪水成灾；flood control
5. 拨付	bō fù	(动)	划拨给付；appropriate sum of money
6. 堤防	dī fáng	(名)	拦水的堤坝；dike
7. 隐蔽	yǐn bì	(动)	借助别的东西遮盖掩藏；take cover
8. 罪恶	zuì è	(形)	指危害严重的行为、犯罪的行为；evil
9. 捏造	niē zào	(动)	指编造，假造；fabricate
10. 套取	tào qǔ	(动)	用违法手段交换取得；an illegal exchange
11. 较量	jiào liàng	(动)	用比赛或斗争的方式比本领、实力的高低；measure

12. 例证　　　　lì zhèng　　　　（名）　能进行说明和解释的例子；example

13. 另辟蹊径　lìng pì xī jìng（成）　另外开辟道路或另创风格、方法；take another course

14. 证据　　　　zhèng jù　　　　（名）　可作为证明用的事实依据；evidence

15. 揭露　　　　jiē lù　　　　　（动）　指揭发隐蔽的事，使之暴露；expose

16. 虚构　　　　xū gòu　　　　　（动）　捏造，伪造；fabrication

17. 一念之差　yī niàn zhī chā　（成）　一个念头的差错(造成严重后果)；
　　　　　　　　　　　　　　　　　　　momentary slip

18. 取证　　　　qǔ zhèng　　　　（动）　寻取证据；to collect evidence

19. 折服　　　　zhé fú　　　　　（动）　指信服，心服；to be convinced

20. 分厂　　　　fēn chǎng　　　　（名）　下属分支工厂；branch factory

21. 沉淀　　　　chén diàn　　　　（动）　物质沉到溶液底层；to precipitate

22. 警惕　　　　jǐng tì　　　　　（动）　对可能发生的危险等保持警觉；vigilance

23. 核对　　　　hé duì　　　　　（动）　检查或核实以确认；to verify

24. 相差无几　xiāng chā wú jǐ　（成）　彼此没有多大差别；Not much difference between

25. 隐瞒　　　　yǐn mán　　　　　（动）　掩盖真相不让人知道；conceal

26. 曝光　　　　bào guāng　　　　（动）　指事物暴露或被揭露；to expose

27. 票据　　　　piào jù　　　　　（名）　有价证券和凭证；receipt

28. 嫌疑人　　xián yí rén　　　（名）　嫌疑犯、疑犯；criminal suspect

29. 贪污　　　　tān wū　　　　　（动）　利用职权非法取得钱财；corruption

30. 水落石出　shuǐ luò shí chū（成）　比喻事情的真相完全显露出来；the truth comes
　　　　　　　　　　　　　　　　　　　to light

31. 监守自盗　jiān shǒu zì dào（成）　窃取公务上自己看管的财物；to embezzle

32. 发票　　　　fā piào　　　　　（名）　卖出货物开给顾客的单据；invoice

33. 非法　　　　fēi fǎ　　　　　（形）　不合法；illegal

▶ 经贸词条及注释

① 审计

审计(audit)是指由专设机关依照法律对国家各级政府及金融机构、企业事业组织的重大项目和财务收支进行事前和事后的审查的独立性经济监督活动。

② 解款单

解款单(cash remittance note)指一般的对公业务常遇到现金解款，比如向某公司交款买产品，而你又不打算到这个公司去交现金，那么就需要去银行填制现金解款单，把钱通过银行打到该公司账户上，然后你凭手里的回单，到该公司办理余下手续，免除携带大量现金的风险。

③ 回单

回单指通过银行将款项从付款单位(或个人)的银行账户直接划转到收款单位(或个人)的银行账户，当银行将款打到对方账后，银行会给付款方出具一张回单，证明款已经打给对方了。

④ 银行对账单

银行对账单(bank reconciliation)是银行和企业核对账务的联系单，也是证实企业业务往来的纪录，也可以作为企业资金流动的依据，最重要的是可以认定企业某一时段的资金规模。很多地方都需要对账单，例如验资、投资，等等。

⑤ 盘存

盘存(stocktaking)，指企业、事业、行政机关等单位对其实物、现金进行实地盘点和对银行存款、往来款项进行查对，以确定各项财产的实存数，查明账实是否相符的一种会计管理手段。盘存又称财产清查。

⑥ 白条

所谓白条，指不符合财务制度和会计凭证手续的字条或单据，打白条，即以个人或单位的名义，在白纸上书写证明收支款项或领发货物的字样，作为发票来充当原始凭证，以逃避监督或偷漏税款的一种舞弊手段。

▶ 语法

1. 以至于

连词，用于下半句开头，表示上述情况所达到的深度或结果。例如：

① 他们没有算过这个代价，甚至没有想过这个代价，以至于一念之差就改变了这些人的人生。

② 天气是这么的冷，以至于大街上的人都早早的穿起了棉衣。

③ 小明在等车时看书太投入了，以至于错过了班车。

2. 何以

意思是用什么，为什么，代词，在句中做状语。例如：

① 总厂因经营效益不佳，职工的基本工资都难以维持。何以一方面资金紧张，一方面资金大量沉淀？

② 我们需要确定这名嫌疑人何以能将危险的爆炸品带上飞机。

③ 聚会的时候，总有人会问我何以为生。

▶ 练习

(一) 选词填空

线索　　虚构　　监守自盗　　折服　　非法　　利剑　　拨付　　一念之差

1. 审计人员"审山、审船、审天气"的取证方式实在令人(　　　　　)。

2. 只是在"工程"开工前，他们没有算过这个代价，甚至没有想过这个代价，以至于(　　　　　)就改变了这些人的人生。

3. 审计作为一种监督机制，是国家反腐败的(　　　　　)。

4. 面对证据，犯罪嫌疑人不得不交代了(　　　　　)的犯罪行为。

5. 包装材料厂通过与 A 厂虚开购销、委托加工业务发票，从中(　　　　　)获利 28 万元。

6. 国家为了长江防洪，造福两岸百姓，(　　　　　)了很多专用资金用来根治水患。

7. 审计人员来到几十公里以外的一个石料厂，但这个石料厂不是"供料"的那个石料厂，从而验证了"供料"的那个石料厂纯属(　　　　　)。

8. 让我们通过下面两则审计报告背后的中国审计故事，了解审计人员是如何从一组组数据中发现重大违法违纪问题(　　　　　)。

(二) 词语造句

1. 另辟蹊径：_____。

2. 一念之差：_____。

3. 相差无几：_____。

4. 水落石出：_____。

5. 以至于：_____。

6. 何以：_____。

(三) 短文填空

1. 在大量的资金面前，一些人还是利用"隐蔽工程"，伸出了(　　　　　)之手。他们(　　　　　)虚假工程，(　　　　　)国家专用资金，装进个人的口袋。于是就出现了正义与邪恶的(　　　　　)，湖北某地一个"水下抛石固基工程"的审计过程就是一个(　　　　　)。用石料水下抛固保护堤防是防洪的有效措施之一，但石料抛下水后，抛了多少，是肉眼看不出来的，也很难计量。于是，有人就利用这点制造了一个抛石 X 方——支付几百万款项的"工程"，我们就把这个巨大的石料数用 X 表示吧。担负保证这笔专用资金有效使用的审计人员来到了"工程"现场，面对江水、堤防上撒落的石头，以及"工程"负责人一副看你怎么查的表情，审计人员（　　　　　　），通过"审山、审船、审天气"的方式，取得了审计（　　　　　），（　　　　　）了这起严重的造假"工程"。

2. 审计人员发现 A 厂分厂账面有"其他货币资金"404 万元，且长期以来余额较大，并在总厂财务账面反映；而总厂因经营效益不佳，职工的基本工资都难以维持。何以一方面资金紧张，一方面资金大量（　　　　　）？这引起了审计人员的（　　　　　）。审计组决定奔赴分厂开户的外地甲银行（　　　　　），甲银行账户存款余额与分厂账面（　　　　　），但发现在审计组核对的两天前，有款项从甲银行账户转入乙银行。于是审计组赶赴乙银行，终于查清，分厂在三个开户行实有其他货币资金存款 905 万元。至此，（　　　　　）销售收入501 万元的事实被查实（　　　　　）。但查证并未因此结束，500 多万元的账外资金从哪里来？（　　　　　）在哪里？经过教育，分厂经办人交出了数千份未入账的收入票据，审计组通过对历年收支逐年逐笔核对，发现两笔现金解款单回单与银行对账单相差整整 8 万元，通过去开户行核对，最终确认犯罪（　　　　　）私自改了现金解款单回单，至此，一起贪污案终于（　　　　　）。

(四) 回答问题

1. 根据课文，讲一讲审计人员是怎样通过"审山、审船、审天气"的取证方式最终揭露了工程造假。

2. 根据课文，讲一讲审计人员是如何在食品厂审计中挖出了三个犯罪案件的。

(五) 阅读与写作

为什么银行出纳晚节不保

那是 20 世纪 90 年代末，我从事审计工作没多久，所里接受区检察院的委托，对一家国有企业的银行出纳的经济问题进行查证。

该企业货币资金收支较多，分设银行出纳、现金出纳两个出纳岗位。银行出纳从事该工作多年，已经到了退休的时候，却迟迟不办交接手续。最后交接时，发现银行对账单比银行日记账少几万元，出纳不能解释差异原因，又不说明自己的经济问题。于是企业就汇报到了检察院，检察院委托我所协助调查。

我所很重视这项工作，成立了专门审计小组。我们设计审计方案时，分析该银行出纳只能接触到与银行存款收支有关的工作，而且她不能开出现金支票，只能开出转账支票，初步确定审计工作就从银行日记账与银行对账单的逐笔勾稽核对作为突破口，检查资金是否流出到企业的真实客户而不是出纳套钱的单位，以及转账审批手续是否齐全等。

这是一项简单但非常细致的工作，我们从最近的年度查起，细心检查原始单据的审批手续是否齐全，凭证后附的几张原始单上收款单位名字是否一致，避免出现张冠李戴的现象，注意收款单位是否就是该银行出纳把银行存款转出套现的单位，最后按年度编出各个银行存款账户余额调节表，关注不正常的未达账项。

不久就查清了事实。一次不小心，该银行出纳把支付的贷款利息单丢了，就让银行重新补开了利息单入账。后来出纳发现了丢失的利息单，思想一动摇，没有把持住，就把利息单二次入账了。然后利用企业银行印鉴章管理不严的漏洞，串通联系了一家公司，私自开出银行转账支票，偷盖了银行印鉴章，把二次入账利息数额的银行存款转到了那家公司套现，据为己有，这样就使银行对账单和银行日记账余额一致了，即做平了账。后来受某些企业高额集资利息的诱惑，又如法炮制，私自开出转账支票，把资金转到那些公司，分得利息后私吞，到期后让对方再把资金打回账上，以做平账务。有道是多行不义必自毙，到退休时挪用出去的钱不能及时收回，漏了陷。

该银行出纳晚节不保，罪有应得，但企业财务管理中的漏洞不能不引起重视。如果银行利息单入账时严加审核，如果银行印鉴章严加保管，如果财务领导对银行出纳每月编制的银行未达账项调节表的检查复核不流于形式，就不会给该银行出纳可乘之机，以致酿成大错。如此松散的管理，方便了出纳，最终也害了出纳，使出纳在犯罪的深渊越陷越深。

(资料来源：作者王清安，《我的审计小故事》，
https://wenku.baidu.com/view/2a2506d7195f312b3169a53e.html 有改编)

1. 尝试写出文中划线词语的解释

① 张冠李戴： _____。

② 套现： _____。

③ 如法炮制： _____。

④ 多行不义必自毙： _____。

⑤ 晚节不保： _____。

2. 通过课文学习，你对审计工作有什么印象？把你的想法简单写下来。

附表 1　本册词汇总表

A

1.	熬	áo	(4)
2.	暗含	àn hán	(5)
3.	谙	ān	(6)
4.	案例	àn lì	(8)
5.	暗示	àn shì	(8)
6.	昂贵	áng guì	(19)

B

1.	傍大款	bàng dà kuǎn	(1)
2.	贬值	biǎn zhí	(1)
3.	不屑	bú xiè	(2)
4.	饱和	bǎo hé	(2)
5.	包罗万象	bāo luó wàn xiàng	(3)
6.	标签	biāo qiān	(4)
7.	彼岸	bǐ àn	(4)
8.	闭关自守	bì guān zì shǒu	(5)
9.	不置可否	bù zhì kě fǒu	(5)
10.	包裹	bāo guǒ	(6)
11.	不乏	bù fá	(8)
12.	不是	bù shi	(9)
13.	不惜	bù xī	(9)
14.	不当	bù dàng	(9)
15.	不足之处	bù zú zhī chù	(9)
16.	步步为营	bù bù wéi yíng	(11)
17.	弊病	bì bìng	(12)
18.	薄利多销	bó lì duō xiāo	(12)
19.	保险	bǎo xiǎn	(12)
20.	保单	bǎo dān	(12)
21.	比率	bǐ lù	(13)

22.	本质	běn zhì	(13)
23.	不依不饶	bù yī bù ráo	(14)
24.	保本	bǎo běn	(15)
25.	崩溃	bēng kuì	(15)
26.	保全	bǎo quán	(16)
27.	报销	bào xiāo	(17)
28.	白条	bái tiáo	(17)
29.	病入膏肓	bìng rù gāo huāng	(18)
30.	布告	bù gào	(18)
31.	拨付	bō fù	(20)
32.	曝光	bào guāng	(20)

C

1.	持有	chí yǒu	(1)
2.	成本	chéng běn	(1)
3.	崇尚	chóng shàng	(1)
4.	策略	cè luè	(2)
5.	出口	chū kǒu	(2)
6.	促销	cù xiāo	(6)
7.	草率	cǎo shuài	(7)
8.	采纳	cǎi nà	(9)
9.	沉迷	chén mí	(10)
10.	参照	cān zhào	(10)
11.	储备	chǔ bèi	(12)
12.	尺度	chǐ dù	(13)
13.	催	cuī	(14)
14.	储蓄所	chǔ xù suǒ	(14)
15.	存折	cún zhé	(14)
16.	颤抖	chàn dǒu	(14)
17.	插一杠	chā yí gàng	(14)
18.	出气筒	chū qì tǒng	(15)
19.	成立	chéng lì	(15)
20.	操纵	cāo zòng	(15)
21.	出事	chū shì	(16)
22.	承担	chéng dān	(16)
23.	出具	chū jù	(16)
24.	差强人意	chā qiáng rén yì	(16)
25.	抽身	chōu shēn	(17)

26.	财务	cái wù	(17)
27.	裁员	cái yuán	(17)
28.	差旅费	chāi lǚ fèi	(17)
29.	车间	chē jiān	(17)
30.	筹集	chóu jí	(18)
31.	冲击	chōng jī	(19)
32.	沉淀	chén diàn	(20)

D

1.	点赞	diǎn zàn	(1)
2.	得手	dé shǒu	(2)
3.	大师	dà shī	(3)
4.	大路货	dà lù huò	(4)
5.	奠基	diàn jī	(5)
6.	代价	dài jià	(5)
7.	定位	dìng wèi	(6)
8.	低声下气	dī shēng xià qì	(6)
9.	洞察	dòng chá	(6)
10.	兑付	duì fù	(7)
11.	殿堂	diàn táng	(7)
12.	灯火通明	dēng huǒ tōng míng	(8)
13.	董事会	dǒng shì huì	(8)
14.	怠工	dài gōng	(9)
15.	舵手	duò shǒu	(10)
16.	奠定	diàn dìng	(11)
17.	堤坝	dī bà	(11)
18.	道听途说	dào tīng tú shuō	(12)
19.	等价物	děng jià wù	(13)
20.	倒卖	dǎo mài	(15)
21.	打压	dǎ yā	(15)
22.	多元	duō yuán	(16)
23.	诞生	dàn shēng	(16)
24.	独领风骚	dú lǐng fēng sāo	(16)
25.	单一	dān yī	(16)
26.	定制	dìng zhì	(16)
27.	导向	dǎo xiàng	(16)
28.	沓	dá	(17)
29.	调	diào	(17)

| 30. | 堤防 | dī fáng | (20) |

E

| 1. | 恶性循环 | è xìng xún huán | (2) |
| 2. | 耳熟能详 | ěr shú néng xiáng | (11) |

F

1.	分期付款	fēn qī fù kuǎn	(2)
2.	风靡一时	fēng mǐ yī shí	(4)
3.	附加值	fù jiā zhí	(4)
4.	风靡	fēng mǐ	(5)
5.	法理	fǎ lǐ	(7)
6.	风云	fēng yún	(8)
7.	丰衣足食	fēng yī zú shí	(9)
8.	反弹	fǎn tán	(9)
9.	翻天覆地	fān tiān fù dì	(10)
10.	丰收	fēng shōu	(10)
11.	封闭	fēng bì	(10)
12.	方圆	fāng yuán	(10)
13.	方针	fāng zhēn	(11)
14.	浮躁	fú zào	(11)
15.	风险	fēng xiǎn	(12)
16.	反驳	fǎn bó	(14)
17.	分摊	fēn tān	(16)
18.	返还	fǎn huán	(16)
19.	烦躁	fán zào	(17)
20.	翻	fān	(17)
21.	防患于未然	fáng huàn yú wèi rán	(18)
22.	分割	fēn gē	(19)
23.	福利	fú lì	(19)
24.	富可敌国	fù kě dí guó	(19)
25.	纺锤	fǎng chuí	(19)
26.	防洪	fáng hóng	(20)
27.	分厂	fēn chǎng	(20)
28.	发票	fā piào	(20)
29.	非法	fēi fǎ	(20)

G

1.	共赢	gòng yíng	(1)
2.	供给	gōng jǐ	(2)
3.	供求矛盾	gōng qiú máo dùn	(2)
4.	刮目相看	guā mù xiāng kàn	(2)
5.	公害	gōng hài	(2)
6.	国内生产总值	guó nèi shēng chǎn zǒng zhí	(3)
7.	国际贸易	guó jì mào yì	(5)
8.	格言	gé yán	(5)
9.	钢镚	gāng bèng	(6)
10.	规避	guī bì	(7)
11.	股东	gǔ dōng	(8)
12.	规划	guī huà	(10)
13.	纲领	gāng lǐng	(10)
14.	灌木	guàn mù	(10)
15.	固然	gù rán	(11)
16.	功不可没	gōng bù kě mò	(11)
17.	干涉	gān shè	(11)
18.	刚性	gāng xìng	(11)
19.	骨干	gǔ gàn	(11)
20.	挂钩	guà gōu	(12)
21.	概率	gài lǜ	(12)
22.	供不应求	gōng bú yìng qiú	(13)
23.	公认	gōng rèn	(13)
24.	柜台	guì tái	(14)
25.	柜员机	guì yuán jī	(14)
26.	股市	gǔ shì	(15)
27.	股价	gǔ jià	(15)
28.	关乎	guān hū	(16)
29.	沟通	gōu tōng	(17)
30.	赶紧	gǎn jǐn	(17)
31.	灌溉	guàn gài	(18)

H

1.	互利	hù lì	(1)
2.	划算	huá suàn	(2)
3.	罕见	hǎn jiàn	(2)

4.	宏观	hóng guān	(3)
5.	衡量	héng liang	(3)
6.	耗竭	hào jié	(3)
7.	互通有无	hù tōng yǒu wú	(5)
8.	浑浊	hún zhuó	(6)
9.	红线	hóng xiàn	(7)
10.	护航	hù háng	(7)
11.	后起之秀	hòu qǐ zhī xiù	(8)
12.	横空出世	héng kōng chū shì	(8)
13.	好不	hǎo bù	(9)
14.	后遗症	hòu yí zhèng	(9)
15.	花圃	huā pǔ	(10)
16.	浩瀚	hào hàn	(10)
17.	缓冲	huǎn chōng	(11)
18.	核实	hé shí	(12)
19.	货币	huò bì	(13)
20.	恍然大悟	huǎng rán dà wù	(15)
21.	行情	háng qíng	(15)
22.	活跃	huó yuè	(15)
23.	后悔莫及	hòu huǐ mò jí	(15)
24.	回马枪	huí mǎ qiāng	(15)
25.	灰飞烟灭	huī fēi yān miè	(18)
26.	和尚	hé shàng	(18)
27.	后顾之忧	hòu gù zhī yōu	(18)
28.	核对	hé duì	(20)

J

1.	经济学	jīng jì xué	(1)
2.	金融	jīn róng	(1)
3.	决策	jué cè	(1)
4.	价值	jià zhí	(1)
5.	夹缝	jiā fèng	(2)
6.	紧俏	jǐn qiào	(2)
7.	举足轻重	jǔ zú qīng zhòng	(4)
8.	假设	jiǎ shè	(5)

9.	将信将疑	jiāng xìn jiāng yí	(5)
10.	径直	jìng zhí	(6)
11.	健谈	jiàn tán	(6)
12.	纠纷	jiū fēn	(7)
13.	举证	jǔ zhèng	(7)
14.	界面	jiè miàn	(8)
15.	间断	jiàn duàn	(8)
16.	巨擘	jù bò	(8)
17.	焦点	jiāo diǎn	(8)
18.	尽人皆知	jìn rén jiē zhī	(8)
19.	卷尺	juǎn chǐ	(10)
20.	均衡	jūn héng	(11)
21.	精	jīng	(12)
22.	鉴别	jiàn bié	(12)
23.	价值	jià zhí	(13)
24.	借贷	jiè dài	(13)
25.	谨慎	jǐn shèn	(14)
26.	沮丧	jǔ sàng	(14)
27.	监控	jiān kòng	(14)
28.	监管	jiān guǎn	(15)
29.	交割	jiāo gē	(15)
30.	兼	jiān	(15)
31.	皆大欢喜	jiē dà huān xǐ	(15)
32.	举报	jǔ bào	(15)
33.	解读	jiě dú	(17)
34.	坚决	jiān jué	(17)
35.	决口	jué kǒu	(18)
36.	监督	jiān dū	(18)
37.	家喻户晓	jiā yù hù xiǎo	(19)
38.	解散	jiě sàn	(19)
39.	机构	jī gòu	(19)
40.	缴纳	jiǎo nà	(19)
41.	较量	jiào liàng	(20)
42.	揭露	jiē lù	(20)
43.	警惕	jǐng tì	(20)
44.	监守自盗	jiān shǒu zì dào	(20)

K

1.	看好	kàn hǎo	(1)
2.	苛刻	kē kè	(2)
3.	枯竭	kū jié	(3)
4.	慷慨	kāng kǎi	(6)
5.	客户	kè hù	(6)
6.	可望而不可即	kě wàng bù kě jí	(7)
7.	库存	kù cún	(8)
8.	开垦	kāi kěn	(10)
9.	口粮	kǒu liáng	(10)
10.	抗议	kàng yì	(14)
11.	岿然不动	kuī rán bù dòng	(14)
12.	坑	kēng	(15)
13.	会计	kuài jì	(17)
14.	口子	kǒu zi	(18)

L

1.	论坛	lùn tán	(1)
2.	利益	lì yì	(1)
3.	利润	lì rùn	(2)
4.	领军	lǐng jūn	(2)
5.	匮乏	kuì fá	(3)
6.	沦	lún	(4)
7.	炉火纯青	lú huǒ chún qīng	(6)
8.	理财	lǐ cái	(7)
9.	笼罩	lǒng zhào	(7)
10.	浏览	liú lǎn	(8)
11.	了事	liǎo shì	(9)
12.	绿洲	lǜ zhōu	(10)
13.	理念	lǐ niàn	(11)
14.	理性	lǐ xìng	(12)
15.	流通	liú tōng	(13)
16.	摞	luò	(14)
17.	来劲	lái jìn	(14)
18.	路人	lù rén	(15)
19.	联盟	lián méng	(16)

20.	流失	liú shī	(18)
21.	轮流	lún liú	(18)
22.	例外	lì wài	(18)
23.	立传	lì zhuàn	(19)
24.	利剑	lì jiàn	(20)
25.	例证	lì zhèng	(20)
26.	另辟蹊径	lìng pì xī jìng	(20)

M

1.	貌似	mào sì	(1)
2.	莫过于	mò guò yú	(4)
3.	模仿	mó fǎng	(4)
4.	门可罗雀	mén kě luó què	(4)
5.	门户	mén hù	(5)
6.	没戏	méi xì	(6)
7.	媒体	méi tǐ	(8)
8.	名副其实	míng fù qí shí	(8)
9.	模式	mó shì	(8)
10.	每况愈下	měi kuàng yù xià	(9)
11.	埋头	mái tóu	(10)
12.	模糊	mó hu	(12)
13.	猫腻	māo nì	(12)
14.	免疫力	miǎn yì lì	(12)
15.	媒介	méi jiè	(13)
16.	磨损	mó sǔn	(13)
17.	门道	mén dào	(15)
18.	冒险	mào xiǎn	(16)
19.	敏感	mǐn gǎn	(17)
20.	萌芽	méng yá	(18)
21.	矛盾	máo dùn	(19)

N

1.	凝结	níng jié	(3)
2.	酿造	niàng zào	(5)
3.	黏	nián	(6)
4.	撵	niǎn	(6)
5.	内核	nèi hé	(7)

6.	呐喊	nà hǎn	(7)
7.	弄虚作假	nòng xū zuò jiǎ	(9)
8.	纳闷	nà mèn	(10)
9.	内幕	nèi mù	(15)
10.	能耐	néng nài	(18)
11.	捏造	niē zào	(20)

P

1.	抛售	pāo shòu	(1)
2.	颇	pō	(3)
3.	庞大	páng dà	(4)
4.	频繁	pín fán	(5)
5.	盘算	pán suàn	(5)
6.	攀谈	pān tán	(6)
7.	频率	pín lǜ	(8)
8.	贫瘠	pín jí	(10)
9.	普及	pǔ jí	(11)
10.	偏好	piān hào	(11)
11.	品牌	pǐn pái	(12)
12.	泡汤	pào tāng	(14)
13.	泡沫	pào mò	(15)
14.	赔偿	péi cháng	(16)
15.	凭空	píng kōng	(19)
16.	票据	piào jù	(20)

Q

1.	缺陷	quē xiàn	(3)
2.	迄今为止	qì jīn wéi zhǐ	(4)
3.	潜在	qián zài	(6)
4.	权益	quán yì	(7)
5.	权威	quán wēi	(7)
6.	欺诈	qī zhà	(7)
7.	前所未有	qián suǒ wèi yǒu	(8)
8.	其乐融融	qí lè róng róng	(9)
9.	气急败坏	qì jí bài huài	(9)
10.	全局	quán jú	(10)
11.	倾斜	qīng xié	(11)

12. 渠道	qú dào	(12)
13. 倾向	qīng xiàng	(12)
14. 取代	qǔ dài	(13)
15. 欠费	qiàn fèi	(14)
16. 前兆	qián zhào	(14)
17. 倾家荡产	qīng jiā dàng chǎn	(15)
18. 签署	qiān shǔ	(16)
19. 青睐	qīng lài	(16)
20. 勤奋	qín fèn	(17)
21. 签	qiān	(17)
22. 气色	qì sè	(18)
23. 曲突徙薪	qū tū xǐ xīn	(18)
24. 取决	qǔ jué	(19)
25. 取证	qǔ zhèng	(20)

R

1. 锐减	ruì jiǎn	(3)
2. 人去楼空	rén qù lóu kōng	(4)
3. 饶有兴趣	ráo yǒu xìng qù	(6)
4. 人不可貌相	rén bù kě mào xiàng	(6)
5. 任凭	rèn píng	(7)
6. 如是	rú shì	(8)
7. 如日中天	rú rì zhōng tiān	(11)
8. 人精	rén jīng	(12)
9. 人之常情	rén zhī cháng qíng	(13)
10. 融资	róng zī	(15)
11. 人性化	rén xìng huà	(16)

S

1. 世俗	shì sú	(1)
2. 实用主义	shí yòng zhǔ yì	(1)
3. 率先	shuài xiān	(2)
4. 收益	shōu yì	(2)
5. 失手	shī shǒu	(2)
6. 损失	sǔn shī	(3)
7. 式	shì	(3)
8. 索赔	suǒ péi	(3)

9.	双赢	shuāng yíng	(5)
10.	擅长	shàn cháng	(5)
11.	深奥	shēn ào	(6)
12.	市容	shì róng	(6)
13.	施舍	shī shě	(6)
14.	渗透	shèn tòu	(6)
15.	锁定	suǒ dìng	(6)
16.	琐事	suǒ shì	(7)
17.	私了	sī liǎo	(7)
18.	书目	shū mù	(8)
19.	殊荣	shū róng	(8)
20.	数落	shǔ luò	(9)
21.	失职	shī zhí	(9)
22.	随波逐流	suí bō zhú liú	(10)
23.	收成	shōu chéng	(10)
24.	数以万计	shǔ yǐ wàn jì	(10)
25.	使命	shǐ mìng	(11)
26.	奢侈	shē chǐ	(11)
27.	授权	shòu quán	(11)
28.	士气	shì qì	(11)
29.	杀价	shā jià	(12)
30.	殊不知	shū bù zhī	(12)
31.	识破	shí pò	(12)
32.	上当	shàng dàng	(12)
33.	盛产	shèng chǎn	(13)
34.	珊瑚	shān hú	(13)
35.	狩猎	shòu liè	(13)
36.	耸肩	sǒng jiān	(14)
37.	缩水	suō shuǐ	(15)
38.	慎重	shèn zhòng	(15)
39.	收支	shōu zhī	(17)
40.	数据	shù jù	(17)
41.	税务	shuì wù	(17)
42.	手术	shǒu shù	(18)
43.	失火	shī huǒ	(18)
44.	水渠	shuǐ qú	(18)
45.	寺庙	sì miào	(18)
46.	税收	shuì shōu	(19)
47.	食不果腹	shí bù guǒ fù	(19)

| 48. | 审计 | shěn jì | (20) |
| 49. | 水落石出 | shuǐ luò shí chū | (20) |

T

1.	统计	tǒng jì	(3)
2.	调节	tiáo jié	(3)
3.	体系	tǐ xì	(4)
4.	腆	tiǎn	(6)
5.	拖欠	tuō qiàn	(7)
6.	提成	tí chéng	(8)
7.	偷懒	tōu lǎn	(9)
8.	弹性	tán xìng	(11)
9.	途径	tú jìng	(12)
10.	调控	tiáo kòng	(13)
11.	淘汰	táo tài	(13)
12.	通货	tōng huò	(13)
13.	投资	tóu zī	(15)
14.	投机	tóu jī	(15)
15.	突飞猛进	tū fēi měng jìn	(16)
16.	踏实	tā shi	(17)
17.	脱口而出	tuō kǒu ér chū	(18)
18.	讨好	tǎo hǎo	(18)
19.	套取	tào qǔ	(20)
20.	贪污	tān wū	(20)

W

1.	微观	wēi guān	(2)
2.	无暇	wú xiá	(2)
3.	雾里看花	wù lǐ kàn huā	(3)
4.	无疑	wú yí	(3)
5.	无所不在	wú suǒ bù zài	(4)
6.	外贸	wài mào	(4)
7.	无懈可击	wú xiè kě jī	(5)
8.	玩转	wán zhuàn	(6)
9.	维权	wéi quán	(7)
10.	万般无奈	wàn bān wú nài	(9)
11.	无人问津	wú rén wèn jīn	(10)

12.	稳扎稳打	wěn zhā wěn dǎ	(11)
13.	无一例外	wú yī lì wài	(13)
14.	委员会	wěi yuán huì	(18)
15.	五花八门	wǔ huā bā mén	(19)

X

1.	下跌	xià diē	(1)
2.	挟持	xié chí	(2)
3.	需求	xū qíu	(2)
4.	席卷	xí juǎn	(2)
5.	相对	xiāng duì	(4)
6.	熙熙攘攘	xī xī rǎng rǎng	(4)
7.	效率	xiào lǜ	(5)
8.	消耗	xiāo hào	(5)
9.	兴许	xīng xǔ	(6)
10.	吓唬	xià hu	(7)
11.	虚拟	xū nǐ	(8)
12.	轩然大波	xuān rán dà bō	(9)
13.	想方设法	xiǎng fāng shè fǎ	(9)
14.	懈怠	xiè dài	(9)
15.	下属	xià shǔ	(11)
16.	需求	xū qiú	(13)
17.	象征	xiàng zhēng	(13)
18.	信函	xìn hán	(14)
19.	小额	xiǎo é	(14)
20.	血本无归	xuè běn wú guī	(15)
21.	卸	xiè	(16)
22.	细节	xì jié	(17)
23.	下账	xià zhàng	(17)
24.	行之有效	xíng zhī yǒu xiào	(18)
25.	消防	xiāo fáng	(19)
26.	歇业	xiē yè	(19)
27.	线索	xiàn suǒ	(20)
28.	虚构	xū gòu	(20)
29.	相差无几	xiāng chā wú jǐ	(20)
30.	嫌疑人	xián yí rén	(20)

Y

1.	窈窕	yǎo tiǎo	(1)
2.	一味	yī wèi	(1)
3.	营销	yíng xiāo	(2)
4.	一旦	yí dàn	(2)
5.	佣人	yōng rén	(3)
6.	业绩	yè jì	(4)
7.	隐忧	yǐn yōu	(4)
8.	异常	yì cháng	(5)
9.	愚蠢	yú chǔn	(5)
10.	应允	yīng yǔn	(5)
11.	予以	yǔ yǐ	(7)
12.	一针见血	yī zhēn jiàn xiě	(7)
13.	蕴含	yùn hán	(7)
14.	域名	yù míng	(8)
15.	意境	yì jìng	(9)
16.	踊跃	yǒng yuè	(9)
17.	异口同声	yì kǒu tóng shēng	(9)
18.	余地	yú dì	(11)
19.	依存	yī cún	(13)
20.	业务	yè wù	(14)
21.	引爆	yǐn bào	(16)
22.	愈发	yù fā	(16)
23.	原则	yuán zé	(17)
24.	烟囱	yān cōng	(18)
25.	引申	yǐn shēn	(19)
26.	隐蔽	yǐn bì	(20)
27.	一念之差	yī niàn zhī chā	(20)
28.	隐瞒	yǐn mán	(20)

Z

1.	逐年	zhú nián	(1)
2.	增值	zēng zhí	(1)
3.	资产	zī chǎn	(1)
4.	租赁	zū lìn	(1)
5.	自利	zì lì	(1)
6.	遵循	zūn xún	(1)

7.	诸多	zhū duō	(2)
8.	足不出户	zú bù chū hù	(2)
9.	指标	zhǐ biāo	(3)
10.	助长	zhù zhǎng	(3)
11.	主题	zhǔ tí	(4)
12.	制成品	zhì chéng pǐn	(4)
13.	直观	zhí guān	(4)
14.	注解	zhù jiě	(4)
15.	转型	zhuǎn xíng	(4)
16.	自给自足	zì jǐ zì zú	(5)
17.	支支吾吾	zhī zhī wú wú	(5)
18.	资深	zī shēn	(6)
19.	总监	zǒng jiān	(6)
20.	追捧	zhuī pěng	(8)
21.	众所周知	zhòng suǒ zhōu zhī	(8)
22.	照章办事	zhào zhāng bàn shì	(9)
23.	琢磨	zuó mo	(10)
24.	着落	zhuó luò	(10)
25.	震荡	zhèn dàng	(11)
26.	招儿	zhāo ér	(12)
27.	甄别	zhēn bié	(12)
28.	资本	zī běn	(13)
29.	质地	zhì dì	(13)
30.	职能	zhí néng	(13)
31.	追捧	zhuī pěng	(13)
32.	账户	zhàng hù	(14)
33.	值班	zhí bān	(14)
34.	抓捕	zhuā bǔ	(14)
35.	转手	zhuǎn shǒu	(15)
36.	遭遇	zāo yù	(16)
37.	宅	zhái	(16)
38.	专属	zhuān shǔ	(16)
39.	账目	zhàng mù	(17)
40.	资历	zī lì	(17)
41.	中央	zhōng yāng	(18)
42.	粥	zhōu	(18)
43.	占便宜	zhàn pián yi	(19)
44.	治安	zhì ān	(19)
45.	至关重要	zhì guān zhòng yào	(19)

附表2　本册经贸词条与注释总表

附表3　本册句型总表

经 贸 汉 语

（下）

主 编 戴东红

参 编 刘 哲 李 佳 李 倩

西安电子科技大学出版社

内 容 简 介

　　本教材是一本过渡性、衔接性的，针对来华留学生的专业汉语教材。全书分上、下两部分，每部分按经济篇、贸易篇、管理篇、金融篇、财会篇五个大类精心编选课文，每篇课文后辅以生词、经贸词条及注释、语法、练习，力求把语言学习和专业学习有机结合起来，让来华留学生在进一步提升汉语能力的基础上对经贸专业的词汇和知识有初步的接触和了解，激发专业学习兴趣并为专业学习打下基础。全书上、下两部分共 40 课，可供一学年教学使用，同时提供了配套 PPT 教学课件，以方便教师教学。

　　本书可作为来华留学生经贸类各专业、汉语言专业(经贸方向)的专业基础课和选修课教材，同时还可供从事经贸领域工作的外国友人自学使用。

前　　言

随着中国经济发展吸引力的增强和国际影响力的扩大，越来越多外国留学生来华学习经贸类专业(包括经济、贸易、管理、金融和财会等)课程。为帮助留学生提升专业汉语能力，更好地融入专业学习，国内各高校普遍为留学生开设了经贸汉语课程。然而，目前留学生经贸汉语课程的教材建设并未同步跟上：教材数量偏少，教学选择余地不大；学科覆盖面过窄，专业针对性不强；部分内容过时老旧，不再适合教学使用。本书力求为经贸类留学生专业汉语教学提供一本反映学科专业发展、体现教学针对性、内容新颖的专业型、实用型教材。

全书分上、下两部分，由浅入深，供一学年教学使用；每部分按经济篇、贸易篇、管理篇、金融篇、财会篇五个大类精心编选课文，每篇课文后辅以生词、经贸词条及注释、语法、练习，把语言学习和专业学习有机结合起来，让来华留学生在进一步提升汉语能力的基础上对经贸专业的词汇和知识有初步的认识和了解，激发其专业学习兴趣并为专业学习打下基础。同时，本书还提供了配套教学课件，以方便教师教学使用。

本书主要具有以下特点：一是难度适中，基于尚未进入专业学习的外国留学生的现实状况，考虑到他们的汉语储备、专业学习需要一个适应、磨合的过程，所以教材在词汇选取和内容选编的难度上进行了把控；二是选材恰当，考虑到汉语教材的定位和留学生专业背景的缺失，教材强调课文编排的通俗性、可读性、多样性，强调与留学生的语言能力、理解能力相匹配、相适应；三是内容严谨，考虑到学科专业的特点，特别注重选材内容的得当、精准，涉及专业领域的基本概念和知识务求解释到位；四是练习充分，每篇课文后都附有大量紧扣课文的练习，以方便留学生对常用词语、句式语法、课文篇章段落等进行深入理解。

本书的编写团队由多年从事留学生经贸汉语教学的教师组成，他们了解留学生的特点和学习特征，教学经验丰富，对经贸汉语教学有着深入的专业研究。参编人员具体分工如下：戴东红负责教材的立项、设计、统稿和审定，并负责第一课至第十一课、第十五课至第十六课、第十八课至第二十八课、第三十课、第三十二课、第三十五课至第三十六课、第三十八课至第四十课和全书附录的编写(约 16 万字)及相应配套课件的制作；刘哲负责第十七课、第三十一课、第三十三课、第三十七课的编写(约 1.7 万字)及相应配套课件的制作；李佳负责第十三课、第十四课、第三十四课的编写(约 1.3 万字)及相应配套课件的制作；李倩承担了第十二课、第二十九课初稿的编写(约 0.9 万字)。

在本书的编写过程中，北京信息科技大学教务处处长兼国际交流学院院长王兴芬教授提供了建设性的指导意见，对本书编写给予了极大的鼓励和支持。本书的出版也得到了西安电子科技大学出版社毛红兵女士的鼎力支持和帮助。在此一并向她们表示最真诚的感谢和敬意！

由于编者水平有限，书中难免存在疏漏和不足之处，敬请同行专家和广大读者批评指正。

编　者
2017 年 12 月

目　录

导　　读

· 编写说明

　　《经贸汉语》是一本过渡性、衔接性的，针对来华留学生的专业汉语教材。全书分上、下两部分，每部分根据专业方向分为经济篇、贸易篇、管理篇、金融篇和财会篇五个大类，每大类都围绕专业方向编选涉及最基本、最重要知识点的课文。每部分各二十课，每单元四课，力求为学习经贸类专业课程的留学生提供一个较为完整的专业知识体系框架，使教材的适用面更为广泛，同时帮助留学生接触专业基本词汇并掌握常用的典型句式。

　　《经贸汉语(下册)》在专业内容选择上有所拓展，在难度上有所加深。编写思路如下：

　　经济篇：选择了经济学基础、微观经济学、宏观经济学和中国经济四个专业内容。希望通过这些内容的学习，学生能够对经济学及中国经济概貌有进一步的了解，同时打牢相应的语言基础。在对应上述四个专业内容基础上，分别以"稀缺与效率：经济学的双重主题"、"选择的智慧"、"有时，解决衰退的方法简单得令人吃惊"和"'一带一路'正把中国故事变成世界故事"四个话题编写了第二十一课、第二十二课、第二十三课和第二十四课。

　　贸易篇：选择了国际贸易、市场营销、经济法和电子商务四个基本专业内容，覆盖了国际和国内、线上和线下的贸易活动以及贸易中的营销手段和法律约束等内容。希望通过这些内容的学习，学生能够对贸易活动的形式和要求有进一步的了解，同时打牢相应的语言基础。在对应上述四个专业内容基础上，分别以"自由贸易还是贸易保护"、"营销智慧ABC"、"对合同认识的几个常见误区"和"电商未来畅想曲"四个话题编写了第二十五课、第二十六课、第二十七课和第二十八课。

　　管理篇：选择了人力资源、战略与战略管理、成本和质量、信息管理四个基本专业内容，涵盖了人力资源、发展战略、成本和质量及信息等重要的管理环节。希望通过这些内容的学习，学生能够进一步了解工商管理的内容和要求，同时打牢相应的语言基础。在对应上述四个专业内容基础上，分别以"人才流动远非一场说走就走的旅行"、"成为'使事情发生的企业'"、"找到成本与质量的最合理区间"和"大数据时代企业要打好信息资源攻坚战"四个话题编写了第二十九课、第三十课、第三十一课和第三十二课。

　　金融篇：选择了货币、银行、证券和保险四个基本专业内容。希望通过这些内容的学习，学生能够对金融主要组成部分及其功能作用有进一步的了解，同时打牢相应的语言基础。在对应上述四个专业内容基础上，分别以"关于货币的追问"、"银行理财钱生钱"、"证券市场的'股神'与'大鳄'"和"保险的本质是保障"四个话题编写了第三十三课、第三十四课、第三十五课和第三十六课。

　　财会篇：选择了财务会计、财务管理、税务和注册会计师四个基本专业内容。希望通过这些内容的学习，学生能够进一步了解财会工作的内容和性质，同时打牢相应的语言基础。在对应上述四个专业内容基础上，分别以"学会看懂财务报表"、"故事中的财务管理(下)"、"增税还是减税"和"财经职业资格的巅峰之选"四个话题编写了第三十七课、

第三十八课、第三十九课和第四十课。

· **使用建议**

课文部分：作为一**本**过渡性、衔接性的，针对留学生的专业汉语教材，本教材在课文编选时尽量避免直接选用专业型文章，保持了汉语教材的故事性和趣味性，整体难度适中。建议在教学过程的课文处理环节，以训练学生抓主旨、通篇理解能力为主，教师可引导学生归纳、总结，概括课文梗概和主要内容。

生词部分：每课生词基本控制在 30 个以内，词汇表中只给出生词在课文中的基本解释，以方便学生准确理解课文。建议在生词处理时配合课后练习，重点词汇重点讲解。

经贸词条及注释部分：建议配合课文讲解，力求使学生理解词条的经济含义或意义。

语法部分：讲清句式结构，反复操练，使学生最终理解并掌握。

练习部分：选词填空、词语造句、短文填空和回答问题的练习是为了帮助学生复习、掌握课文的重点词语和句型，应鼓励学生当堂独立完成。阅读与写作作为提升拓展部分，可以布置成作业，由学生课下自学完成，老师检查并点评。

经济篇

第二十一课 稀缺与效率：经济学的双重主题

经济学是一门很有意思的学科，它到底研究什么？经过千锤百炼，各种主题的 PK，以萨缪尔森为代表的经济学家们认为，经济学研究的核心其实只有五个字——**稀缺**性、效率。

▶ 课文

经济学是什么？半个多世纪以来，经济学已经**涵盖**了**形形色色**的论题。比如，经济学研究金融市场行为，探究一些国家或人群保持富裕而另一些国家或人群却持续贫穷的根源，研究经济**周期**①，考查国际贸易、国际金融和全球**化**②的经济影响，关注发展中国家的发展……显然这是一份不错的清单，也许你还可以将它扩展好多倍。但是，如果将所有这些定义加以**提炼**的话，我们就会发现其中存在着一个共同的主题：经济学(Economics)研究的是一个社会如何利用稀缺的资源生产有价值的商品，并将它们在不同的人中间进行分配。

这个定义的背后**隐含**着经济学的两大核心思想，即物品和资源是稀缺的，以及社会必须有效地加以利用。事实上，正是存在着稀缺性和人们追求效率的愿望，才使得经济学成了一个重要的学科。

(一) 关 于 稀 缺

不妨考虑一个不存在稀缺的社会。如果能无限量地生产出各种物品，或者如果人类的欲望能够完全得到满足，那么会产生什么样的后果？既然人们拥有了自己想要拥有的一切东西，当然也就不必再担心花光其目前有限的收入，而企业也不必为劳动成本和医疗保健问题犯愁，政府则不用再为税收、**支出**和环境污染等问题而大**伤脑筋**，因为谁都不再在乎这些问题了。此外，既然我们所有的人都能够**随心所欲**地得到自己想要的东西，那么也就没有任何人会去关心不同的人或不同阶层之间的收入分配是否公平的问题。在这个**丰裕**而理想的**伊甸园**里，所有的物品都实行免费，仿佛沙漠中的沙子和海洋中的海水。所有的价格也都因此变成了"零"，市场也因此而变得可有可无。如果是，则经济学当然也就不再是一个有用的学科。

然而，任何现实社会都绝不是那种拥有无限可能性的"**乌托邦**"，而是一个到处都充满着经济品的稀缺的世界。稀缺是指这样一种状态：相对于需求，物品总是有限的。**实事求是**的观察家都不会否认，尽管经历了两个世纪的经济快速增长，美国的生产能力还是不能完全满足每个人的欲望。如果将所有的需要加总起来，你立刻就会发现，现有的物品和劳务甚至根本无法满足每个人的消费欲望中很小的一部分！我们的国民产出须得扩大很多很多倍，才有可能使得普通的美国人都能达到医生或联赛棒球手那样高的生活水准。更何况在美国以外的国家，特别是非洲和亚洲地区。在那里，成千上万的人甚至还处于**饥寒交迫**之中。

(二) 关 于 效 率

　　鉴于人的欲望的无限性，就一项经济活动而言，最重要的事情当然就是最有效地利用其有限的资源，这使我们不得不面对效率这个关键性的概念。效率是指最有效地使用社会资源，以满足人类的愿望和需要。相反，如若一个经济中**充斥**着恶性竞争、严重污染和政府**腐败**，它当然只能生产出少于"无上述问题"时该经济原本可以生产的物品，或者还会生产出一大堆不**对路**的物品，这会使消费者的**境遇**比本该出现的情况要差。这些问题都是资源未能有效**配置**的后果。在经济学中我们这样讲：在不会使其他人境况变坏的前提下，如果一项经济活动不再有可能增进任何人的经济福利，则该项经济活动就被认为是有效率的。

　　经济学的**精髓**之一在于承认稀缺性是一种现实存在，并探究一个社会如何进行组织才能最有效地利用其资源。这一点，可以说是经济学伟大而独特的贡献。

（资料来源：作者保罗·萨缪尔森，《经济学(第16版)》，人民邮电出版社 有改编）

▶ 生词

1. 千锤百炼　qiān chuí bǎi liàn (成)　对文章和作品进行多次精心的修改，也指经历多次艰苦斗争的锻炼和考验；thoroughly tempered

2. 稀缺　　　xī quē　　　　　(形)　稀少，短缺；scarcity

3. 涵盖　　　hán gài　　　　 (动)　包括，包容；cover

4. 形形色色　xíng xíng sè sè (形)　形容事物种类繁多，各种各样； various

5. 周期　　　zhōu qī　　　　 (名)　事物在运动、变化过程中，某些特征多次重复出现，其连续两次出现所经过的时间叫周期；cycle

6. ……化　　huà　　　　　　(缀)　用在名词或形容词后，表示转变成某种性质或状态，使成为，使变成；[-ize；-ify]

7. 提炼　　　tí liàn　　　　　(动)　从芜杂的事物中找出有概括性的东西；distill

8.	隐含	yǐn hán	(动)	隐约含有，暗含；implied
9.	不妨	bù fáng	(副)	表示可以这样做，没有什么妨碍；might as well
10.	支出	zhī chū	(名)	支付的款项；expenditure
11.	伤脑筋	shāng nǎo jīn	(动)	形容事情难办，费心思；puzzle over
12.	随心所欲	suí xīn suǒ yù	(成)	一切都由着自己的心意，想怎么做就怎么做；do as one wishes
13.	丰裕	fēng yù	(形)	富裕，富足；abundance
14.	伊甸园	yī diàn yuán	(名)	基督教圣经中指人类祖先居住的乐园；eden
15.	乌托邦	wū tuō bāng	(名)	本意为"没有的地方"或者"好地方"，后泛指不能实现的愿望、计划等；utopia
16.	实事求是	shí shì qiú shì	(成)	从实际情况出发，不夸大，不缩小；seek truth from facts
17.	饥寒交迫	jī hán jiāo pò	(成)	又饿又冷，形容生活极端贫困；suffer hunger and cold
18.	鉴于	jiàn yú	(介)	关于，考虑到；in view of
19.	充斥	chōng chì	(动)	充满，塞满(含贬义)；be full of
20.	腐败	fǔ bài	(形)	(国家、制度、组织、机构、措施等)混乱、黑暗，行为堕落；corrupt
21.	对路	duì lù	(形)	合乎需要，合乎要求；right
22.	境遇	jìng yù	(名)	境况和遭遇；situation
23.	配置	pèi zhì	(动)	配备布置；distribute
24.	精髓	jīng suǐ	(名)	比喻事物最重要、最好的部分；quintessence

▶ 经贸词条及注释

① 经济周期

经济周期(business cycle)也称商业周期，一般是指经济活动沿着经济发展的总体趋势所经历的有规律的扩张和收缩。它是国民总产出、总收入和总就业的波动，是国民收入或总体经济活动扩张与紧缩的交替或周期性波动变化。

② 全球化

全球化(globalization)是指全球联系不断增强，人类生活在全球规模的基础上发展，以及全球意识的崛起。国与国之间在政治、经济贸易上互相依存。

▶ 语法

1. ……加以 v.

用在多音节的动词前，表示如何对待或处理前面所提到的事物。例如：

① 将所有这些定义加以提炼的话，我们就会发现其中存在着一个共同的主题。

② 如果我们将问题加以汇总分析，就可以找到解决问题的办法。

③ 请您对我们的工作多提宝贵意见，我们将虚心接受并认真加以改进。

2. 不妨……

表示可以这样做，没有什么妨碍。例如：

① 不妨考虑一个不存在稀缺的社会。

② 这种办法没有用过，不妨试试。

③ 你有什么意见，不妨当面提出来。

3. 鉴于……

表示以某种情况为前提加以考虑，指出后一个分句行为的依据、原因或理由，前边一般不用主语。例如：

① 鉴于人的欲望的无限性，就一项经济活动而言，最重要的事情当然就是最有效地利用其有限的资源。

② 鉴于你我双方的长期贸易关系，我们可以做成这笔交易。

③ 鉴于群众反映，我们准备开展质量检查。

▶ 练习

(一) 选词填空

充斥　乌托邦　隐含　伤脑筋　随心所欲　涵盖　精髓　饥寒交迫　提炼　伊甸园

1. 经济学已经(　　　　)了形形色色的论题。

2. 经济学的(　　　　)之一在于承认稀缺性是一种现实存在，并探究一个社会如何进行组织才能最有效地利用其资源。

3. 这个定义的背后(　　　　)着经济学的两大核心思想。

4. 政府则不用再为税收、支出和环境污染等问题而大(　　　　)。

5. 在这个丰裕而理想的(　　　　)里，所有的物品都实行免费。

6. 任何现实社会都绝不是那种拥有无限可能性的(　　　　)，而是一个到处都充满着经济品的稀缺的世界。

7. 如若一个经济中(　　　　　　)着恶性竞争、严重污染和政府腐败，它当然只能生产出少于"无上述问题"时该经济原本可以生产的物品。

8. 特别是非洲和亚洲地区，成千上万的人甚至还处于(　　　　　　)之中。

9. 如果将所有这些定义加以(　　　　　　)的话，我们就会发现其中存在着一个共同的主题。

10. 假设我们所有的人都能够(　　　　　　)地得到自己想要的东西。

(二) 词语造句

1. 形形色色： _____。

2. 加以： _____。

3. 不妨： _____。

4. 鉴于： _____。

5. 对路： _____。

(三) 短文填空

1. 不妨考虑一个不存在稀缺的社会。(　　　　)能无限量地生产出各种物品，(　　　　)如果人类的欲望能够完全得到满足，那么会产生什么样的后果呢？(　　　　)人们拥有了自己想要拥有的一切东西，(　　　　)也就不必再担心花光其目前有限的收入。而企业也不必为劳动成本和医疗保健问题犯愁；政府则不用再为税收、支出和环境污染等问题而大伤脑筋，(　　　　)谁都不再会在乎这些问题。此外，(　　　　)我们所有的人都能够随心所欲地得到自己想要的东西，(　　　　)，也就没有任何人会去关心不同的人或不同阶层之间的收入分配是否公平的问题。

2. 稀缺是指这样一种状态：相对于需求，物品总是有限的。实事求是的观察家都不会否认，(　　　　)经历了两个世纪的经济快速增长，美国的生产能力还是不能完全满足每个人的欲望。(　　　　)将所有的需要加总起来，你立刻就会发现，现有的物品和劳务甚至根本无法满足每个人的消费欲望中很小的一部分！我们的国民产出须得扩大很多很多倍，才有可能使得普通的美国人都能达到医生或联赛棒球手那样高的生活水准。(　　　　)在美国以外的国家，特别是非洲和亚洲地区。在那里，成千上万的人甚至还处于饥寒交迫之中。

(四) 回答问题

1. 文章介绍的经济学双重主题分别是什么？
2. 谈一谈你怎么理解稀缺和效率？
3. 谈一谈你怎么理解经济学研究？

(五) 阅读与写作

关于资源稀缺性的理解

资源稀缺性强调的不是资源绝对数量的多少，而是相对于人类社会需要的无限性而言的资源的有限性。从这一点来理解，资源的稀缺性是一个相对性的概念，它产生于人类对欲望的求足和资源的不足之间的矛盾中。某种资源的绝对数量可能很多，但人们所需要的更多；某些资源的数量是相对固定的，如土地，而人类的需要是无限增长的。随着人类社会的发展，土地资源的稀缺性会表现的越来越突出。

对于人类社会来说，资源稀缺性的存在是一个永恒的问题。除能自由取用资源外，其他资源都是稀缺资源，任何人、任何社会都无法摆脱资源的稀缺性。因此，资源稀缺性的存在是人类社会必须面对的基本事实。随着社会发展以及生产和生活条件的不断进步，人类的需要会不断增长。需要的无限性是人类社会前进的动力，人类永远都要为满足自己不断产生的需要而奋斗。

经济学研究的问题是由于资源稀缺性的存在而产生的，没有资源稀缺性就没有经济学研究的必要性。如在农业生产中，需要解决的主要经济问题是如何通过合理配置和利用土地、种子、机械设备、劳动等稀缺性资源，使之与自然界中的空气、阳光等可自由取用资源相结合，生产出更多的产品，满足人类社会不断增长的物质和文化生活的需要。

(资料来源：作者高鸿业,《经济学基础》, 中国人民大学出版社　有改编)

1. 尝试用三个词汇来概括本文关于资源稀缺性的要点
　　①_____　　　　　②_____　　　　　③_____

2. 资源的稀缺性是相对于人的无穷无尽的欲望而言的，就像中国的一句俗语"人心不足蛇吞象"。关于人类无限的欲望，你是怎么看的呢？请把你的看法写下来。

第二十二课　选择的智慧

　　人的一生，只有一件事不能自己选择——自己的出身。其他一切，都由自己选择而来。人生不过是一连串选择的过程，选择有大有小，所有的选择都可能影响我们人生的结果。若想有一个成功的人生，我们必须降低错误选择的几率，减少做错误选择的风险。

▶ 课文

(一) 用最小的机会成本为人生买单

　　机会成本①是指为了得到某种东西而所要放弃的另一样东西，简单地讲，可以理解为把一定资源投入某一用途后所放弃的在其他用途中所能获得的利益。比如大学毕业是继续读研究生还是去工作，如果你选择读研究生，意味着你放弃了参加工作今后三年可能获得的收入，这笔收入就是做出读研选择的机会成本。

　　机会成本的概念始于资源的稀缺性。在这个世界上，任何一种资源都是有限的，而有限的资源又可以有多种用途，把资源用于某种用途就会在同时放弃其他选择，正所谓，"**鱼与熊掌不可兼得**"。

　　有这样一个故事，父亲给孩子带来一则消息，某一知名跨国公司正在招聘计算机网络员，录用后薪水自然是丰厚的，而且这家公司很有发展潜力。孩子当然是很想应聘的，可在职校培训已近**尾声**了，要真的给聘用了，一年的培训就算**夭折**了，连张结业证书都拿不上。孩子犹豫了，父亲笑了，说要和孩子做个游戏。他把刚买的两个大西瓜放在孩子面前，让孩子先抱起一个，然后，要孩子再抱起另一个。孩子瞪圆了眼，**一筹莫展**。抱一个已经够沉的了，两个是没法抱住的。"那你怎么把第二个抱住呢？"父亲追问。孩子愣住了，半天也想不出招来。父亲叹了口气说："哎，你不能把手上的那个放下来吗？"孩子似乎缓过神来，是呀，放下一个，不就能抱上另一个了吗？孩子这么做了。于是父亲提醒：这两个总得放弃一个，才能获得另一个，就看你自己怎么选择了。孩子**顿悟**，最终选择了应聘，放弃了培训。后来，他**如愿以偿**地进入了那家跨国公司。

有一得，必有一失，经济学假设人们在理性的指导下，将有限的资源进行最优化的资源配置②，以实现效益的最大化。也就是说，理性的经济人③在做出选择时，必须考虑机会成本，并且会选择机会成本相对较小的选项，从而达到资源的最优化配置。

(二) 忘掉沉没成本，更好的总在前方

人们在决定是否去做一件事情的时候，不仅是看这件事对自己有没有好处，而且也看过去是不是已经在这件事情上有过投入。我们把这些已经发生且不可收回的支出，如时间、金钱、精力等称为"沉没成本④"。

生活中，沉没成本成为不少人**执迷不悟**的理由。有一位先生，总是戴着一条颜色很不**和谐**的领带。当他的朋友终于忍不住告诉他这条领带并不适合他时，他竟然回答说，"哎，其实我也觉得这条领带不是很适合我，可是没有办法啦，花了五百多块钱买的，总不能就扔在抽屉里睡大觉吧？那不是白白浪费了。"行为科学的许多研究表明，正常人往往是**亚理性**的。我们所说的"既然买了领带，就戴上吧"，实际上都是想通过这种"把事情进行下去"的方式来**挽回**沉没成本。

经济学家则认为，如果你是理性的，那就不该在做决策时考虑沉没成本。请你**扪心自问**，你花钱买领带的目的是什么？如果领带不能达到这个目的，那还有什么回报可言吗？仔细想想你就会明白，我们真正的**回报**并不是戴上领带，**终极**的回报是自己开心。戴不喜欢的领带给你带来的是负效用，那么你不仅没有"挽回"曾经沉没的成本，反而招致更大的浪费——不好看的领带让自己觉得别扭。

英国一位首相劳哈·乔治以关门理论著称。一次与朋友外出办事，乔治每经过一扇门都**小心翼翼**地关好，那位朋友说，"你没有必要把这些门都关上。"乔治说："当然有必要。我这一生都在不断地关闭身后的门，你知道，这是每个人都必须做的事。在你关门的同时，也把过去的一切全部留在了门后面。然后我才能重新开始，向前行进。" 劳哈·乔治的关门理论反映的也是一种**不计沉没成本**的**心态**，是一种向前看的理性心态。

记住，不要因为存在沉没成本而影响了你的理性决策，更不要被"沉没成本"缠绕住了前进的脚步。机会永远在未来，而不在过去。

(资料来源：作者南峰，《二三十岁要懂的经济学诡计》，

https://nuoha.com/book/10853/00010.html 有改编)

▶ 生词

1. 几率　　jī lù　　(名)　　事件发生的可能性；probability

2. 买单　　mǎi dān　　(动)　　为账单付账；pay the bill

3. 鱼与熊掌不可兼得　yú yǔ xióng zhǎng bù kě jiān dé(成)　两项之中只能得其一；you can't have it both ways

4. 尾声　　wěi shēng　　(名)　　泛指结束阶段；end

5. 夭折	yāo zhé	(动)	比喻事情中途废止；come to a premature-end
6. 一筹莫展	yī chóu mò zhǎn	(成)	形容遇事拿不出一点办法，没有任何进展；be nonplussed over sth.
7. 顿悟	dùn wù	(动)	猛然醒悟；insight
8. 如愿以偿	rú yuàn yǐ cháng	(成)	指愿望实现；to have one's wish fulfilled
9. 执迷不悟	zhí mí bù wù	(成)	坚持错误而不觉悟；refuse to realize one's error
10. 和谐	hé xié	(形)	和睦协调；harmonious
11. 亚	yà	(形)	次一等的；second
12. 挽回	wǎn huí	(动)	扭转不利局面；to retrieve
13. 扪心自问	mén xīn zì wèn	(成)	表示自我反省；to search in one's heart
14. 回报	huí bào	(名)	报答； (in) return
15. 终极	zhōng jí	(名)	最终，最后；final
16. 小心翼翼	xiǎo xīn yì yì	(形)	形容谨慎小心，一点不敢疏忽；very carefully
17. 不计	bù jì	(动)	不计较，不考虑；disregard
18. 心态	xīn tài	(名)	心理状态；psychology

▶ 经贸词条及注释

① 机会成本

机会成本(opportunity cost)是指做一个选择后所丧失的不做该选择而可能获得的最大利益，也可以理解为把一定资源投入某一用途后所放弃的在其他用途中所能获得的利益。

② 资源配置

资源配置(resource allocation)，是指资源的稀缺性决定了任何一个社会都必须通过一定的方式，把有限的资源合理分配到社会的各个领域中去，以实现资源的最佳利用。资源配置合理与否，对一个国家经济发展的成败有着极其重要的影响。

③ 理性经济人

理性经济人假定是经济学家在做经济分析时关于人类经济行为的一个基本假定，意思是作为经济决策的主体都是充满理性的，即所追求的目标都是使自己的利益最大化。具体来说，就是消费者追求效用最大化；厂商追求利润最大化；要素所有者追求收入最大化；政府追求目标决策最优化。

④ 沉没成本

沉没成本(sunk cost)是指由于过去的决策已经发生了的，而不能由现在或将来的任何决策改变的成本。人们在决定是否去做一件事情的时候，不仅是看这件事对自己有没有好处，而且也看过去是不是已经在这件事情上有过投入。我们把这些已经发生且不可收回的支出，如时间、金钱、精力等称为"沉没成本"。

▶ 语法

1. 正所谓……

强调正是所说的，多用于复说、引证等，以证明自己的观点。例如：

① 把资源用于某种用途就会在同时放弃其他选择，正所谓，"鱼与熊掌不可兼得"。

② 正所谓"不听老人言，吃亏在眼前"，我果然上当了。

③ 老师批评同学们虽然严厉，但却是为了同学们好，正所谓忠言逆耳啊。

2. 以……(而)著称

因为……而出名。例如：

① 英国一位首相劳哈·乔治以关门理论著称。

② 中国十大名山之一的华山以"险"著称。

③ 一个以浪漫著称的国度——法国。

▶ 练习

(一) 选词填空

几率　买单　亚　挽回　执迷不悟　不计　和谐　配置

1. 生活中，沉没成本成为不少人(　　　　)的理由。

2. 将有限的资源进行最优化的资源(　　　　)，以实现效益的最大化。

3. 实际上很多人是想通过这种"把事情进行下去"的方式来(　　　　)沉没成本。

4. 若想有一个成功的人生，我们必须降低错误选择的(　　　　)，减少做错误选择的风险。

5. 用最小的机会成本为人生(　　　　)。

6. 有一位先生，总是戴着一条颜色很不(　　　　)的领带。

7. 行为科学的许多研究表明，正常人往往是(　　　　)理性的。

8. 劳哈·乔治的关门理论反映的也是一种(　　　　)沉没成本的心态，是一种向前看的理性心态。

(二) 词语造句

1. 风险：_____。

2. 正所谓：_____。

3. 以……著称：_____。

4. 小心翼翼：_____。

5. 心态：_____。

(三) 短文填空

1. 有这样一个故事，父亲给孩子带来一(　　　　)消息，某一知名跨国公司正在招聘计算机网络员，录用后薪水自然是丰厚的，而且这家公司很有发展潜力。孩子当然是很想应聘的，可在职校培训已近(　　　　)了，要真的给聘用了，一年的培训就算(　　　　)了，连张结业证书都拿不上。孩子犹豫了，父亲笑了，说要和孩子做个游戏。他把刚买的两个大西瓜放在孩子面前，让孩子先抱起一个，然后，要孩子再抱起另一个。孩子瞪圆了眼，(　　　　)。抱一个已经够沉的了，两个是没法抱住的。"那你怎么把第二个抱住呢？"父亲追问。孩子愣住了，半天也想不出(　　　　)来。父亲叹了口气说："哎，你不能把手上的那个放下来吗？"孩子似乎缓过神来，是呀，放下一个，不就能抱上另一个了吗？孩子这么做了。于是父亲提醒：这两个总得放弃一个，才能获得另一个，就看你自己怎么选择了。孩子(　　　　)，最终选择了应聘，放弃了培训。后来，他(　　　　)地进入了那家跨国公司。

2. 经济学家则认为，如果你是理性的，那就不该在做决策时考虑沉没成本。请你(　　　　)，你花钱买领带的目的是什么？如果领带不能达到这个目的，那还有什么(　　　　)可言吗？仔细想想你就会明白，我们真正的回报并不是戴上领带，(　　　　)的回报是自己开心。戴不喜欢的领带给你带来的是负效用，那么你不仅没有"挽回"曾经沉没的成本，反而招致更大的浪费——不好看的领带让自己觉得别扭。

(四) 回答问题

1. 文章介绍的"选择的智慧"是什么？
2. 谈一谈你怎么理解机会成本。
3. 谈一谈你怎么理解沉没成本。

(五) 阅读与写作

免费的午餐一定有毒：一切的收益都需要付出成本

经济学中有一个著名的典故，说的是一位国王命令大臣们找一个能确保人民生活幸福的永世法则。三个月后，大臣们把三本三尺厚的帛书呈给国王，说，"国王陛下，天下的知识都汇集在这三本书内。只要人民读完它，就能确保他们的生活无忧了。"国王想，大多数人是不会花那么多时间去看书的，所以命令大臣们把书的内容压缩简化。过了三个月，大臣们把三本简化成一本，可国王还是不满意。又过了三个月，大臣们把一张纸呈给国王。国王看后非常满意地说："很好，只要我的人民日后都真正奉行这宝贵的智慧，我相信他们一定能过上富裕幸福的生活。"说完后便重重地奖赏了这些大臣们。

这张纸上只写了一句话：天下没有免费的午餐。

是的，天下没有免费的午餐，"免费"不过是个幌子，在那些令你怦然心动的利益背后，总有你不愿看到的另一面。那些白白送你的"好处"都是充满危险的，因为它们通常不是涉及一个骗局，就是其中包括隐藏的义务和责任。一切有价值的东西都需要你为之付账，当你以自己的方式支付之后，你才能和罪恶、欺骗与谎言等划清界限。

就像经济学中成本与收益的概念，人人都希望收益大于成本，假如成本是零就更好了。在这种追求最大利益的心理下，人们就会呈现非理性的一面。或许非理性与真正的理性，就是在这时<u>泾渭分明</u>的。

(资料来源：作者南峰，《二三十岁要懂的经济学诡计》，

https://nuoha.com/book/10853/00010.html 有改编)

1. 尝试写出文中划线词语的解释

① 典故：_____。

② 奉行：_____。

③ 幌子：_____。

④ 怦然心动：_____。

⑤ 泾渭分明：_____。

2. "天下没有免费的午餐"，你认同这个观点么？把你的想法简单写下来。

第二十三课　有时，解决衰退的方法
简单得令人吃惊

　　直到今天，经济学家们仍然无法完全**阐释**经济危机①和经济萧条②的本质，尽管他们依然为此努力着……如果真是这样的话，那么我们的努力岂不是毫无用处？学习宏观经济学岂不是浪费时间？请先别着急，让我们去看看曾经在美国国会山托儿合作社中的发生的故事，或许这会让你改变对宏观经济学的看法。

▶ 课文

(一) 有时，解决衰退的方法简单得令人吃惊

　　斯威尼夫妇参加了这样一个托儿合作社，孩子的父母大多是在国会上班的人，总共约有 150 对夫妇，大家彼此都愿意照顾孩子。这些年轻的夫妇们共同组成了这家国会山托儿合作社，故事也就从这里发生了。

　　托儿合作社管理最大的难点在于，必须确保每对夫妇都公平地做贡献。像许多类似机构一样，这家国会山合作社以发行**凭证**的方法来解决管理问题。

　　托儿合作社使用的凭证是一种**票券**，每张票券的持有者有权得到一小时的照顾婴儿服务，代人照顾婴儿的人在完成工作后，会根据工作时间从婴儿家长那里得到相应数量的票券。显然，这样做的好处就是避免有人**推卸**责任，它会自动确保随着时间的推移，每对夫妇提供的托儿服务时间恰好等于他们得到的托儿服务时间。

　　这貌似是一个**万无一失**的制度，但是实际上它运行了一段时间后几乎陷入到**崩溃**的**边缘**。因为人们很快发现，这一体系需要有大量的凭证投入**流通**。连续几天晚上有空又暂时没有外出计划的夫妇将会努力**囤积**票券，以备**不时之需**，而在他们积累的时候，其他夫妇的票券**储备**肯定会相应减少。时间一长，各对夫妇一般都想保留足够多的票券储备，以便在不代人照顾婴儿的时候，能够连续外出几天。

另一些夫妇担心自己的票券储备将会不够，于是很想代人照顾婴儿，而不大愿意外出。于是代人照顾婴儿的机会变得稀少了，这使得各对夫妇更加注意维持自己的票券储备；除非情况特殊，否则不愿意轻易使用，这又使得代人照顾婴儿的机会更为稀缺……

结果，突然之间票券的流通量变得不够了，婴儿仍然是同样多，父母也没有变化，可是流通的票券却变少了，少得难以满足合作社的需要了。国会山托儿合作社，这个最微小的经济体，陷入了"**通货紧缩**③"和"衰退"之中……

真实世界里发生的各种经济现象其实一点都不**离奇**，尽管经济学家构造了各种各样的复杂数学模型，但是当我们用简单的故事描述出来时，你会发现其实原本是如此简单和有趣……国会山托儿合作社就是这样一个例子，我们可以借此来**洞察**，真正的经济体为何会**繁荣**或**衰落**。

国会山托儿合作社为何陷入衰退呢？并不是社员们不会照顾婴儿，这家合作社的"产能"没有出问题；它的问题只不过是"有效需求④"不足——由于人们**竭力**积累现金(托儿券)，因而花在真实商品(托儿时间)上的消费太少了。那么，合作社的管理者如何面对这场"衰退"呢？这才是经济学家们最感兴趣的内容。

起初，合作社的管理者规定，每对夫妇每月至少外出两次，可是大家似乎很难接受这样的方案。后来，管理者们开始增加票券的发行量。这个措施带来了神奇的结果：有了更多的票券储备，社员变得更愿意外出了，于是代人照顾婴儿的机会充裕多了，这又让社员更加愿意外出，如此循环不已。由于得到别人照顾的婴儿人数大大增加，这家合作社的"托儿生产总值"也突飞猛进。

实际上，这也不是因为社员更会照顾婴儿了，托儿合作社也没有经历什么根本性变革，原因不过是托儿券的发放政策发生了变化。换句话说，印钞票就能对抗衰退。有时，解决衰退的方法简单得令人吃惊。

(二) 用经济学的眼光看世界

然而，一个问题解决了，另一个问题又来了……

因为大家都愿意在夏天使用票券，所以这就需要积累一定数量的票券，结果谁也不愿意在冬天使用票券，最终等待大家的只能是一场冬天里的萧条。因为尽管**利率**是零，但人们依然希望将冬天代人照顾婴儿赚来的票券储存下来，留到夏天使用。

面对这种情况，所有经济学家都会马上意识到，解决办法在于用合理的价格来调整"供需"。应该明确规定，如果把冬天赚到的点数保留到夏天，它就会贬值，比如说，冬天赚到的 5 小时请人照顾婴儿的权利，到夏天就会缩减为 4 小时。这将促使人们及早消费票券，从而使代人照顾婴儿的机会增多。

或许你会想，这样做有点不公平，这意味着剥夺人们的**储蓄**。但是作为一个整体，合作社无法将冬天的照顾婴儿服务留到夏天使用。因此，如果允许冬天的点数与夏天的点数等额交换，那其实是让社员产生错误的**预期**。

这里，托儿合作社里似乎上演了与现实经济中相同的一幕，最初我们用通货膨胀的方法缓解了衰退的发生，但随后我们又遇到了流动性⑤的问题，情形依旧很**严峻**。请不要着急，宏观经济学能帮你了解人们是如何在实际的经济生活中解决这些难题的。

而这里我们要明白的是，学习宏观经济学的过程就如同我们剖析这个托儿合作社。尽管宏观经济学不是真理的体现，但却是能够发现真理的完美**引擎**。即使我们用经济学知识在解决实际问题中遇到困难，也不应当懊恼，或许是我们还没有认识到那个真正的原因，我们需要做的就是辨别出究竟哪个因素导致了这种现实对规律的**背离**。

学习宏观经济学的过程能够为我们提供一个基点，或者说是掌握一个理解经济事件的**框架**，有了引擎、**基点**和**框架**，我们便能够从容面对现实中的许多问题。

(资料来源：作者常青，《应该读点经济学 2：以经济学的观点看世界》，中信出版社 有改编)

▶ 生词

1. 衰退	shuāi tuì	(动)	衰弱减退，趋向衰落；decline
2. 阐释	chǎn shì	(动)	阐明陈述并解释；explain
3. 危机	wēi jī	(名)	严重困难的关头；crisis
4. 萧条	xiāo tiáo	(形)	经济不景气；depression
5. 凭证	píng zhèng	(名)	各种用作证明的证件；scrip
6. 票券	piào quàn	(名)	票证；ticket
7. 推卸	tuī xiè	(动)	推脱责任，不肯承担；shirk responsibility
8. 万无一失	wàn wú yī shī	(成)	指非常有把握，绝对不会出差错；cannot possibly go wrong
9. 崩溃	bēng kuì	(动)	完全破坏或垮台；collapse
10. 边缘	biān yuán	(名)	指周边部分、临界的意思；edge
11. 流通	liú tōng	(动)	特指商品、物品、货币流转；circulate
12. 囤积	tún jī	(动)	把稀少的货物储藏起来；hoarding
13. 不时之需	bù shí zhī xū	(成)	说不定什么时候会出现的需要；sth. which may be needed any time
14. 储备	chǔ bèi	(动)	储存，准备；reserve
15. 通货	tōng huò	(名)	流通中的货币；currency
16. 紧缩	jǐn suō	(动)	缩小，减少；tighten
17. 离奇	lí qí	(形)	情节不平常，出人意料；bizarre
18. 洞察	dòng chá	(动)	发现内在的内容或意义；have an insight into

19.	繁荣	fán róng	(形)	指经济或事业蓬勃发展，昌盛；prosperous
20.	衰落	shuāi luò	(动)	由兴盛转向没落；decline
21.	竭力	jié lì	(副)	尽自己最大的努力；do one's best
22.	利率	lì lǜ	(名)	利息和本金的比率；interest rate
23.	储蓄	chǔ xù	(名)	积存的钱或物；saving
24.	预期	yù qī	(名)	事先的期望；expectation
25.	严峻	yán jùn	(形)	严重；grim
26.	引擎	yǐn qíng	(名)	指发动机；engine
27.	背离	bèi lí	(动)	违背，脱离正常的或公认的轨道；deviate from
28.	基点	jī diǎn	(名)	事物发展的根本、基础；basic point
29.	框架	kuàng jià	(名)	事物的组织、结构；framework

▶ 经贸词条及注释

① 经济危机

经济危机(economic crisis)是经济发展过程中周期爆发的产能相对过剩的危机，是经济周期中的决定性阶段。

② 经济萧条

当经济衰退(recession)连续超过 3 年，或者实际 GDP(实际国民生产总值)负增长超过 10%时，称为经济萧条(depression)。

③ 通货紧缩

通货紧缩(deflation)是指当市场上流通的货币减少，人民的货币所得减少，购买力下降，影响物价之下跌，造成通货紧缩。长期的货币紧缩会抑制投资与生产，导致失业率升高及经济衰退。

④ 有效需求

有效需求(effective demand)是指预期可给雇主(企业)带来最大利润的社会总需求，即与社会总供给相等从而处于均衡状态的社会总需求。

⑤ 流动性

流动性(liquidity)用于整个宏观经济时，是指在经济体系中货币投放量的多少。

▶ 语法

1. 岂不是

难道不是，用在反问句中，表示肯定的意思。例如：

① 如果真是这样的话，那么我们的努力岂不是毫无用处？

② 如果做坏事不会受到惩罚，岂不是纵容了那些坏人？

③ 不努力就可以轻松实现的梦想，岂不是太廉价？

2. ……不已

表示状况或动作不停止、不停歇，这样的四字词语很多，比如激动不已、兴奋不已、羡慕不已、惊叹不已、困惑不已等。例如：

① 代人照顾婴儿的机会充裕多了，又让社员更加愿意外出，如此循环不已。

② 老人艰难地向前走，痛得呻吟不已。

③ 同学们都大笑起来，为班级取得好成绩而开心不已。

▶ 练习

(一) 选词填空

凭证　阐释　囤积　引擎　背离　严峻　边缘　推卸　洞察

1. 实际上它运行了一段时间后几乎陷入到崩溃的(　　　　)。

2. 显然，这样做的好处就是避免有人(　　　　)责任。

3. 我们可以借此来(　　　　)，真正的经济体为何会繁荣或衰落。

4. 宏观经济学不是真理的体现，但却是能够发现真理的完美(　　　　)。

5. 直到今天，经济学家们仍然无法完全(　　　　)经济危机和经济萧条的本质。

6. 我们需要做的就是辨别出究竟哪个因素导致了这种现实对规律的(　　　　)。

7. 这家国会山合作社以发行(　　　　)的方法解决管理问题。

8. 我们又遇到了流动性的问题，情形依旧很(　　　　)。

9. 连续几天晚上有空又暂时没有外出计划的夫妇，将会努力(　　　　)票券，以备不时之需。

(二) 词语造句

1. 岂不是：_____。

2. 万无一失：_____。

3. 不时之需：_____。

4. ……不已：_____。

5. 竭力：_____。

(三) 短文填空

1. 这貌似是一个(　　　　)的制度，但是实际上它运行了一段时间后几乎陷入到崩溃的(　　　)。因为人们很快发现，这一体系需要有大量的凭证投入(　　　　)。连续几天晚上有空又暂时没有外出计划的夫妇将会努力(　　　)票券，以备(　　　)，而在他们积累的时候，其他夫妇的票券(　　　)肯定会相应减少。时间一长，各对夫妇一般都想保留足够多的票券储备，以便在不代人照顾婴儿的时候，能够连续外出几天。

2. 学习宏观经济学的过程就如同我们剖析这个托儿合作社。尽管宏观经济学不是真理的体现，但却是能够发现真理的完美(　　　)。即使我们用经济学知识在解决实际问题中遇到困难，也不应当懊恼，或许是我们还没有认识到那个真正的原因，我们需要做的就是辨别出究竟哪个因素导致了这种现实对规律的(　　　)。

学习宏观经济学的过程能够为我们提供一个(　　　　)，或者说是掌握一个理解经济事件的(　　　)，有了引擎、基点和框架，我们便能够从容面对现实中的许多问题。

(四) 回答问题

1. 国会山托儿合作社为何会陷入衰退呢？
2. 合作社的管理者是如何面对这场"衰退"的呢？
3. 面对"冬天里的萧条"，经济学家会用什么办法来解决呢？

(五) 阅读与写作

市场不同，规则不同，回报不同

美国经济学家丹·艾瑞里曾做过一个有趣的实验：请人帮忙推陷在土坑里的小汽车。他随机向路过的行人求助，发现半数以上的人都乐于出手相助。后来他改变了求助策略——他告诉行人，如果有谁帮忙推车，他将给予对方 10 美元作为报酬，这次竟然只有很少几个人愿意帮他。丹·艾瑞里甚至遭到一些人的白眼："我没有时间，你用 10 美元去雇用别人吧！"第三次，丹·艾瑞里改变了答谢策略——车被推出土坑后，他赠与每个施助者价值 1 美元的小礼物，这次他发现，施助者不但愉快地接受了他的小礼物，还反过来对他表示感谢。

丹·艾瑞里是这样解释这个实验的，我们同时生活在两个市场里，一个是社会市场，一个是货币市场，我们在其中的关注点也不同。当某种行为出于道德考量时，人们通常不会考虑其市场价值，即使没有任何报酬，人们也乐于帮忙，因为人们觉得这样的行为有道德、精神意义上的价值。所以，某种行为如果属于社会市场，就不要将其引入货币市场进行"定价"，否则会让别人不悦，甚至产生厌恶、抵触情绪。当然，对于帮助过我们的人，我们应该答谢，但不是给钱——丹·艾瑞里的小礼物让施助者更开心，因为礼物的意义不是对他们的善行或者义举进行"定价"，而是一种精神层面上的感激和褒扬。

丹·艾瑞里的理论告诉我们，这个世界上有许多东西是不能也无法"定价"的，如果你总是认为金钱可以解决一切问题，就难免会遭遇一些意想不到的人生困境。

(资料来源：作者蒋骁飞，《不能被"定价"的行为》，《演讲与口才》2012 年第 10 期 有改编)

1. 尝试写出文中划线词语的解释

① 随机：_____。

② 白眼：_____。

③ 考量：_____。

④ 定价：_____。

⑤ 褒扬：_____。

2. 丹·艾瑞里的理论用最简单的话概括是什么呢？把你的理解写下来吧。

第二十四课 "一带一路"①正把中国故事变成世界故事

中国古代，"丝绸之路"②在世界**版图**上延伸，诉说着沿途各国人民友好往来、**互惠互利**的动人故事。如今，一个新的**战略构想**在世界政治经济版图上从容展开——共建"丝绸之路经济带"和"21 世纪海上丝绸之路"，相关各国要打造互利共赢的"利益共同体"和共同发展繁荣的"命运共同体"。

▶ 课文

(一) 丝绸之路的前世今生

历史上，"丝绸之路"是起始于古代中国的政治、经济、文化中心长安的贸易路线和陆路商业通道。丝绸之路**绵延** 2000 多里，是一条最为古老的中国连通**西域**的陆上通道，它跨越山脉，抵达新疆，通过中亚、西亚和北非，最终抵达非洲和欧洲。由于这一路线最初的作用是用来运输中国古代生产的丝绸，所以，当德国旅行家费迪南在 1877 年出版的《中国——亲身旅行和据此所作研究的成果》中，将之命名为"丝绸之路"后，即被世界广为**接纳**。

与享有**盛名**的陆上丝绸之路一样，海上丝绸之路也具有**辉煌**的历史。海上丝绸之路的历史可以**追溯**到中国历史上的秦汉时期，南海丝绸之路成为连贯岭南等沿海港口、印度洋、波斯湾、地中海的重要海上商贸航线，**盛极一时**。海上丝绸之路在唐宋元时期达到了顶峰，这一期间，海上丝绸之路**横贯**亚、非、欧。到了明代之后，由于海禁的原因，除了郑和下西洋之外，海上丝绸之路逐步走向衰弱。

2013 年 9 月，中国国家主席习近平在出访哈萨克斯坦期间，首次提出了加强政策沟通、道路联通、贸易畅通、货币流通、民心相通，共同建设"丝绸之路经济带"的战略**倡议**；同年 10 月，习近平主席在印度尼西亚国会发表重要演讲时明确提出，中国致力于加强同东盟国家的互联互通建设，愿同东盟国家发展好海洋合作伙伴关系，共同建设"21 世纪海上丝绸之路"。自此，"丝绸之路经济带"和"21世纪海上丝绸之路"被称为"一带一路"。

"一带一路"以中国为东部起点，向西不断延伸，这片广大区域包括东南亚、南亚、中亚、西亚、北非、中东欧地区的65个国家。除中国之外，它涵盖44亿人口，GDP规模达到21万亿美元，分别占全球的63%和29%，是世界经济最具活力的地区。"一带一路"国家多为新兴经济体③以及发展中国家④，多数国家后发优势⑤强劲，发展空间大。在这65个沿线国家之中，GDP超过5000亿美元的国家只有6个，一旦开发，潜力空间无限。

(资料来源：作者黄日涵，《从"丝绸之路"到"一带一路"》，《时事报告》2015年第2期 有改编)

(二) "一带一路"正把中国故事变成世界故事

"一带一路"发展战略构想提出三年来，引起世界沿线国家的广泛**共鸣**，共商、共建、共享的和平发展、共同发展理念**不胫而走**，沿线60多个国家响应参与，并与他们各自的发展战略积极对接，一个个区域合作新倡议**应运而生**；从互联互通，产能合作，到自贸区建设，一项项新**举措**不断为区域发展注入新活力。

志合者，不以山海为远。

在众多区域战略对接中，中巴经济走廊是"一带一路"的**旗舰**项目之一，双方确定了以经济走廊建设为中心，瓜达尔港、能源、交通基础设施、产业合作为重要领域的"1+4"合作框架。"在巴基斯坦，每个地区都会举起手说，我也想让这条路穿过我们的区域。"巴基斯坦前总理肖卡特·阿齐兹认为，这正是因为看到了"一带一路"所带来的巨大经济**效应**。

俄罗斯将建设欧亚经济联盟的战略与"一带一路"对接，形成了更加全方位的互利共赢**格局**。俄罗斯科学院远东研究所副所长奥斯特洛夫斯基指出，如何在两国战略对接背景下，**挖掘**俄经济增长潜力已成为俄各界热议的话题。

"丝绸之路经济带"倡议提出之后，中亚沿线国家也积极响应，中哈边境重镇霍尔果斯口岸，**见证**了新丝路带来的**蓬勃**生机。2014年，哈萨克斯坦总统纳扎尔巴耶夫提出"光明大道"经济计划，在基础设施建设等方面与"丝绸之路经济带"对接。

"东南亚地区自古以来就是海上丝绸之路的重要**枢纽**，中国愿同东盟国家加强海上合作……共同建设21世纪海上丝绸之路。"在题为《携手建设中国—东盟命运共同体》的演讲中，习近平主席表达了对"21世纪海上丝绸之路"互利共赢的**愿景**。

计利当计天下利。中老铁路，中泰铁路，印尼雅万高铁……"一带一路"正紧紧抓住互联互通的钥匙，促进空间距离、命运共同体的相融相通。

"一带一路"，中国与世界各国共同绘制的一幅**恢宏**画卷正**徐徐**展开，跨越万里海域，牵起亚、欧、非多个经济圈，这是世界最壮观的经济走廊。时间将进一步见证："一带一路"将成为沿线国家和地区的协奏曲，使古老的"丝绸之路"延伸成为现代版"国际大合唱"。

(资料来源：作者李警锐，《习近平引领的"一带一路"壮美画卷正如此展开》，人民网2016年2月12日 有改编)

▶ 生词

1. 版图　　băn tú　　(名) 指领土范围、国家的边界；domain

2. 互惠　　　hù huì　　　　　　（动）　互相给予好处；be mutually beneficial

3. 战略　　　zhàn lüè　　　　　（名）　泛指指导或决定全局的策略；strategy

4. 构想　　　gòu xiǎng　　　　　（名）　指作家、艺术家在孕育作品过程中的思维活动；
　　　　　　　　　　　　　　　　　　　concept

5. 绵延　　　mián yán　　　　　（动）　(山)一个连着一个，接连不断；
　　　　　　　　　　　　　　　　　　　continuous (esp. of mountain ranges)

6. 西域　　　xī yù　　　　　　　（名）　汉代以后对今玉门关以西的新疆及中亚细亚等
　　　　　　　　　　　　　　　　　　　地区的总称；Western Regions

7. 接纳　　　jiē nà　　　　　　（动）　指接受或采纳；to admit

8. 盛名　　　shèng míng　　　　（名）　很高的名望；famous reputation

9. 辉煌　　　huī huáng　　　　（形）　杰出的，灿烂的；brilliant

10. 追溯　　　zhuī sù　　　　　（动）　比喻回首往事，探寻渊源；trace back to

11. 盛极一时　shèng jí yī shí（成）　形容一时特别兴盛或流行；grand fashion for
　　　　　　　　　　　　　　　　　　a limited time

12. 横贯　　　héng guàn　　　　（动）　横向贯穿；to cross transversally

13. 倡议　　　chàng yì　　　　　（名）　首先提出的建议；proposal

14. 共鸣　　　gòng míng　　　　（名）　因思想上或感情上相互感染而产生的情绪；
　　　　　　　　　　　　　　　　　　　sympathetic response

15. 不胫而走　bù jìng ér zǒu　（成）　比喻事物无需推行就已迅速地传播开来；
　　　　　　　　　　　　　　　　　　spread far and wide

16. 应运而生　yìng yùn ér shēng（成）　指适应时机而产生；emerge as the times require

17. 举措　　　jǔ cuò　　　　　　（名）　举动，行为；action

18. 旗舰　　　qí jiàn　　　　　（形）　引申为同类中最高的、终极的；flagship

19. 效应　　　xiào yìng　　　　（名）　由某种动因或原因所产生的一种特定的科学现象；
　　　　　　　　　　　　　　　　　　　effect (scientific phenomenon)

20. 格局　　　gé jú　　　　　　（名）　局势，态势；structure

21. 挖掘　　　wā jué　　　　　（动）　向下挖以发掘；dig

22. 见证　　　jiàn zhèng　　　　（动）　当场目睹可以作证；witness

23.	蓬勃	péng bó	(形)	繁荣，旺盛；vigorous
24.	生机	shēng jī	(名)	生命的活力；vitality
25.	枢纽	shū niǔ	(名)	指重要的地点或事物关键之处；hub
26.	愿景	yuàn jǐng	(名)	希望看到的情景；vision
27.	恢宏	huī hóng	(形)	宽阔，博广；vast
28.	徐徐	xú xú	(副)	速度或节奏缓慢；slowly

▶ 经贸词条及注释

① "一带一路"

"一带一路"(the belt and road，缩写 B&R)是"丝绸之路经济带"和"21世纪海上丝绸之路"的简称。它充分依靠中国与有关国家既有的双多边机制，借助既有的区域合作平台，积极发展与沿线国家的经济合作伙伴关系，共同打造政治互信、经济融合、文化包容的利益共同体、命运共同体和责任共同体。

② "丝绸之路"

丝绸之路，简称丝路，是指西汉(公元前202年—公元8年)时期由张骞出使西域开辟的以长安(今西安)为起点，经甘肃、新疆，到中亚、西亚，并连接地中海各国的陆上通道。因为这条路上主要贩运的是中国的丝绸，故得此名。

③ 新兴经济体

新兴经济体，是指某一国家或地区经济蓬勃发展，成为新兴的经济实体，目前并没有一个准确的定义。英国《经济学家》将新兴经济体分成两个梯队：第一梯队为中国、巴西、印度和俄罗斯、南非，也称"金砖国家"；第二梯队包括墨西哥、韩国、南非、菲律宾、土耳其、印度尼西亚、埃及等"新钻"国家。

④ 发展中国家

发展中国家(developing country)，指经济、技术、人民生活水平程度较低的国家，与发达国家相对。发展中国家的评价标准主要是这个国家的人均国内生产总值(人均 GDP)相对比较低，通常指包括亚洲、非洲、拉丁美洲及其他地区的130多个国家，占世界陆地面积和总人口的70%以上。

⑤ 后发优势

后发优势(late-mover advantage)又称为次动优势，是指相对于行业的先进入企业，后进入者由于较晚进入行业而获得的较先动企业不具有的竞争优势，即通过观察先动者的行动及效果来减少自身面临的不确定性而采取相应行动，以获得更多的市场份额。

► 语法

1. 将……命名为……

把……叫做……，给……起名字叫做……。例如：

① 德国旅行家费迪南在 1877 年出版的《中国——亲身旅行和据此所作研究的成果》中，将之命名为"丝绸之路"。

② 他将这座山命名为大夫山。

③ 中国商用飞机有限责任公司将首型国产大型客机命名为"C919"。

2. 致力于……

把精力和力量用于某个方面，"于"的后面是努力的方向。例如：

① 中国致力于加强同东盟国家的互联互通建设。

② 交通银行致力于提升小微企业服务水平。

③ 中国移动公司致力于打造中国通信行业第一品牌。

► 练习

(一) 选词填空

绵延 构想 共鸣 举措 旗舰 愿景 恢宏 追溯 盛名 枢纽

1. 海上丝绸之路的历史可以(   )到中国历史上的秦汉时期。

2. 东南亚地区自古以来就是海上丝绸之路的重要(   )。

3. 与享有(   )的陆上丝绸之路一样，海上丝绸之路也具有辉煌的历史。

4. 习近平主席表达了对"21 世纪海上丝绸之路"互利共赢的(   )。

5. "一带一路"发展战略构想提出三年来，引起世界沿线国家的广泛(   )。

6. 丝绸之路(   )2000 多里，是一条最为古老的中国连通西域的陆上通道。

7. 中国与世界各国共同绘制的一幅(   )画卷正徐徐展开。

8. 一个新的战略(   )在世界政治经济版图上从容展开。

9. 中巴经济走廊是"一带一路"的(   )项目之一。

10. 一项项新(   )不断为区域发展注入新活力。

(二) 词语造句

1. 接纳：_____。

2. 盛极一时：_____。

3. 不胫而走：_____。

4. 应运而生：_____。

5. 见证：_____。

(三) 短文填空

1. 与享有盛名的陆上丝绸之路一样,海上丝绸之路也具有( )的历史。海上丝绸之路的历史可以( )到中国历史上的秦汉时期,南海丝绸之路成为连贯岭南等沿海港口、印度洋、波斯湾、地中海的重要海上商贸航线,( )。海上丝绸之路在唐宋元时期达到了顶峰,这一期间,海上丝绸之路( )亚、非、欧。到了明代之后,由于海禁的原因,除了郑和下西洋之外,海上丝绸之路逐步走向衰弱。

2. 2013 年 9 月,中国国家主席习近平在出访哈萨克斯坦期间,首次提出了加强政策( )、道路( )、贸易( )、货币( )、民心( ),共同建设"丝绸之路经济带"的战略( );同年 10 月,习近平主席在印度尼西亚国会发表重要演讲时明确提出,中国( )加强同东盟国家的互联互通建设,愿同东盟国家发展好海洋合作伙伴关系,共同建设"21 世纪海上丝绸之路"。自此,"丝绸之路经济带"和"21 世纪海上丝绸之路"被称为"一带一路"。

3. "一带一路"发展( )构想提出三年来,引起世界沿线国家的广泛( ),共商、共建、共享的和平发展、共同发展理念( ),沿线 60 多个国家响应参与,并与他们各自的发展战略积极( ),一个个区域合作新倡议( );从互联互通,产能合作,到自贸区建设,一项项新( )不断为区域发展注入新活力。

(四) 回答问题

1. 介绍一下古代"丝绸之路"。

2. 介绍一下"一带一路"名称的由来。

3. 介绍一下各国响应"一带一路"的战略构想,以及与他们各自的发展战略积极对接的情况。

(五) 阅读与写作

商人的"丝路"生意经

在丝绸之路经济带的带动下,中俄两国间货物运输速度明显加快。商人们从中找到了新商机,萨沙就是其中的一位。今年 35 岁的萨沙在符拉迪沃斯托克经营海鲜公司,向中国出口堪察加半岛出产的帝王蟹、龙虾等高级海鲜产品。尽管她的生意才开张了一年,但现在已经很成规模。萨沙说,应该感谢丝绸之路经济带带来的中国投资,"没有中国投资,没法做海鲜出口生意,做了也做不大"。海鲜出口生意对物流成本和物流速度要求很高,远东地区基础设施相对落后,物流缓慢,因而过去符拉迪沃斯托克的海鲜产品要么通过空运出口,要么制成干货从陆路口岸出口。从 2013 年以来,先后有几家中国公司在远东地区投资超过 2 亿美元打造冷链物流。至 2015 年,该地区冷链物流初步成型,有了多家拥有冷藏车、冷库的专业物流企业,使得海鲜陆路出口生意成为可能。现在,在符拉迪沃斯托克港口上岸的海鲜经过简单分类加工后,立刻有物流公司的冷藏车将其运往冷库,然后通过带冷藏车厢的火车运输,可在 2 至 3 天内到达吉林。萨沙说:"陆路海鲜速度快,价格低,因此很有竞争力"。"丝路"还给萨沙带来了通关上的便利。随着"一带一路"建设的推进,中俄间政策上的沟通也在不断加强,均出台了相应政策,简化食品通关手续。萨沙说,手续简化后，海鲜的通关可节省 15%左右的时间，极大地降低了经营风险。

(资料来源：作者王修君，《中俄商人的"丝路"生意经》，中国新闻网 2016 年 10 月 10 日有改编)

1. 尝试写出文中划线词语的解释

① 生意经：_____。

② 商机：_____。

③ 冷链物流：_____。

④ 通关：_____。

2. 你身边有没有发生和"一带一路"有关的故事呢？如果有，请写下来。

贸

易

篇

第二十五课　自由贸易①还是贸易保护②

> 　　从有国际贸易的那一天起，关于自由贸易和贸易保护主义的争论就没有停止过。事实上，尽管总的世界**潮流**是走向贸易自由化，但我们却很难找到哪一个国家真正实现了完全的自由贸易。

▶ 课文

（一）贸易保护主义升温

　　贸易保护主义和经济危机总是相伴相生，互为因果。2008 年全球金融海啸③后，随着全球宏观经济环境迅速恶化，世界范围内的贸易保护主义压力也不断加大。据有关资料显示，从 2008 年 10 月到 2015 年底，全球总共实施了**逾**五千项贸易保护措施，其中，除了关税壁垒④等传统贸易保护手段被重新采用外，政府补贴及本地化要求等新保护手段也是**花样百出**，令人**眼花缭乱**。

　　值得注意的是，近年来尽管金融危机的影响渐退，各国关注重点已从应对危机转向世界经济长期治理，国际贸易对全球经济增长的重要性进一步**显现**。然而，贸易保护主义不仅没有**收敛**，反而有**变本加厉**之势。

　　英国经济政策研究中心最新发布的《全球贸易预警》报告显示，去年全球采取的贸易保护措施数量比 2014 年激增了 50%，全年推出的贸易限制措施数量是自由贸易措施的三倍。作为全球第一大经济体的美国，从 2008 年到 2016 年对其他国家采取了 600 多项贸易保护措施，仅 2015 年就采取了 90 项，平均每四天推出一项，位居各国之首，成为贸易保护的**头号**国家。在欧洲，法国和德国因《跨大西洋贸易与投资伙伴关系协定》(TTIP)对欧洲利益有损而反对 TTIP；在日本，汇率贬值一直是"安倍经济学⑤"的重要措施，而汇率贬值则是为了促进日本出口。

　　贸易保护主义抬头最主要的原因是世界经济**复苏**缓慢。发达经济体增长疲弱、国际**大宗**商品价格**低迷**等"旧病"未愈，又添英国公投脱离欧盟、地区局势紧张等"新疾"，给世界经济前景带来新的不确定性，而促进增长的"药方"目前又**不得而知**。通常情况下，经贸形势越是惨淡，各国出台各类保护措施以维护自身利益的动机就越强。

但实际上，贸易保护措施并不是一个国家维护本国企业出口的"**灵丹妙药**"，很可能**于事无补**，更有可能起到"反作用"。如果主要经济体通过贸易保护措施**内讧**，全球贸易市场不可能**平衡**，也不可能公平，贸易作为全球经济引擎的作用将难以激活，全球经济复苏进程也会被**拖累**。国际财经高官对贸易保护主义也发出严重警告。IMF 总裁拉加德近日称，保护主义"伤害了经济增长，伤害了人民"，势必对全球经济增长造成负面影响。

(资料来源：《贸易保护主义升温及响》，

http://news.takungpao.com/paper/q/2016/1031/3385940.html 有改编)

(二) 中国选择：坚持自由贸易和扩大开放

当前在一些国家和地区，贸易保护主义抬头，他们认为，贸易**顺差**一方抢走财富和工作，于是贸易保护主义被视为本国经济的"**救命稻草**"。

中国同样面对"**逆差**"，在中国、澳大利亚两国的贸易中，中国处于 500 亿美元的逆差状态。在投资方面，中国对澳投资也远多于澳对华投资。在贸易和投资两个领域，中国是"双逆差"，但中国没有选择"**以牙还牙**"。

2017 年 3 月，李克强总理在出访澳大利亚行程中一直在表明他此行的目的：我为自由贸易而来！中国对全球化的态度坚定：扩大开放不动摇！在澳大利亚，中澳两国总理在不同场合给世界上了一堂"经济公开课"。只是这堂课，没有老师和学生，没有**说教**，有的只是"**现身说法**"和"**切身体会**"。

澳大利亚总理特恩布尔不止一次称赞：中澳自贸协定是目前为止最佳的贸易协定，对澳大利亚的繁荣来说是最重要的基础。他用一组数据来证实这个判断：中澳自贸协定生效一年多后，澳大利亚对华葡萄酒出口上升了 38%，鲜橙出口上升了 36%，鲍鱼出口翻了一**番**，澳大利亚龙虾出口更是翻了两番，中国与澳大利亚的**双边**贸易额已经突破了 1000 亿美元。

中国是中澳自由贸易的受害者吗？显然不是！既然矿石需要进口，那么从澳大利亚进口显然比从非洲或拉美进口的运输成本要低，进口澳大利亚的农产品和牛肉实际上是拓展了中国的土地。如果进口的是需要的产品，对国家经济增长、民众生活改善有利，逆差也是一种赢，而不是输。

正如李克强总理所列举的自由贸易带来的好处：让消费者有更多选择，**倒逼**企业提高产品品质，发挥各自比较优势，在公平竞争与合作中实现共赢。

实际上，中国也没有刻意追求贸易上的"顺差"。在去年的两会记者会上，李克强说，中方从不刻意追求贸易顺差，而且希望看到贸易平衡，否则不可持续。现在，李克强态度依然：我们不希望看到贸易不平衡。但我们认为，解决贸易不平衡问题是要通过扩大贸易来解决，而不是关起门来。

正如李克强总理所言，我们就是要用中澳自由贸易的繁荣向地区和世界证明，自由贸易会给人类带来**福祉**！

(资料来源：作者包牧，《贸易投资"双逆差"李克强为何坚持"自由贸易和扩大开放"》，

凤凰评论 2017 年 3 月 30 日有改编)

▶ 生词

1. 潮流	cháo liú	(名)	比喻社会变动发展的趋势；trend
2. 逾	yú	(动)	越过，超越；more than
3. 花样百出	huā yàng bǎi chū	(形)	式样、种类层出不穷；make a lot of variety
4. 眼花缭乱	yǎn huā liáo luàn	(形)	比喻事物复杂，无法辨清；see things in a blur
5. 显现	xiǎn xiàn	(动)	显露，呈现；to appear
6. 收敛	shōu liǎn	(动)	减轻放纵的程度；restrain
7. 变本加厉	biàn běn jiā lì	(成)	指事情的状况变得比本来更加严重；become aggravated
8. 头号	tóu hào	(形)	第一位的；number one
9. 汇率	huì lǜ	(名)	一种货币兑换另一种货币的比率；exchange rate
10. 抬头	tái tóu	(动)	比喻受压制的人或事物得到伸展；increase
11. 复苏	fù sū	(动)	恢复正常的生命活动或经济状况；to recover (health, economic)
12. 大宗	dà zōng	(形)	数量最多的商品或产品；large amount
13. 低迷	dī mí	(形)	形容经济萧条、不景气；downturn
14. 不得而知	bù dé ér zhī	(成)	没有办法知道；unable to find out
15. 灵丹妙药	líng dān miào yào	(成)	比喻能解决一切疑难问题的好办法；effective cure
16. 于事无补	yú shì wú bǔ	(成)	指对事情没有什么益处；unhelpful
17. 内讧	nèi hòng	(动)	内部由于争权夺利或利益等原因而发生的冲突或战争；internal conflict
18. 平衡	píng héng	(动)	对立的各方在数量或质量上相等或相抵；balance
19. 拖累	tuō lěi	(动)	连累，牵累；to implicate
20. 顺差	shùn chā	(名)	对外贸易输出超过输入的贸易差额；surplus
21. 救命稻草	jiù mìng dào cǎo	(名)	人在困境时希望抓住借以活命的微小的东西；a lifesaving straw

22．	逆差	nì chā	(名)	对外贸易中输入超过输出的贸易差额；deficit
23．	以牙还牙	yǐ yá huán yá	(成)	比喻针锋相对地进行回击；answer blows with blows
24．	说教	shuō jiào	(动)	比喻生硬地、机械地空谈理论；preach
25．	现身说法	xiàn shēn shuō fǎ	(成)	指以亲身经历和体验为例来说明某种道理；to use oneself as an example
26．	番	fān	(量)	倍；times
27．	双边	shuāng biān	(名)	指由两个国家参加的；bilateral
28．	倒逼	dào bī	(动)	逆向促使；reversed transmission of the pressure to get something done
29．	福祉	fú zhǐ	(名)	幸福、利益；happiness and benefit

▶ 经贸词条及注释

① 自由贸易

自由贸易(free trade)是指国家取消对进出口贸易的限制和障碍，取消本国进出口商品各种优待和特权，对进出口商品不加干涉和限制，使商品自由进出口，在国内市场上自由竞争的贸易政策。它是"保护贸易"的对称。

② 贸易保护

贸易保护也叫贸易保护主义(trade protectionism)，是指在对外贸易中实行限制进口以保护本国商品在国内市场免受外国商品竞争，并向本国商品提供各种优惠以增强其国际竞争力的主张和政策。

③ 金融海啸

金融海啸(financial tsunami)，是指一个国家或几个国家与地区的全部或大部分金融指标(如：短期利率、货币资产、证券、房地产、土地(价格)、商业破产数和金融机构倒闭数)的急剧、短暂和超周期性的恶化。金融海啸的特征是人们基于经济未来将更加悲观的预期，整个区域内货币币值出现幅度较大的贬值，经济总量与经济规模出现较大的损失，经济增长受到打击。金融海啸往往伴随着企业大量倒闭，失业率提高，社会普遍的经济萧条，甚至有些时候伴随着社会动荡或国家政治层面的动荡。

④ 关税壁垒

关税壁垒(tariff barriers)是指用征收高额进口税和各种进口附加税的办法，以限制和阻止外国商品进口的一种手段，属于贸易壁垒的一种。关税壁垒可以提高进口商品的成本从而削弱其竞争能力，起到保护国内生产和国内市场的作用。它还是在贸易谈判中迫使对方妥协让步的重要手段，世界贸易组织对其极力反对，并通过谈判将其大幅削减。

⑤ 安倍经济学

"安倍经济学"(abenomics)是指日本第 96 任首相安倍晋三于 2012 年底上台后加速实施的一系列刺激经济政策，最引人注目的就是宽松货币政策，日元汇率开始加速贬值。

▶ 语法

1. 值得注意的是，……

插入语，强调指出后面提到的问题值得多加关注。例如：

① 值得注意的是，近年来尽管金融危机的影响渐退，然而贸易保护主义不仅没有收敛，反而有变本加厉之势。

② 面对日益复杂的经营局面，值得注意的是，公司竞争对手的新举措。

③ 死亡人数呈现不断上升趋势，尤其值得注意的是，骑自行车者的死亡数量翻了四倍。

2. 正如……所 V.

强调实际情况与某人或某一主体所言(说、做、想……)一致。例如：

① 正如李克强总理所列举的自由贸易带来的好处。

② 正如李克强总理所言，我们就是要用中澳自由贸易的繁荣向地区和世界证明，自由贸易会给人类带来福祉！

③ 正如老师所说，漫画内容均来自互联网。

▶ 练习

(一) 选词填空

潮流　花样百出　倒逼　福祉　双边　逾　收敛　番　头号　救命稻草

1. 贸易保护主义不仅没有(　　　)，反而有变本加厉之势。

2. 中澳自贸协定生效一年多后，澳大利亚对华葡萄酒出口上升了 38%，鲜橙出口上升了 36%，鲍鱼出口翻了一(　　　)。

3. 尽管总的世界(　　　)是走向贸易自由化，但我们却很难找到哪一个国家真正实现了完全的自由贸易。

4. 我们就是要用中澳自由贸易的繁荣向地区和世界证明，自由贸易会给人类带来(　　)！

5. 他们认为，贸易顺差一方抢走财富和工作，于是贸易保护主义被视为本国经济的(　　)。

6. 从 2008 年 10 月到 2015 年底，全球总共实施了(　　　)五千项贸易保护措施。

7. 美国，从 2008 年到 2016 年对其他国家采取了 600 多项贸易保护措施，仅 2015 年就采取了 90 项，平均每四天推出一项，位居各国之首，成为贸易保护的(　　　　)国家。

8. 自由贸易带来的好处：让消费者有更多选择，(　　　　)企业提高产品品质，发挥各自比较优势，在公平竞争与合作中实现共赢。

9. 政府补贴及本地化要求等新保护手段，也是(　　　　)，令人眼花缭乱。

10. 中国与澳大利亚(　　　　)贸易额已经突破了 1000 亿美元。

(二) 词语造句

1. 眼花缭乱：_____。

2. 不得而知：_____。

3. 灵丹妙药：_____。

4. 于事无补：_____。

5. 现身说法：_____。

(三) 短文填空

1. 贸易保护主义抬头最主要的原因是世界经济(　　　　)缓慢。发达经济体增长疲弱、国际(　　　　)商品价格(　　　　)等"旧病"未愈，又添英国公投脱离欧盟、地区局势紧张等"新疾"，给世界经济前景带来新的不确定性，而促进增长的"药方"目前又(　　　　)。通常情况下，经贸形势越是(　　　　)，各国出台各类保护措施以维护自身利益的动机就越强。

2. 但实际上，贸易保护措施并不是一个国家维护本国企业出口的(　　　　)，很可能(　　　　)，更有可能起到"反作用"。如果主要经济体通过贸易保护措施(　　　　)，全球贸易市场不可能(　　　　)，也不可能公平，贸易作为全球经济引擎的作用将难以激活，全球经济复苏进程也会被(　　　　)。国际财经高官对贸易保护主义也发出严重警告。IMF 总裁拉加德近日称，保护主义"伤害了经济增长，伤害了人民"，势必对全球经济增长造成(　　　　)影响。

(四) 回答问题

1. 说说课文中提到的贸易保护抬头的现象。

2. 介绍一下中国对待中澳贸易逆差的态度和做法。

3. 你如何看待自由贸易和贸易保护？

(五) 阅读与写作

以积极心态对抗贸易保护主义

我们不能把贸易保护的原因全部归结为某些人头脑发热，事实上，它是自由贸易利益分配不均导致的结果。在二战后的全球化中，跨国公司一直充当急先锋，是投资和贸易的主导力量，其结果是发达国家中低阶层和中小企业从全球化中受益相对较小，也就是说，过去的自由贸易缺乏<u>普惠性</u>。美国特朗普上台后，通过各种手段迫使美国跨国公司留在美国，但是如何支持中小企业走出去，享受全球贸易的<u>红利</u>，特朗普却思考不多，这使得其解决问题的思路消极成分多过积极成分少。今年 1 月初，阿里巴巴集团董事长马云与特朗普会谈，提到利用阿里巴巴电子商务平台帮助美国中小企业开拓中国和东南亚市场，为美国创造 100 万个就业机会。这是缓解中美贸易冲突、缓解美国内部矛盾的可行办法，但目前还没有具体进展的报道。

　　而上周来自马来西亚的消息就让人更乐观一些。3 月 22 日，该国官方机构与中国的阿里巴巴集团达成战略合作协议，在马来西亚打造第一个电子世贸平台(eWTP)试验区，以帮助当地的年轻人和小企业参与全球贸易。如果项目能产生示范效应，吸引其他国家跟随，那么将会成为推动自由贸易，对抗保护主义的一股有效力量。与保护主义措施相比，这种解决问题的普惠式思路积极多了。

　　对美国、欧洲这样的发达国家和地区来说，因为对自由贸易有一定不适就向保护主义转变，其实并不明智，最好还是以积极的方式应对，特别是这些国家的中小企业，如果能借助数字平台，低成本地参与国际化，推销其优质的产品和服务，既能增加世界消费者的福利，也是缓解其国内结构性矛盾的<u>可行之道</u>。就像当初中国中小企业借助网络低成本地打入美国、欧洲市场一样，欧美中小企业如果能善于利用目前更成熟的电子商务平台，也将从自由贸易中收获巨大利益。

（资料来源：作者黄小鹏，《以积极心态对抗贸易保护主义逆风》，证券时报 2017 年 3 月 27 日 有改编）

　　1. 尝试写出文中划线词语的解释

　　① 头脑发热：_____。

　　② 急先锋：_____。

　　③ 普惠性：_____。

　　④ 红利：_____。

　　⑤ 可行之道：_____。

　　2. 短文分析贸易保护主义升温的原因是什么？阿里巴巴集团提出的推动自由贸易的合作方式是什么？请用文字介绍一下。

第二十六课　营销智慧 ABC

> 营销智慧是营销成功的出发点，它帮助我们理解消费者，找到吸引消费者注意力和让他们惠顾的方法。营销智慧越多，越富有创新力；智慧越多，灵感就越多；智慧越多，就越容易实现营销**策划**的真正目的。

▶ 课文

（一）　"吃亏"的营销智慧

美国国际农机公司刚创立时，只生产农用收割机这一类农机具。公司开业的头几年，生意十分萧条，总共才卖出 7 台收割机，连工人的工资都保证不了，总是入**不敷出**。最后公司创始人梅考科连父亲留给他的遗产都亏光了，还欠下了沉重的债务。

有一天夜里，梅考科怎么也睡不着，他反复思考问题究竟出在哪里。白天他和助手深入研究了自己的产品，无论是**性能**还是使用方法，自己的收割机并不比其他厂家的同类产品差，可以说是当时国内的一流产品，而且价格也适中。因此他得出结论，问题出在营销策略不**得当**上，所以必须从营销策略**着手**，使自己的公司摆脱困境。

经过再三分析比较，他决定采用一种全新的营销方法。

梅考科的新方法是"保证赔偿法"，就是购买他公司收割机的人在前两年的使用过程中，如果不是**人为**事故导致机器出了故障和毛病，公司不仅会像其他厂家那样免费维修，而且因机器损坏所造成的经济损失也全部由梅考科的公司负责赔偿。

梅考科的这个决定刚一提出，就遭到公司内部高层人员的集体反对。但他却认为，要想**挽救**公司就必须敢于冒险，**开拓**出一条新路。

其实，梅考科的这一营销策略并非只是想"赌一把"，而是**深思熟虑**的结果，并附带一系列措施。在实行赔偿策略的同时，他发动公司上下献计献策，不断改进和提高产品质量，千方百计地防止收割机出现质量事故，并对售出的收割机进行**跟踪**服务，还时常对用户进行问卷调查，倾听用户意见。这样，用户逐渐对梅考科公司的收割机有了信心。

使用后，用户发现收割机质量**上乘**，于是纷纷前来购买。没有几年的工夫，这家公司就发展壮大，成为了真正的国际性大公司。它的产品远销许多国家，成为了市场上的名牌产品！

科特勒[①]说："在一个产品**泛滥**而客户**短缺**的世界里，以客户为中心是成功的关键"。市场营销必须站在客户的角度，从客户利益出发，及时采取一些有效措施，即使是一些暂时"吃亏"的策略，只要能带来长期**效益**，也是可行的。不能以一时之失论效益，因为有时"吃小亏占大便宜"！

　　　　　　　　(资料来源：作者李燕波，《"吃亏"的营销智慧》,《金点子生意》2015 年第 9 期 有改编)

(二) 放大你的价值

有一个**规模**很小的食品公司，生产资金只有十几万，但老总却很有信心，在单位的文化墙上写着要做这座城市辣酱第一品牌的**豪言壮语**，时刻激励着员工的信心。辣酱**上市**之前，老总想给辣酱做宣传广告。他本来想在这座城市某个热闹的街头租一个超大的、**显眼**的广告牌，标上他们的产品，让所有从这里走过的人一下子都能注意到它，并从此认识他们的辣酱。

但是当他和广告公司接触后，才发现市中心广告位的价格远远高于他的想象，他那小小的企业承担不起这天价的广告费。

可是他并没有失望，而是不停地到处**打探**，希望能找出哪里有便宜而且实惠的广告位置。经过反复寻找，他终于看好一个城门路口的广告牌。那里是一个十字路口，车辆川流不息，但有一点遗憾就是，路人行色匆匆，眼睛只顾盯着红绿灯和疾驶的车辆，在这里做广告很难保证有很好的效果。打探了一下价格，需要几万元，老总却很满意，于是就租了下来。对于老总这个举措，员工们纷纷提出**质疑**，但老总只是笑而不答，仿佛一切**成竹在胸**。

旧广告很快撤下来，员工们以为第二天就能看到他们的辣酱广告了。然而，第二天员工们看到广告牌上根本就没有他们的辣酱广告，上面**赫然**写着："好位置，当然只等贵客。此广告招租 88 万/全年。"

天哪，这样的价格应该是这座城市最贵的广告位了吧。天价招牌的冲击力**毋庸置疑**，每个从这里路过的人似乎都不自觉地停住脚步看上一眼。口耳相传，渐渐地，很多人都知道了这个十字路口上有个贵得**离谱**的广告位**虚位以待**，甚至当地报纸都给予了极大关注……

一个月后，"爽口"牌辣酱的广告登了上去。

辣酱厂的员工终于明白了老总的心思，无不**交口称赞**。辣酱的市场迅速打开，因为那"88 万/全年"的广告价格早已**家喻户晓**。"爽口"牌辣酱成为这座城市的知名品牌，老总把原先的口号擦去，换成了要做中国第一品牌的口号。一位员工问他："我们还不是这个城市的第一品牌，为什么要换呢？"老总**意味深长**地回答说："价值只有在流通中才能得以体现，但价值的标尺却永远在别人手中。别人永远不会赋予你理想的价值，你必须自己主动去做一块**招牌**，适当地放大自己的价值！"

　　　　　(文章来源：《放大你的价值》, https://wenku.baidu.com/view/4974ae679b6648d7c1c746ad.html 有改编)

▶ 生词

1. 策划　　　　cè huà　　　　　　　（动）　设计规划；plan

2. 入不敷出　　rù bù fū chū　　　　（成）　收入不够支出；run behind one's expenses

3. 性能　　　　xìng néng　　　　　　（名）　指器物所具有的性质与效用；function

4. 得当　　　　dé dàng　　　　　　　（形）　适当，恰当；appropriate

5. 着手　　　　zhuó shǒu　　　　　　（动）　开始动手进行；to start

6. 人为　　　　rén wéi　　　　　　　（形）　人造成的；artificial

7. 挽救　　　　wǎn jiù　　　　　　　（动）　从危险或不利中救回来；to rescue

8. 开拓　　　　kāi tuò　　　　　　　（动）　指从小到大地发展、扩大；to develop

9. 深思熟虑　　shēn sī shú lǜ　　　（成）　反复深入地考虑；after careful deliberations

10. 跟踪　　　　gēn zōng　　　　　　（动）　紧紧跟随在后面；follow the tracks of sb.

11. 上乘　　　　shàng chéng　　　　（形）　上品，上等；superior

12. 泛滥　　　　fàn làn　　　　　　　（动）　形容事物、思想到处扩散；spread unchecked

13. 短缺　　　　duǎn quē　　　　　　（形）　不足；shortage

14. 效益　　　　xiào yì　　　　　　　（名）　效果与利益；effect and profit

15. 规模　　　　guī mó　　　　　　　（名）　范围；scale

16. 豪言壮语　　háo yán zhuàng yǔ　（成）　豪迈雄壮的言语；brave words

17. 上市　　　　shàng shì　　　　　（动）　指货物开始在市场上出售；go on the market

18. 显眼　　　　xiǎn yǎn　　　　　　（形）　明显而容易被发现；conspicuous

19. 打探　　　　dǎ tàn　　　　　　　（动）　询问探听情况；inquire about

20. 质疑　　　　zhì yí　　　　　　　（动）　提出疑问，请人解答；query

21. 成竹在胸　　chéng zhú zài xiōng　（成）　比喻在做事之前已经拿定主意；

　　　　　　　　　　　　　　　　　　　　　to plan in advance

22. 赫然　　　　hè rán　　　　　　　（副）　令人惊讶的样子；awesomely

23. 毋庸置疑　　wú yōng zhì yí　　（成）　不必怀疑；beyond all doubt

24. 离谱　　　　lí pǔ　　　　　　　（形）　指说话、做事离开了公认的准则；

　　　　　　　　　　　　　　　　　　　　　beyond reasonable limits

25.	虚位以待	xū wèi yǐ dài	(成)	留着位置等待；reserve a seat for somebody
26.	交口称赞	jiāo kǒu chēng zàn	(成)	异口同声地称赞；unanimously praise
27.	家喻户晓	jiā yù hù xiǎo	(成)	家家户户都知道；well known
28.	意味深长	yì wèi shēn cháng	(成)	指含蓄深远，耐人寻味；meaningful
29.	招牌	zhāo pái	(名)	挂在商店门前作为标志的牌子；shop sign

▶ 经贸词条及注释

科特勒

菲利普·科特勒(1931 年—)，被誉为"现代营销学之父"，现任美国西北大学凯洛格管理学院终身教授，致力于营销战略与规划、营销组织、国际市场营销及社会营销的研究，成就了完整的营销理论。同时，他还是许多美国和外国大公司在营销战略和计划、营销组织、整合营销上的顾问，培养了一代又一代美国大型公司的企业家。

▶ 语法

1. 站在……角度
表示以……作为考虑问题的出发点。例如：
① 市场营销必须站在客户的角度，从客户利益出发。
② 迈克尔·杰克逊说："别站在你的角度看我，你看不懂。"
③ 学会站在孩子的角度看世界，才能找到与孩子沟通的正确方法。

2. 得以
指借助某事物而能够做成另一件事情，表示能够、可以。例如：
① 价值只有在流通中才能得以体现。
② 幸亏消防队员及时赶到现场，火势才得以控制。
③ 正是大家的无私帮助，才让这个贫困家庭得以渡过难关。

▶ 练习

(一) 选词填空

着手　上乘　显眼　入不敷出　离谱　赫然　规模　跟踪　开拓　打探

1. 千方百计地防止收割机出现质量事故，并对售出的收割机进行(　　　　　)服务。

2. 公司开业的头几年，生意十分萧条，总共才卖出 7 台收割机，连工人的工资都保证不了，总是(　　　　　)。

3. 他并没有失望，而是不停地到处(　　　　　)，希望能找出哪里有便宜而且实惠的广告位置。

4. 很多人都知道了这个十字路口上有个贵得(　　　　)的广告位虚位以待。

5. 问题出在营销策略不得当上，所以必须从营销策略(　　　　)，使自己的公司摆脱困境。

6. 广告牌上(　　　　)写着："好位置，当然只等贵客。此广告招租 88 万/全年。"

7. 他却认为，要想挽救公司就必须敢于冒险，(　　　　)出一条新路。

8. 使用后，用户发现收割机质量(　　　　)，于是纷纷前来购买。

9. 他本来想在这座城市某个热闹的街头租一个超大的、(　　　　)的广告牌。

10. 有一个(　　　　)很小的食品公司，生产资金只有十几万。

(二) 词语造句

1. 深思熟虑：_____。

2. 毋庸置疑：_____。

3. 站在……角度：_____。

4. 得以：_____。

(三) 短文填空

1. 科特勒说："在一个产品(　　　　)而客户(　　　　)的世界里，以客户为中心是成功的关键"。市场营销必须站在客户的(　　　　)，从客户利益出发，及时采取一些有效措施，即使是一些暂时"吃亏"的策略，只要能带来长期(　　　　)，也是可行的。不能以一时之失论效益，因为有时"吃小亏占大(　　　　)"！

2. 辣酱厂的员工终于明白了老总的心思，无不(　　　　)。辣酱的市场迅速打开，因为那"88 万/全年"的广告价格早已(　　　　)。"爽口"牌辣酱成为这座城市的知名品牌，老总把原先的口号擦去，换成了要做中国第一品牌的口号。一位员工问他："我们还不是这个城市的第一品牌，为什么要换呢？"老总(　　　　)地回答说："价值只有在流通中才能得以体现，但价值的标尺却永远在别人手中。别人永远不会(　　　　)你理想的价值，你必须自己主动去做一块(　　　　)，适当地放大自己的价值！"

(四) 回答问题

1. 介绍一下第一个故事，并总结该故事中的营销智慧是什么？

2. 介绍一下第二个故事，并总结该故事中的营销智慧是什么？

3. 你发现身边有什么营销智慧么？试着介绍一下。

(五) 阅读与写作

两 辆 中 巴

家门口有一条汽车线路，是从小巷口开往火车站的。不知道是因为线路短，还是沿途人少的缘故，客运公司仅安排两辆中巴来回对开。

开 101 号的是一对夫妇，开 102 号的也是一对夫妇。

坐车的大多是一些船民，由于他们长期在水上生活，所以进城时往往是一家老小。

101 号的女主人很少让孩子买票，即使是一对夫妇带几个孩子，她也<u>熟视无睹</u>，只要求船民买两张成人票。有的船民<u>过意不去</u>，执意要给大点的孩子买票，她就笑着对船民的孩子说："下次给带个小河蚌来，好吗？这次让你免费坐车。"

102 号的女主人恰恰相反，只要有带孩子的，大一点的要全票，小一点的也得买半票。她总是说，这车是承包的，每月要向客运公司交多少多少钱，哪个月不交足，马上就干不下去了。

船民们也理解，几个人掏几张票的钱，因而每次也都<u>相安无事</u>。不过，三个月后，门口的 102 号不见了，听说停开了。这<u>应验</u>了 102 号女主人的话：马上就干不下去了，因为搭她车的人很少。

忠诚顾客是靠感情培养的，也同样是靠一点一点的优惠获得顾客的忠诚，当我们固执地执行销售政策时，我们放走了多少忠诚顾客呢？

(资料来源：《两辆中巴》，http://www.sohu.com/a/145289894_221522 有改编)

1. 尝试写出文中划线词语的解释

① 熟视无睹：＿＿＿＿＿＿＿＿＿＿＿＿＿＿＿＿＿＿＿＿＿＿＿＿＿。

② 过意不去：＿＿＿＿＿＿＿＿＿＿＿＿＿＿＿＿＿＿＿＿＿＿＿＿＿。

③ 相安无事：＿＿＿＿＿＿＿＿＿＿＿＿＿＿＿＿＿＿＿＿＿＿＿＿＿。

④ 应验：＿＿＿＿＿＿＿＿＿＿＿＿＿＿＿＿＿＿＿＿＿＿＿＿＿＿＿。

2. 两辆中巴车的故事带给你什么启示呢？请将你的想法写出来。

第二十七课　对合同认识的几个常见误区

合同，主要是为了使商品交换的形式更加简单，有利于保护交易安全，促进商品流通[①]。人们几乎每天都在从事民商事活动，几乎每天都在与合同打交道，但对合同的认识，通常存在着诸多误区，甚至有些是直接导致交易失败的误区。

▶ 课文

(一) 对合同认识的常见误区(上篇)

误区一：合同只是一张纸。从法律上来讲，合同是一张纸的说法完全没错，因为合同法里面有书面形式的合同形式，但认为合同仅仅是一张纸就**大错特错**了。简单来说，合同是交易各方关于交易的内心意思的书面表现形式，它对于固定交易方式、交易金额、交易内容起着重要的作用。在交易过程中，可以**通俗**地将合同理解为交易各方之间的法律，对交易各方都有约束力。所谓"**白纸黑字**"，就是要将交易各方的意思体现在合同之上。在产生争议时，合同是重要的证据；在法官**裁决**时，合同更是重要的裁决**依据**。

误区二：合同形式不重要。对于合同而言，需要讲究阅读体验。一份品质上乘的合同，通过阅览，读者完全可以理解交易的重点，甚至细节方面的事项。相反，一份毫无逻辑、随心所欲、**词不达意**的合同，对于阅读者来讲就是一种折磨，甚至可能引起理解的差异，造成交易目的的落空。关于合同的形式，应该体现专业化，尽量规避格式条款[②]无效的法律风险。关于合同的内容，还需要充分关注风俗习惯，体现最基本的尊重，谁也不愿在一份遗赠合同中看到，"如果你死了，财产全给我"(书面上可表达为：如果你身故，遗产赠与本人)的表述。

误区三：差不多就行。根据不同的交易需求，合同内容自然有**详略**之别。例如，买台电脑与买间房屋，其合同内容肯定完全不一样。但无论交易的内容是怎样的，合同内容都应当追求**详尽**。在合同领域，如果说突出重点，**省略**细节，那绝对不对。因为某些交易，其细节完全能决定成败。俗话说，"**失之毫厘，谬以千里**"。例如，某甲在出具给某乙的文书上写着"今某甲还欠款 10000 元",试想如此内容,"还"究竟念"huán"还是"hái",这**势必**造成甲乙认识上的差异,导致双方陷入**争端**。

(二) 对合同认识的常见误区(下篇)

　　误区四:合同是专业人员的事,跟**经办**人无关。合同**拟定**工作可以交给专业人员操作,但首先,专业人员通常仅能关注法律风险,对一些实施风险、财务风险难以**周全**。其次,合同经经办人描述后,经过专业人员的再加工,有可能**有悖**于经办人的**初衷**。最后,合同一经签订基本上就是固定的、静止的,但交易却是变化的、动态的,合同**履行**中事项的变更,只有经办人最清楚,脱离合同执行过程,专业人员根本就不能防控法律风险。

　　误区五:再审一下,再再审一下,再再再审一下合同。如果说有一千个读者就会有一千个哈姆雷特的话,那么一千个人拟合同,也会有一千个合同**版本**。所以,无论是拟定合同还是审阅合同,切忌陷入无休无止的境地。在合同拟定或审查的工作中,也存在一个广口瓶效应的故事。故事讲的是,老师在一个广口瓶里先装满了小石头,再往里面装小石砾,再往里面装沙砾,然后问同学们能不能再往里面装什么了。同学们没人回答。于是老师又往里面装满了水。随后又问同学们能不能往里面装什么了。同学们都摇头。于是老师又往里面装了一些盐。合同也是如此,完全可以书之不尽,言之不完。因此,如何把握重点,却又不**遗漏**细节,**着实**是一个考验**功力**的问题。世上没有完美的合同,只有追求完美的态度。

　　误区六:合同没法改。合同是人的智力成果,从理论上讲,凡是由人**经手**的事项,都有办法改。合同没法改的原因可能有:一是某方预先放弃了合同修改的权利;二是怕麻烦,懒得修改;三是作为合同**范本**,按内部规定是不能修改的;四是过去都是这么订立的。对于原因一,主要是工作能力决定的;对于原因二,主要是工作态度决定的;对于原因三,主要是工作方法决定的;对于原因四,主要是工作惯性思维决定的。预先放弃修改合同,可能对于相关的合同风险无法形成合理预期;怕麻烦修改合同,是因为不知道争端产生后更麻烦;合同范本按规定无法修改,那么是否有考虑签订补充**协议**或者变更协议?过去的事项,只能作为一种判断,而合同本来就是为了预防未来的风险。任何合作都有可能会经过蜜月期,任何交易对手都可能瞬间**翻脸**,既然未来的事谁也说不准,那么何不立足于**当下**?争端一旦产生,尤其是各方预期差异较大时,公平、平等的合同可能是维护自身权益的最后一道**防线**。

(资料来源:作者杨桥,《对合同认识的几个常见误区》,
http://www.docin.com/p-1102069709.html 有改编)

▶ 生词

1. 误区	wù qū	(名)	长时间形成的某种错误认识或做法;misunderstanding
2. 大错特错	dà cuò tè cuò	(成)	强调错误到极点;to be gravely mistaken
3. 通俗	tōng sú	(形)	浅显易懂的,易于被大众理解和接受的;common

4. 白纸黑字　　bái zhǐ hēi zì　（成）　比喻有确凿的文字凭据；written in black and white

5. 裁决　　　　cái jué　　　　（名）　判决；adjudication

6. 依据　　　　yī jù　　　　　（名）　作为根据或依托的事物；foundation

7. 词不达意　　cí bù dá yì　　（成）　指词句不能确切地表达出意思和感情；the words fail to convey the idea

8. 详略　　　　xiáng lüè　　　（形）　详细和简略；detailed and brief

9. 详尽　　　　xiáng jìn　　　（形）　详细全面，没有遗漏；detailed

10. 省略　　　　shěng lüè　　　（动）　免掉，略去；omit

11. 失之毫厘　谬以千里　shī zhī háo lí　miù yǐ qiān lǐ

　　　　　　　　　　　　　　（成）　稍微有一点差错就会造成很大的错误；a little error may lead to a large discrepancy

12. 势必　　　　shì bì　　　　（副）　按事物的发展推测，必然会导致某种结果；be bound to

13. 争端　　　　zhēng duān　　（名）　引起争执的事端；dispute

14. 经办　　　　jīng bàn　　　（动）　指经手办理；handle

15. 拟定　　　　nǐ dìng　　　　（动）　草定；to draft

16. 周全　　　　zhōu quán　　（形）　周到，完备；thorough

17. 有悖　　　　yǒu bèi　　　　（动）　相冲突，不一致；contrary to

18. 初衷　　　　chū zhōng　　（名）　指最初的愿望或心意；original intension

19. 履行　　　　lǚ xíng　　　　（动）　执行，实践；to implement (an agreement)

20. 版本　　　　bǎn běn　　　　（名）　出版印行的图书；edition

21. 遗漏　　　　yí lòu　　　　（动）　因疏忽而漏掉；leave out

22. 着实　　　　zhuó shí　　　（副）　切实，实在；indeed

23. 功力　　　　gōng lì　　　　（名）　功夫和力量，多指在技艺或学术上的造诣；in regard to training

24. 经手　　　　jīng shǒu　　　（动）　亲手办理；to handle

25. 范本　　　　fàn běn　　　　（名）　书画等可做模范临摹的样本；model for calligraphy or painting

26. 协议　　　　xié yì　　　　（名）　经过谈判、协商而制定的文件；agreement

27. 翻脸	fān liǎn	(动)	对人的态度突然变坏、不友好；to become hostile
28. 当下	dāng xià	(名)	此时此地；　at the moment
29. 防线	fáng xiàn	(名)	比喻用以抵御外力，防护自身的东西；
			line of defense

▶ 经贸词条及注释

① 商品流通

商品流通(commodity circulation)是指商品或服务从生产领域向消费领域的转移过程。在商品流通过程中，需要不断地完成由商品到货币和货币到商品的变化，这种变化既涉及商品价值形态的转换、商品所有权的转移，又涉及商品实体的位置移动。

② 格式条款

格式条款又称为标准条款，是指当事人为了重复使用而预先拟定，并在订立合同时未与对方协商的条款，如保险合同、拍卖成交确认书等都是格式合同。

▶ 语法

1. 切忌

指禁忌，千万不要做某事。例如：

① 无论是拟定合同还是审阅合同，切忌陷入无休无止的境地。

② 请教医生是否需要用眼药水，切忌自行使用。

③ 与人相处切忌卖弄聪明与学识。

2. 既然……，何不……

前一句"既然"先指出前提，后一句用"何不"提出相应的建议。例如：

① 既然未来的事谁也说不准，那么为何不立足于当下？

② 既然选择了付出，何不全力以赴！

③ 既然我们不再相爱，何不尽早分开？

▶ 练习

(一) 选词填空

　　　详尽　　着实　　翻脸　　防线　　版本　　详略　　经手　　当下

1. 如果说有一千个读者就会有一千个哈姆雷特的话，那么一千个人拟合同，也会有一千个合同(　　　　　)。

2. 根据不同的交易需求，合同内容自然有(　　　　　)之别。例如，买台电脑与买间房屋，其合同内容肯定完全不一样。

3. 合同是人的智力成果，从理论上讲，凡是由人(　　　　)的事项，都有办法改。

4. 既然未来的事谁也说不准，那么为何不立足于(　　　　)?

5. 如何把握重点，却又不遗漏细节，(　　　　)是一个考验功力的问题。

6. 争端一旦产生，尤其各方预期差异较大时，公平、平等的合同可能是维护自身权益的最后一道(　　　　)。

7. 任何合作都有可能会经过蜜月期，任何交易对手都可能瞬间(　　　　)。

8. 无论交易的内容是怎样的，合同内容都应当追求(　　　　)。在合同领域，如果说突出重点，省略细节，那绝对不对。

(二) 词语造句

1. 大错特错：_____。

2. 白纸黑字：_____。

3. 词不达意：_____。

4. 切忌：_____。

5. 既然……，何不……：_____。

(三) 短文填空

1. 合同只是一张纸。从法律上来讲，合同是一张纸的说法完全没错，因为合同法里面有书面形式的合同形式，但认为合同仅仅是一张纸就(　　　　)了。简单来说，合同是交易各方关于交易的内心意思的书面表现形式，它对于固定交易方式、交易金额、交易内容起着重要的作用。在交易过程中，可以(　　　　)的将合同理解为交易各方之间的法律，对交易各方都有约束力。所谓(　　　　)，就是要将交易各方的意思体现在合同之上。在产生争议时，合同是重要的证据。在法官(　　　　)时，合同更是重要的裁决(　　　　)。

2. 合同是专业人员的事，跟经办人无关。合同(　　　　)工作可以交给专业人员操作，但首先，专业人员通常仅能关注法律风险，对一些实施风险、财务风险难以(　　　　)。其次，合同经经办人描述后，经过专业人员的再加工，有可能有悖于经办人的(　　　　)。最后，合同一经签订基本上就是固定的、静止的，但交易却是变化的、动态的，合同(　　　　)中事项的变更，只有经办人最清楚，脱离合同执行过程，专业人员根本就不能防控法律风险。

(四) 回答问题

1. 说一说对合同的常见误区有哪些?

2. "合同只是一张纸"这种说法对么? 谈一谈你的理解。

3. 你怎么理解"误区"一词? 你能发现生活中还有哪些"误区"么?

(五) 阅读与写作

刻薄的割肉合同

中世纪的威尼斯城，年轻人巴萨尼奥想赢得聪明美丽的女孩鲍西亚的芳心，但这需要

3000 块钱。无奈之下，他只好求助于商人朋友安东尼奥，安东尼奥是个好人，他热情助人，慷慨大方。安东尼奥每次看到坏商人夏洛克都要把他骂得很惨，所以夏洛克心里不高兴。

这一次，由于安东尼奥在海上的投资暂时无法收回，所以为了帮朋友，安东尼奥只得向他经常唾骂的富有商人夏洛克借钱。夏洛克觉得报复的机会到了，他答应借给安东尼奥钱的同时，却提出了一项<u>刻薄</u>的要求……双方签订一个合同，约定好偿还日期，如果到期不还的话，夏洛克就要在安东尼奥心口取一磅肉。这个合同被称为"割肉合同"。

割肉合同订立后，安东尼奥的货船在海上遭遇<u>不测</u>，他的全部投资<u>付之东流</u>了，而他借夏洛克的钱到期也无法偿还。夏洛克在得知这一消息后欣喜若狂，觉得报复安东尼奥的机会到了，他把安东尼奥揪到威尼斯法院，请求法官判处，按照原合同执行。威尼斯的法官看了这个合同以后，劝夏洛克撤诉，可夏洛克不同意。结果，威尼斯的法院没有办法，只好准备执行这个判决。

正当安东尼奥和法官们<u>一筹莫展</u>的时候，安东尼奥的朋友巴萨尼奥已经赢得了鲍西亚的芳心。此时，鲍西亚<u>乔装</u>成资深的法律专家出现在法庭上，这位"资深的法律专家"也支持夏洛克的割肉主张。"他"说这个合同是有效的，这个合同是应该执行的。这一番言论让尖酸刻薄的夏洛克为之兴奋，而安东尼奥的性命<u>危在旦夕</u>。

可是"法律专家"接着指出合同里面有两个问题：第一，必须是一磅肉，只能是一磅肉，多一克，多一点儿不行，少一点儿也不行；第二，合同里面只提到了在胸口取一磅肉，没有讲到血，所以如果在取肉的过程当中，安东尼奥流了一滴血，那么这就是合同以外的问题了，如果胸口附近流血，那就是谋杀罪，就要按照谋杀罪来处理。夏洛克傻眼了，如果他去取肉的话，肯定刀一上去就要流血，一流血就会被判谋杀罪。他没有办法，只好要求说，"法官那我撤诉，我不告安东尼奥了。"鲍西亚冒充的这个法律专家又说，"如果你现在撤诉的话，那就说明你原来的意思并不是为了履行这个合同，你有谋杀的意图在里面。那么按照威尼斯法律，你要被没收一半财产。"结果，夏洛克没有办法，只好灰溜溜地走了，同时被判罚了一半财产。

(资料来源：《刻薄的割肉合同》，http://www.xiaogushi.com/diy/fazhigushi/102990.htm 有改编)

1. 尝试写出文中划线词语的解释

① 刻薄：_____。

② 不测：_____。

③ 付之东流：_____。

④ 一筹莫展：_____。

⑤ 乔装：_____。

⑥ 危在旦夕：_____。

2. 关于"合同"，这个故事给了你什么启示呢？请把你的想法写下来。

第二十八课　电商未来畅想曲

在虚拟与现实的交汇中，电商发展远超人们的**预期**，成为经济发展的新动力之一。未来，电子商务又将发生怎样的**变革**？**颠覆**还是回归？关于电商的未来，未知远远大于已知。

▶ 课文

(一) 大数据①成就未来电商全新增长点

在京东集团**首席**执行官②刘强东看来，**火爆**的电商市场新的增长点将会出现在对大数据的挖掘和使用上，大数据将会推动商业模式的变革。

有个让刘强东骄傲的数字——"7分钟"，它来自一个用户在京东上购买手机的订单。从下单到送达用户手中，只用了"7分钟"，这个让人**难以置信**的过程就是通过大数据得以实现的。

对**驱动**消费者消费而言，通过对消费行为大数据分析，可以实现真正个性化的精准**推送**，提升消费者选购商品的效率。同时，通过消费习惯大数据分析，可以提前判断消费者可能出现的购买行为，实现"未买先送"，减少消费者在网络购物过程中的等待时间，提升消费者购物体验。此外，真实、完整、准确的消费行为大数据能够帮助制造企业更好地了解消费者的真实需要。比如，手机企业在生产手机之前，通过大数据可以清晰地了解到消费者喜欢什么型号的CPU、多大的屏幕，以及有哪些功能要求，从而生产出更符合消费者喜好的产品，真正满足消费者的需求。

对于电商平台而言，借用云计算下的大数据分析和**归纳**，可以很好地将**爆款**产品**筛选**出来并进行基于用户兴趣的定向推荐，可以大大节约平台**流量**，降低电商企业**运营**成本，提升运营效率。同时，电商平台的大数据系统可以为合作商家提供一站式服务③，帮助合作商家了解用户需求点，把控产品生产周期，降低库存风险。另外，电商平台还能使商业**变现**做到最大化。此外，电商平台可以依靠大数据进行风险管控，通过数据抓取与分析等技术，将假货、刷单等识别出来，杜绝恶意竞争。

对此，有专家认为，大数据在未来极有可能成为市场竞争中赢得领先的核心资源。

(资料来源：《刘强东：大数据成就未来电商全新增长点 撬动万亿级市场》，

https://wx.jcloud.com/zixun/article-3862599.html 有改编)

（二） "实体电商"将成主流趋势

近年来，消费市场发生了巨大变化，网络购物发展迅猛，传统零售企业**线下**业务面临巨大挑战。传统零售企业在品牌、资源、体验性、及时性等方面拥有绝对的优势，电商虽然代表未来商业发展的新方向，但不可能完全取代零售渠道。

电商与传统零售企业是渐进**融合**的关系，而非**替代**关系。未来零售业将是一个**线上线下**融合的**业态**，"实体电商"或许将成主流趋势。

在"实体电商"模式下，消费者既可以去实体店体验产品，同时实体店也有送货到家的服务。实体店和网店的**隔阂**将被打破，很多电商都将拥有实体店，与此同时，很多实体店也将拥有电商网店。

在国外，目前电商开实体店已不**鲜见**，如亚马逊就开设了线下的书店。而在中国，电商与实体店互相渗透也渐成趋势。天猫国际在天津自贸区内开设了 O2O④实体店，该跨境线下体验中心具有商品展示、现场购买、线上线下联动等功能。银泰商业也已宣布与阿里集团实施"银泰天猫货"，支持阿里线上品牌**落地**银泰门店。

近年来，实体商业和传统零售业转型的一个重要内容就是大力**拓展**线上电商渠道。传统零售业、大卖场正在积极发展 O2O，实现线上线下紧密结合。

消费者在网店通过在线支持购买商品或服务后，在线下实体店取货或享受服务，或者在实体店看好商品后在网上购买。这种模式不仅带来网络购物的简单便捷，也克服了网店难以提供的商品体验，电商和实体零售商在新的零售革命中完全可以实现合作与融合，整合资源、**协同**创新是新形势下最好的选择。

畅想未来电子商务，也许我们可以放胆预言，未来世界上最大的电商公司也将拥有最大的实体店。

(资料来源：《未来世界上最大的电商公司也将拥有最大的实体店》，

http://www.linkshop.com.cn/(kwthrmauciseeriqsdu1ui55)/web/Article_News.aspx?ArticleId=348494 有改编)

▶ 生词

1. 畅想	chàng xiǎng	（动）	无拘无束地尽情想象；to think freely
2. 变革	biàn gé	（动）	改变事物的本质；change
3. 颠覆	diān fù	（动）	改变事物原有的模样，使事物本质发生变化；overthrow

4.	首席	shǒu xí	（形）	职位最高的，居第一位的；the first place
5.	火爆	huǒ bào	（形）	热烈，有吸引力；red-hot
6.	难以置信	nán yǐ zhì xìn	（成）	让人很难相信；unbelievable
7.	驱动	qū dòng	（动）	用动力推动，带动；drive
8.	推送	tuī sòng	（动）	信息以网页的形式发送至用户的界面；push
9.	归纳	guī nà	（动）	归并，收拢；conclude
10.	爆款	bào kuǎn	（形）	卖的很多、人气很高的商品；hot cake
11.	筛选	shāi xuǎn	（动）	指在同类事物找出需要的；screen
12.	流量	liú liàng	（名）	在单位时间内通过的数量；traffic
13.	运营	yùn yíng	（名）	各项管理工作的总称；manufacturing
14.	变现	biàn xiàn	（动）	把非现金资产等换成现金；liquidate
15.	刷单	shuā dān	（动）	用以假乱真的购物方式提高网店的排名和销量；click farming
16.	杜绝	dù jué	（动）	遏制，彻底制止；put an end to
17.	主流	zhǔ liú	（形）	事物发展的主要或本质方面；essential aspect
18.	线下	xiàn xià	（名）	当面真实发生的人与人的活动；offline
19.	融合	róng hé	（动）	如熔化那样合成一体；fusion
20.	替代	tì dài	（动）	代替；to supersede
21.	线上	xiàn shàng	（名）	指依托于网络进行活动；online
22.	业态	yè tài	（名）	业务经营的形式、状态；form
23.	隔阂	gé hé	（名）	指阻隔，隔绝；estrangement
24.	鲜见	xiǎn jiàn	（形）	很少见到，极为罕见；rarely
25.	落地	luò dì	（动）	落到实处的行为或实地进行的行为；fall
26.	拓展	tuò zhǎn	（动）	开拓，扩展；to expand
27.	协同	xié tóng	（动）	互相配合；collaborate

▶ 经贸词条及注释

① 大数据

大数据(big data)，IT 行业术语，巨量数据集合，指无法在一定时间范围内用常规软件工具进行捕捉、管理和处理的数据集合。大数据是需要新处理模式才能具有更强的决策力、洞察发现力和流程优化能力的海量、高增长率和多样化的信息资产。

② 首席执行官

首席执行官(chief executive officer，缩写 CEO)是在一个经济组织中负责日常事务的最高行政官员，又称作行政总裁、总经理或最高执行长官。

③ 一站式服务

"一站式服务"(one-stop service)，指在一点内提供完整范围的物品或者客户需求。就是只要客户有需求，一旦进入卡特的某个服务站点，所有的问题都可以解决，没有必要再找第二家。

④ O2O

O2O(online to offline)即线上到线下，是指将线下的商务机会与互联网结合，让互联网成为线下交易的平台，这个概念最早来源于美国。O2O 的概念非常广泛，只要产业链中既可涉及线上，又可涉及线下，就可以通称为 O2O。

▶ 语法

1. 从而

表示结果或进一步的行动，用于后一小句开头，沿用前一小句的主语，多用于书面表达。例如：

① 手机企业在生产手机之前，通过大数据可以清晰地了解到消费者喜欢什么型号的 CPU、多大的屏幕，以及有哪些功能要求，从而生产出更符合消费者喜好的产品。

② 学校开展了多种多样的课外活动，从而扩大了同学们的知识面。

③ 许多灵感来自不经意的突发奇想，从而成就了许多发明。

2. 基于

表示根据，在……基础上。例如：

① 借用云计算下的大数据分析、归纳，可以很好地将爆款产品筛选出来并进行基于用户兴趣的定向推荐。

② 老师对学生的评价主要是基于学生的学习表现。

③ 基于你在狱中的表现，特准你回家探亲一天。

▶ 练习

(一) 选词填空

鲜见　　线下　　颠覆　　隔阂　　难以置信　　拓展　　推送　　火爆　　协同

1. 通过对消费行为大数据分析，可以实现真正个性化的精准(　　　　)，提升消费者选购商品的效率。

2. 网络购物发展迅猛，传统零售企业(　　　　)业务面临巨大挑战。

3. 在京东集团首席执行官刘强东看来，(　　　　)的电商市场新的增长点将会出现在对大数据的挖掘和使用上，大数据将会推动商业模式的变革。

4. 电商和实体零售商在新的零售革命中完全可以实现合作与融合，整合资源、(　　　　)创新是新形势下最好的选择。

5. 实体店和网店的(　　　　)将被打破，很多电商都将拥有实体店，与此同时，很多实体店也将拥有电商网店。

6. 在虚拟与现实的交汇中，电商发展远超人们预期，成为经济发展的新动力之一。未来，电子商务又将发生怎样的变革？(　　　　)还是回归？

7. 近年来，实体商业和传统零售业转型的一个重要内容就是大力(　　　　)线上电商渠道。

8. 在国外，目前电商开实体店已不(　　　　)，如亚马逊就开设了线下的书店。

9. 从下单到送达用户手中，只用了"7分钟"，这个让人(　　　　)的过程就是通过大数据得以实现的。

(二) 词语造句

1. 火爆：_____。

2. 杜绝：_____。

3. 拓展：_____。

4. 从而：_____。

5. 基于：_____。

(三) 短文填空

1. 对于电商平台而言，借用云计算下的大数据分析和(　　　　)，可以很好地将爆款产品(　　　　)出来并进行(　　　　)用户兴趣的定向推荐，可以大大节约平台流量，降低电商企业(　　　　)成本，提升运营效率。同时，电商平台的大数据系统可以为合作商家提供一站式服务③，帮助合作商家了解用户需求点，把控产品生产周期，降低库存风险。另外，电商平台还能使商业(　　　　)做到最大化。此外，电商平台可以依靠大数据进行风险管控，通过数据抓取与分析等技术，将假货、刷单等识别出来，(　　　　)恶意竞争。

2. 近年来，消费市场发生了巨大变化，网络购物发展迅猛，传统零售企业(　　　　)业务面临巨大挑战。传统零售企业在品牌、资源、体验性、及时性等方面拥有绝对的优势，电商虽然代表未来商业发展的新方向，但不可能完全(　　　　)零售渠道。电商与传统零售企业是渐进(　　　　)的关系，而非(　　　　)关系。未来零售业将是一个(　　　　)线下融合的(　　　　)，"实体电商"或许将成主流趋势。在"实体电商"模式下，消费者既可以去实体店体验产品，同时实体店也有送货到家的服务。实体店和网店的(　　　　)将被打破，很多电商都将拥有实体店，与此同时，很多实体店也将拥有电商网店。

(四) 回答问题

1. 说一说大数据对驱动消费者消费而言，有什么积极作用？
2. 说一说大数据对电商平台而言，有什么积极作用？
3. 介绍一个你所知道的"实体电商"的案例。

(五) 阅读与写作

马云：电子商务将消失

2016 年 10 月 13 日上午，马云在杭州云栖大会上说"电子商务很快会消失"，此言一出，语惊四座。

马云称，未来的 30 年，技术会应用到方方面面，包括社会各行各业，但人们对此没有足够的意识。"很多人讲互联网在冲击各行各业，电子商务在打击、摧毁传统商业，事实上电子商务并没有冲击传统商业。"马云说，电子商务只是把握并用好了互联网的技术和理念，产生了一种适应互联网数据时代的商业模式；真正冲击各行各业、冲击就业、冲击传统思想、传统行业的是人们昨天的思想，是对未来的无知，是对未来的不拥抱。

马云称"电子商务"这个词可能很快就会被淘汰，阿里巴巴从明年开始将不再提"电子商务"这一说法。他还说，未来有五个全新发展将深刻地影响中国、世界和所有人，分别是新零售、新制造、新金融、新技术和新能源，将对各行各业造成巨大的影响，成为决定未来成败的关键。

马云表示，未来 30 年的这次技术革命，每个人都有机会，各国小企业的机会也会越来越多。"以前创业你可能要钱，你可能要资源，你可能要各种各样的关系。未来只要利用技术、数据和创新，人人将会有机会。"因此，马云在最后呼吁各国政府为未来 30 年制定创新发展的政策，为 30 岁以下的年轻人和 30 人以下的小企业制定独特的扶持政策。

(资料来源：作者李佳，《马云：电子商务将消失》，央广网 2016 年 10 月 13 日 有改编)

1. 尝试写出文中划线词语的解释

① 语惊四座：_____。

② 淘汰：_____。

③ 呼吁：_____。

2. 你怎么看马云"电子商务将消失"的观点？把你的想法写下来。

管理篇

第二十九课　人才流动远非一场说走就走的旅行

> 人生总是在抉择，职场也一样。公司每天都在面对员工的去留选择，员工面对不同公司、薪酬和岗位，也在犹豫走还是不走……"去""留"真的对立吗？

▶ 课文

（一）"终生交往"让人才流而不失

对于**离职**的员工，是采取**人走茶凉**的态度，还是与员工保持"终生交往"，使离职员工"流而不失"？在亚实科技有限责任公司，离职员工仍被看作公司的人力资源①，公司会对这部分特殊的人力资源**实施**高效管理。这种管理制度不仅使离职员工向公司传递了市场信息，提供了合作机会，介绍了现供职机构的经验教训，帮助公司改进了工作；而且离职员工在新岗位上的出色表现，还能**折射**出原公司企业文化的光彩。

为了和离职员工保持密切的联系，确保其"流而不失"，有效的人力资源管理从员工决定离职的那一刻就开始了。在亚实公司，不管是在公司工作多年的老员工，还是那些提出要走的新员工，在他们提出离开时，一般都会得到公司**挽留**，但同时他们的选择也会得到尊重。公司规定在每个员工离职前必须做一次面谈，提出自己对公司的看法和离职的原因，如果是公司管理方面的问题，公司会充分重视，并努力去改善。值得一提的是，公司还十分关心他们今后的发展和去向，甚至会帮助他们寻找一些更适合的单位。从另一个角度讲，离开公司的员工里，有很多是非常优秀、有能力的人，和这些员工保持交往，会为公司带来新的资源。

公司的人力资源部就有这样的一个新职位叫"旧**雇员**关系主管"，这个主管的工作就是建立特殊的**人事**档案，跟踪离职员工的职业生涯变化情况。曾在公司**效力**的前雇员，都会定期收到内部通讯，并被邀请参加公司的聚会活动。

公司还**摒弃**了"好马不吃回头草"的**陈腐**观念，欢迎**跳槽**的优秀人才重返公司效力。"有的人认为，如果让那些所谓的"**叛徒**"回来，或者还与他们保持长期的交往，就无法面对留下来的员工。事实恰恰相反，这么做是对现有人员最大的尊重，让他们感觉到温暖和信任。聘用"回头好马"既可以降低公司成本，又有利于提高员工忠诚度。公司人力资源部部长强调了这一观点。

对于备受人才流失困扰的企业来说，管理者往往使用各种方法希望留住优秀的员工。而亚实公司面对日益激烈的商业竞争，摒弃了"终生员工"的概念，更愿意和员工保持"终生交往"，以**崭新**的态度来看待人才流失[②]。鼓励人才流动的机制非但没有造成大量人才流失，相反，公司人才反而越留越多。对于其中的**奥妙**，公司老总一语**道破天机**，"公司培养出去的科技人员对企业有一种感情情结，这种感情情结会使他们留下终生的心里印记，他们会以各种方式回报公司。"

(资料来源：作者陈建祥、张珺、蒋晓洁，《如何建立"流"而"不失"的人力资源体系》，
《中国高新技术企业》2010 年第 19 期　有改编)

(二) 论　跳　槽

跳槽对人才的职业发展而言是一把**双刃剑**。过于频繁地更换单位或者工作，会不利于专业经验和技能的积累，但是在一些情况下，跳槽却是激发职业发展潜力的良好机会。问题的关键在于如何科学地评判跳槽带来的风险。

在人事部主管眼中，大学毕业后第一个五年中出现的跳槽经历根本不能为自己加分，即使被录用也只能当新手培训，跳槽次数越多，你已获取的工作经验贬值得越厉害，从而出现不是"报酬往高处"走，而是"报酬踏步不前"的状态。在别人每年都从业绩良好的公司里**按部就班**加薪时，你的踏步不前事实上就是"水往低处流"了。毕业后干满 5～6 年以后再跳槽，才能被列为初步有经验的人员，可以作为熟手录用，在一线**独当一面**；毕业后干 8～9 年的工作可为你加分不少，跳槽后一般经历 6 个月的考察期就可以升为主管。

跳槽太过频繁的人，往往**得不偿失**。因为工作能力的培养都要经过一个相对长的时间才能真正掌握，如果经常跳槽转行，往往容易成为**万金油**，即什么都会一点，但什么都不精通、不专业，这样哪家公司也无法用你。

聪明的青年人应该给自己做一个聪明的职业规划[③]，以免受错误信息的误导，影响自己的前程。只有这样，才能够有机会将自己由蓝领变成白领，由白领变成金领。是金子总会发光的。只要你是人才，无论在哪里工作，早晚都会冒出头来。只要你安心在岗位上踏实工作，干出成绩，前途自然**不可限量**。说不定单位领导现在已经在考虑**提拔**你，而你突然提出要辞职，岂不是**前功尽弃**？ 而技能不精，怎么跳也难跳起来。

人在职场，跳槽既是**司空见惯**的事，也是一门学问。跳槽，应该沉住气，选择时机，争取跳一次成功一次、收获一次、**升华**一次。

(资料来源：作者张小明，《跳槽，要冒多大的风险？》，《科学大观园》2002 年第 8 期　有改编)

▶ 生词

1. 离职	lí zhí	(动)	离开工作岗位，不再回来；quit job
2. 人走茶凉	rén zǒu chá liáng	(成)	比喻世态炎凉，人情淡漠；the tea cools down as soon as the person is gone
3. 实施	shí shī	(动)	行为，实践；implement
4. 折射	zhé shè	(动)	反映；reflect
5. 挽留	wǎn liú	(动)	使将要离去的人留下来；persuade sb. to stay
6. 雇员	gù yuán	(名)	被雇用的工作人员；employee
7. 人事	rén shì	(名)	指人力资源管理工作；personnel matters
8. 效力	xiào lì	(动)	指出力、服务；serve
9. 摒弃	bìng qì	(动)	屏除，抛弃；abandon
10. 陈腐	chén fǔ	(形)	比喻陈旧过时；trite
11. 跳槽	tiào cáo	(动)	离开原来的工作，另谋高就；job-hopping
12. 叛徒	pàn tú	(名)	指有背叛行为的人；traitor
13. 崭新	zhǎn xīn	(形)	非常新，簇新；brand-new
14. 奥妙	ào miào	(形)	深奥微妙；mysterious
15. 道破天机	dào pò tiān jī	(成)	说穿了秘密；reveal the secret
16. 情结	qíng jié	(名)	深藏心底的感情；complex
17. 双刃剑	shuāng rèn jiàn	(名)	形容事情有双重影响性，既有利也有弊；double-edged
18. 按部就班	àn bù jiù bān	(成)	做事按一定的步骤、顺序进行；step-by-step
19. 独当一面	dú dāng yī miàn	(成)	单独担当一个方面的重要任务；take charge as chief of
20. 得不偿失	dé bù cháng shī	(成)	所得的利益抵偿不了所受的损失；the loss outweighs the gain
21. 万金油	wàn jīn yóu	(名)	形容人或物用处较多，在很多地方都能起到作用；tiger balm

22.	不可限量	bù kě xiàn liàng	(成)	形容前程远大；limitless
23.	提拔	tí bá	(动)	选拔提升；promote
24.	前功尽弃	qián gōng jìn qì	(成)	以前的功劳、努力全部丢失、白费； all that have been achieved is spoiled
25.	司空见惯	sī kōng jiàn guàn	(成)	指某事常见，不足为奇；a common occurrence
26.	升华	shēng huá	(动)	比喻某些事物的精炼和提高；sublimation

▶ 经贸词条及注释

① 人力资源

人力资源(human resources，简称 HR)指在一个国家或地区中，处于劳动年龄、未到劳动年龄和超过劳动年龄但具有劳动能力的人口之和。

② 人才流失

人才流失是指在一个单位内，对其经营发展具有重要作用，甚至是关键性作用的人才非单位意愿的流走，或失去其积极作用的现象。

③ 职业规划

职业规划是对职业生涯乃至人生进行持续的系统的计划的过程，它包括职业定位、目标设定和通道设计三个要素。

▶ 语法

是……，还是……

表示从几项中选择一项，或此或彼，一般语气上较灵活，有商量的口气，也有"是……，是……，……还是……"。例如：

① 对于离职的员工，是采取人走茶凉的态度，还是与员工保持"终生交往"，使离职员工"流而不失"？

② 小明忘记看天气预报，不知道明天是阴天还是晴天。

③ 你的职业是医生，是老师，还是消防员？

▶ 练习

(一) 选词填空

挽留　折射　跳槽　按部就班　双刃剑　人走茶凉　摒弃　万金油

1. 公司还(　　　　)了"好马不吃回头草"的陈腐观念，欢迎跳槽的优秀人才重返公司效力。

2. 跳槽对人才的职业发展而言是一把(　　　　　)。

3. 对于离职的员工,是采取(　　　　　)的态度,还是与员工保持"终生交往",使离职员工"流而不失"?

4. 在人事部主管眼中,大学毕业后第一个五年中出现的(　　　　　)经历根本不能为自己加分。

5. 不管是在公司工作多年的老员工,还是那些提出要走的新员工,在他们提出离开时,一般都会得到公司(　　　　　),但同时他们的选择也会得到尊重。

6. 如果经常跳槽转行,往往容易成为(　　　　　),即什么都会一点,但什么都不精通、不专业,这样哪家公司也无法用你。

7. 在别人每年都从业绩良好的公司里(　　　　　)加薪时,你的踏步不前事实上就是"水往低处流"了。

8. 离职员工在新岗位上的出色表现,还能(　　　　　)出原公司企业文化的光彩。

(二) 词语造句

1. 按部就班: _____。

2. 得不偿失: _____。

3. 独当一面: _____。

4. 不可限量: _____。

5. 司空见惯: _____。

(三) 短文填空

1. 对于备受人才流失困扰的企业来说,管理者往往使用各种方法希望留住优秀的员工。而亚实公司面对日益激烈的商业竞争,(　　　　　)了"终生员工"的概念,更愿意和员工保持"终生交往",以(　　　　　)的态度来看待人才流失。鼓励人才流动的机制非但没有造成大量人才流失,相反,公司人才反而越留越多。对于其中的(　　　　　),公司老总一语(　　　　　),"公司培养出去的科技人员对企业有一种感情(　　　　　),这种感情情结会使他们留下终生的心里印记,他们会以各种方式回报公司。"

2. 聪明的青年人应该给自己做一个聪明的职业规划,以免受错误信息的误导,影响自己的(　　　　　)。只有这样,才能够有机会将自己由蓝领变成白领,由白领变成金领。是金子总会发光的。只要你是人才,无论在哪里工作,早晚都会冒出头来。只要你安心在岗位上踏实工作,干出成绩,前途自然(　　　　　)。说不定单位领导现在已经在考虑(　　　　　)你,而你突然提出要辞职,岂不是(　　　　　)? 而技能不精,怎么跳也难跳起来。

(四) 回答问题

1. 如何聪明地对待离职员工?请结合课文案例讲一讲。

2. 你会跳槽吗?请说明理由。

3. 你如何理解人力是资源?试着说一说。

(五) 阅读与写作

从寓言看用人之道

寓言《西邻五子》说的是"西邻"有五个儿子，一个聪明伶俐，一个驼背，一个质朴老实，一个双目失明，一个跛足。他们的生活出路何在? 这位古代的"西邻公"对自己的五个孩子，根据其不同的情况，因人而异，安排不同的工作，让聪明伶俐的去经商，质朴老实的去务农，双目失明的去做按摩先生，驼背的搓麻绳，跛足的去纺织。如此安排，<u>人尽其才</u>，发挥了各人的长处，又避开了各人的短处，结果各得其所，安居乐业，可以说是"人尽其才"之典范。

企业是人才实现自我价值的<u>乐土</u>。对于一个企业来说，满足人才自我价值的实现，就必须因人而异，根据每个人的特长、兴趣爱好、能力水平，帮助其选择最佳的工作岗位，使其感到找到了理想的表演舞台；针对人才的欲望、能力、潜质，帮助其拟定一个能体现企业和个人共同发展的规划，增强努力进取的内在动力；根据能力大小，提供相对应的岗位，并让其唱主角，最大限度地发挥每个人的作用。<u>用人之道</u>，在于用人之长，非用人之短，转变你的视角和观念，学一学"西邻公"，人才就在你的眼前。

(资料来源：作者张锋，《用人不妨学"西邻"》，

《领导科学》1986 年第 5 期 有改编)

1. 尝试写出文中划线词语的解释

① 人尽其才：_____。

② 乐土：_____。

③ 用人之道：_____。

2. "用人之道，在于用人之长，非用人之短"，写一写你对这句话的理解。

第三十课　成为"使事情发生的企业"

著名管理大师迈克尔·波特曾经说过:"世界上有三类企业:不知道发生了什么的企业;看着事情发生的企业;使事情发生的企业。"那么,怎样才能成为一个使事情发生的企业呢? ——实施企业战略管理[①]就是最明智的选择。

▶ **课文**

(一) 从送大楼认识战略管理

第二次世界大战结束后,战胜国决定成立一个处理世界事务的组织——联合国。可是在什么地方建立这个组织总部,一时间颇费思量。地点应当选在一座繁华城市,可是在任何一座繁华城市购买建立庞大楼宇的土地都需要很大一笔资金。就在各国首脑们商量来商量去的时候,洛克菲勒家族[②]听说了这件事,他们立刻出资 870 万美元在纽约买下一块**地皮**,在人们的惊诧中无条件地**捐赠**给联合国。他们在买下捐赠给联合国的那块地皮时,也买下了与这块地**毗连**的全部地皮。等到联合国大楼建起来后四周的地皮价格立即飞涨起来,现在没有人能够计算出洛克菲勒家族凭借**毗连**联合国大楼的地皮获得了多少个 870 万美元。从以上事件中你能感觉到什么? 是他们的**先见**之明,还是他们有过人之处? 其实,他们的先见之明或者说**过人**之处,就在于企业的战略管理。

企业战略管理是一种不同于传统职能管理[③]的崭新管理思想和管理模式。传统的企业管理内容仅**局限**于对不同职能活动进行管理,如生产管理、成本管理等;企业战略管理是确定企业使命,根据企业外部环境和内部经营**要素**确定企业目标,保证目标正确落实并使企业使命最终得以实现的一个动态过程。由职能管理走向战略管理是现代企业管理的一次飞跃。

1970 年美国学者桑恩和豪斯历时 7 年对 6 个不同行业的 18 对大中型企业运用战略管理的情况进行过考察,每一对企业都由一家运用了正式战略规划系统的企业与一家没有运用正式战略规划系统的企业组成。经过比较研究发现,在石油、食品、医药、钢铁、化工和机械行业中，运用了正式战略规划的企业在投资收益率、股权资本收益率等财务指标上都明显好于没有实施战略规划的企业。同时还发现，企业采用战略规划以后，其经济效益要比没有战略规划的年代的效益有较大**幅度**的改善。学者哈罗德又用了 4 年时间，对医药和化工行业进行了专题研究，不仅再一次证明了这一结论的正确性，而且指出企业有无正式战略规划，其经济效益差距在不断扩大。

(资料来源：作者卫谭，《从送大楼谈战略管理的重要性》，
http://www.iliema.com/article-87885-1.html 有改编)

（二）　企业战略管理的原则

反馈修正原则。企业战略管理**涉及**时间**跨度**较大，在战略实施过程中，环境因素可能会发生变化，企业只有不断地跟踪反馈才能保证战略的适应性，要随着环境因素变化而变化，根据实际的情况进行战略调整和修正。

从外往里原则。战略制定首先要考虑的是外部环境及因素的情况，根据外部情况制定企业内部的管理原则。

适应环境原则。来自环境的影响力在很大程度上会影响企业的经营目标和发展方向。战略的制定一定要注重企业与其所处的外部环境的**互动性**，不能**撇开**外部环境，只考虑企业内部环境，这样企业会像**井底之蛙**一样，永远也看不到外面的世界，永远不能**与时俱进**，最终会给企业的发展带来困境，直接影响企业的利益。

全程管理原则。企业制定战略是一个过程，包括战略的制定、实施、控制与评价。在这个过程中，各个阶段互为支持、互为**补充**，**忽略**其中任何一个阶段，企业战略管理都不可能成功。

整体最优原则。企业战略管理要将企业视为一个整体来处理，要强调整体最优，而不是局部最优。战略管理不强调企业某一个局部或部门的重要性，而是通过制定企业的**宗旨**、目标来**协调**各单位、各部门的活动，使他们形成**合力**。

全员参与原则。企业战略管理是全局性的，并且有一个制定、实施、控制和修订的全过程。所以，战略管理绝不仅仅是企业领导和战略管理部门的事，在战略管理的全过程中，企业全体员工都将参与，大家一起努力。

(资料来源：《企业战略管理的六大原则》，
https://jingyan.baidu.com/article/466506586d8308f549e5f8cc.html 有改编)

▶ 生词

1. 思量	sī liáng	（动）	考虑，想念；to consider
2. 地皮	dì pí	（名）	供建筑用的土地；section of land
3. 捐赠	juān zèng	（动）	没有索求地把有价值的东西给予别人；donate

4. 毗连   pí lián   (动)   指土地相连接；to adjoin

5. 先见之明   xiān jiàn zhī míng   (成)   指对事物的发展有预见性；ability to foresee

6. 过人   guò rén   (形)   比一般人强；extraordinary

7. 局限   jú xiàn   (名)   限制在一定范围内；confine

8. 要素   yào sù   (名)   事物必须具有的实质、组成部分；essential

9. 幅度   fú dù   (名)   两个可能极限之间的距离或长度；range

10. 反馈   fǎn kuì   (动)   事物返回出发的起始点并产生影响；feedback

11. 修正   xiū zhèng   (动)   改正、修改使正确；correct

12. 涉及   shè jí   (动)   指关联到，牵涉到；involve

13. 跨度   kuà dù   (名)   泛指距离；span

14. 互动   hù dòng   (动)   互相作用，互相影响；interaction

15. 撇开   piē kāi   (动)   放在一边，不予讨论或考虑；leave aside

16. 井底之蛙   jǐng dǐ zhī wā   (成)   比喻见识短浅的人；

                                        able only to see the little patch of sky above

17. 与时俱进   yǔ shí jù jìn   (动)   观念、行动和时代一起进步；

                                        keeping pace with the times

18. 补充   bǔ chōng   (动)   补足，充实；supplement

19. 忽略   hū lüè   (动)   指疏忽，没注意到；neglect

20. 整体   zhěng tǐ   (名)   指整个事物或组织的全体；whole entity

21. 宗旨   zōng zhǐ   (名)   主导思想；purpose

22. 协调   xié tiáo   (动)   和谐一致，配合得当；to coordinate

23. 合力   hé lì   (名)   共同出力，形成一个力量；resultent force

▶ 经贸词条及注释

① 战略管理

     战略管理(strategic management)，是指对一个企业或组织在一定时期内全局的、长远的发展方向、目标、任务和政策，以及资源调配做出的决策和管理艺术。战略管理包括战略制定与战略实施两个部分，是一个"自上而下"的过程。

② 洛克菲勒家族

洛克菲勒家族位居美国十大财团首位，创始人为 J.D.洛克菲勒，是以洛克菲勒家族的石油垄断为基础，通过不断控制金融机构，把势力范围伸向国民经济各部门的美国最大的垄断集团。翻开美国史，洛克菲勒家族无处不在，迄今已繁盛了六代的。

③ 职能管理

职能管理(functional management) 是将管理基础与特定的管理职能相结合，以提高组织职能部门的效率。它主要包括生产管理(运作管理)、市场营销管理、财务管理、人力资源管理、研究与开发管理、贸易管理等。

▶ 语法

1. 在于
指出问题所在或关键所在。正是，就是；取决于，决定于。例如：
① 其实，他们的先见之明或者说过人之处，就在于企业的战略管理。
② 他们的错误就在于轻敌。
③ 一年之计在于春。

2. 将……视为……
把……看做、当做的意思，多用于书面语或比较正式场合。例如：
① 企业战略管理要将企业视为一个整体来处理。
② 美国将日本视为同盟伙伴。
③ 我将困难视为人生的磨炼和考验。

▶ 练习

(一) 选词填空

跨度　　协调　　井底之蛙　　整体　　反馈　　幅度　　要素　　局限

1. 企业战略管理要将企业视为一个(　　　　)来处理。
2. 根据企业外部环境和内部经营(　　　　)确定企业目标，保证目标正确落实。
3. 传统的企业管理内容仅(　　　　)于对不同职能活动进行管理，如生产管理、成本管理等。
4. 企业采用战略规划以后，其经济效益要比没有战略规划的年代的效益有较大(　　　)的改善。
5. 企业战略管理涉及时间(　　　)较大，在战略实施过程中，环境因素可能会发生变化。
6. 企业只有不断地跟踪(　　　)才能保证战略的适应性。
7. 只考虑企业内部环境，这样企业会像(　　　　)一样，永远也看不到外面的世界。
8. 战略管理不强调企业某一个局部或部门的重要性，而是通过制定企业的宗旨、目标来(   )各单位、各部门的活动。

(二) 词语造句

1. 先见之明：_____。

2. 井底之蛙：_____。

3. 与时俱进：_____。

4. 思量：_____。

5. 过人：_____。

(三) 短文填空

1. 第二次世界大战结束后，战胜国决定成立一个处理世界事务的组织——联合国。可是在什么地方建立这个组织总部，一时间颇费(   )。地点应当选在一座繁华城市，可是在任何一座繁华城市购买建立庞大楼宇的土地都需要很大一笔资金。就在各国首脑们商量来商量去的时候，洛克菲勒家族②听说了这件事，他们立刻出资 870 万美元在纽约买下一块(   )，在人们的惊诧中无条件地(   )给联合国。他们在买下捐赠给联合国的那块地皮时，也买下了与这块地(   )的全部地皮。等到联合国大楼建起来后四周的地皮价格立即飞涨起来，现在没有人能够计算出洛克菲勒家族凭借毗连联合国大楼的地皮获得了多少个 870 万美元。从以上事件中你能感觉到什么？是他们的(   )，还是他们有(   )之处？其实，他们的先见之明或者说过人之处，就在于企业的战略管理。

2. 来自环境的影响力在很大程度上会影响企业的经营目标和发展方向。战略的制定一定要注重企业与其所处的外部环境的(   )性，不能(   )外部环境，只考虑企业内部环境，这样企业会像(   )一样，永远也看不到外面的世界，永远也不能(   )，最终会给企业的发展带来困境，直接影响企业的利益。

(四) 回答问题

1. 结合课文谈谈战略管理的重要性。

2. 说一说企业战略管理都有哪些原则。

(五) 阅读与写作

麦当劳的企业战略管理分析

麦当劳是全球最大的连锁快餐企业，在中国已覆盖北京、上海、广州等一百多个城市，成为中国快餐市场的<u>主力军</u>。麦当劳的成功离不开其完善、高效的战略管理，让我们对其一探究竟。

清晰的战略定位。战略定位体现在其使命陈述中，麦当劳的使命陈述为"麦当劳的目标是成为世界上最优的快餐企业，以最优手段提供优秀的品质、服务、清洁和价值。"这一"世界上最优的快餐企业"的战略定位为麦当劳确立了明确的发展目标。

正确的战略选择。麦当劳采用了一体化和本土化战略，在一体化上，公司严格控制成本费用，同时明确经营理念与规范化管理。麦当劳为保障食品品质制定了极其严格的标准，例如牛肉食品要经过40多项品质检查,食品制作后超过一定期限(汉堡包的时限是10分钟、炸薯条是7分钟)即丢弃不卖等，使得顾客在任何时间、任何地点所品尝的麦当劳食品都是同一品质的。在本土化上，除提供汉堡、薯条等核心食品之外，设计符合当地口味的食物，提供本土风味食品。

强力的战略实施。比如严格的检查监督制度。麦当劳体系有三种检查制度：一是常规性月度考评，二是公司总部的检查，三是抽查(在选定的分店每年进行一次)，以确保各加盟店都能够达到令消费者满意的服务与标准化。再比如完备的培训体系。麦当劳非常重视员工培训，麦当劳的培训体系是在职培训与脱产培训相结合。脱产培训主要在由位于芝加哥的汉堡大学(Hamburger University)完成。汉堡大学是对分店经理和重要职员进行培训的基地。

(资料来源：作者柏雨竺、麻红晓，《麦当劳企业战略管理分析》,《企业导报》2014年第7期 有改编)

1. 尝试写出文中划线词语的解释

① 主力军：＿＿＿＿＿＿＿＿＿＿＿＿＿＿＿＿＿＿＿＿＿。

② 加盟：＿＿＿＿＿＿＿＿＿＿＿＿＿＿＿＿＿＿＿＿＿。

③ 脱产：＿＿＿＿＿＿＿＿＿＿＿＿＿＿＿＿＿＿＿＿＿。

2. 成为"使事情发生的企业"是什么含义？如何成为"使事情发生的企业"？把你的理解和看法写出来。

第三十一课　找到成本与质量的最合理区间

生存和利润是企业活动的两项基本内容，为获取经济效益，企业必须在市场竞争、顾客需求和企业生存、获利之间进行**权衡**。因此，企业要获得最佳收益，必须找到成本与质量的最合理**区间**。

▶ 课文

(一) 质量与成本的关系

任何一个经营性的组织总是非常关心关于成本的话题，不知从什么时候开始，高质量等于高成本成了我们的**潜意识**。如果提高质量是建立在提高设计和制造技术的基础上，增加成本将是**毫无疑问**的。一定的设计和制造技术决定了投入成本的基础。比如，都是生产**布匹**，手工纺织和全自动**生产线**生产所投入的成本的基础本身就不一样。

对于任何生产和制造，存在成本是必然的。我们可以将这些理论上必须投入的成本称之为必然成本，但我们会伤心地发现，实际成本总是高于必然成本。我们总是在试图控制成本，但这些超出必然成本的部分产生的原因是什么——就是我们"做错事"或低效率的"正确做事"所造成的，**即**质量的代价。可以这么说，成本就是质量的代价。那么，提高质量就意味着必须增加成本吗？

企业**固有**的设计和制造技术决定了产品成本的基础，但这部分基础成本可以通过产品附加值来**补偿**，所投入的成本将通过销售利润来回收，但在生产和制造过程中由于"做错事"或低效率所带来的浪费将是永远无法收回的。可以说，我们的产品是利用高技术制造的，所以要卖 1000 元，但我们永远不能说，我们的产品是经过 10 次**返工**才制作出来的，所以要卖 1000 元。

你用 10 次返工制作出来的产品，永远只能用与一次就成功的产品同样的价格卖出，10 次返工所投入的成本就是你的额外成本，这就是质量的代价。第一次就把事情做正确永远是最便宜的且低成本的。你所投入的必然成本，你的竞争对手一样要投入，**所谓**的成本优势仅仅是看谁的质量代价少一些。这些说法是建立在与竞争对手拥有同样的设计和制造技术的基础上的。

成本可以分为由设计和制造技术所决定的必然成本和质量代价两部分。用不同的设计和制造技术制作出来的产品，质量的等级和档次是不一样的，其在市场上的不同销售价格是被消费者所接受的。比如在**太空中培育**的玉米种子和用传统方法培育的玉米种子的销售价格的差距被消费者认为是当然的，因为这两种制造技术所带来的必然成本和产品质量**截然不同**。

我们在试图降低成本时，一定要注意必然成本是不可能降低的，我们可以降低的只有质量代价那一部分。也就是说，降低成本的出路在于提高质量，而不是其他什么方法。你绝对不可能将在太空中培育玉米种子的必然成本降低到传统方法之下，你可以通过改进质量降低质量代价的方法来降低你的总成本。

我们要永远记住，第一次就高效率的把事情做正确永远是低成本的且最便宜的，引用克劳斯比①的话说，就是"质量不花钱"。

(资料来源：《质量与成本的关系》，

http://www.jianshe99.com/new/201009/so7041263655171901026228.shtml　有改编)

(二) 制造业成本上升的质量忧患

美国波士顿咨询集团②(BCG)不久前发布的报告《全球制造业的经济大**挪移**》表明，中国的制造业成本已经与美国**相差无几**：如果美国的成本是 100 ，那么中国的成本就是 96。中国制造业成本仅比美国低 4 个百分点！

关于中国制造业生产成本的上升，人们普遍认为有三大原因：工资上升、汇率上升(人民币升值)、土地和能源(房租、电力和天然气)成本上升。2014 年中国产业工人工资平均上涨 18%，2015 年又平均上涨 17%。这几年，很多企业都将**制造业基地**从中国大陆转移到东南亚和南部非洲一些国家，有的甚至回到了美国，例如纺织业。

交易费用**居高不下**。

一件产品的总成本包括两个部分：生产成本、交易费用。生产成本由要素价格③构成，是直接看得见的成本。交易费用指人与人之间打交道的各种费用，包括搜寻④价格的费用、谈判的费用、监督和执行合同的费用，以及企业与政府打交道的费用，也可以统称为"制度运行的成本"。有分析说，至少在 5 年前，虽然中国制造在生产成本方面有优势，但是在交易费用方面的劣势也十分明显。

举例说，多年来，一个人所共知的现象是，许多中国本土制造的产品，按理说在国内销售应该比在美国销售的价格更低，因为产品离中国市场的运输距离近，市场环境和制度环境类似，而美国距离远，市场环境和制度环境是陌生的。然而，很多电子、服装、**机械**产品，虽然是"made in China"，但是在美国却卖得更便宜。

为什么"中国制造"在美国更便宜呢？就是因为美国市场经济发达、法治完善、制度运行成本低，导致企业的交易费用降低了一大部分；而在国内，因为**管制**、浪费、效率低下、物流成本高、基础设施不完善等各种原因，**致使**制度运行费用过高，这些交易费用最终都体现为各种附加在产品上的税和费，最终导致交易成本高，商品价格随之高涨。

商品价格上涨的质量担忧。

前一段时间，著名学者吴晓波提出"根本不存在什么物美价廉"，许多人也跟着说，中国产品价格低，就意味着质量一定不行，认为"高质量一定要高价格"。问题是：价格高就一定质量高吗？

从上述中国产品总成本的上升我们可以看到，产品成本的构成并不是产品质量本身投入的增加，而是产品以外的成本扩大。这种商品，价格高跟质量好是两回事。

另一方面，随着企业生产和交易成本的不断增加，人们不得不担忧，会不会给一些"偷工减料"的企业平添借口，让这些无良企业继续生产"假冒伪劣"产品？这并非**杞人忧天**：企业要有利润，要生存发展，成本高怎么办？又如何才能保证产品质量呢？

怎么办？就要降低生产成本。而如何才能降低中国制造的成本呢？

其实，知道了原因，就会有相应的对策。大的方面讲，要加快市场化改革，破除各种市场**垄断**，**惩治**腐败，各种杂费就会自然降下来许多；具体方面，应该降低政府的运行成本，税收可以降下来；而对企业来说，为了生存和发展，就必须加大创新力度，像华为那样，在科技和人才方面大力投入，同时保障产品质量。这样一来，对企业来说，产品利润能得以保证，而对于消费者来说，价格高质量好，**理所应当**。

（资料来源：高子良，《制造业成本上升的质量忧患》，中国质量万里行 2016 年第 7 期 有改编）

▶ 生词

1. 权衡	quán héng	（动）	衡量、考虑，比喻维持事物平衡的状态；balance
2. 区间	qū jiān	（名）	指数字增减变化的一定范围；interval
3. 潜意识	qián yì shí	（名）	人们不能认知或没有认知到的意识状态及心理活动；subconsciousness
4. 毫无疑问	háo wú yí wèn	（成）	没有一点疑问，十分肯定；no doubt
5. 布匹	bù pǐ	（名）	对各类织物的总称；cloth
6. 生产线	shēng chǎn xiàn	（名）	指企业为生产产品而设计的从材料投入到产品制成的连贯的工序；production line
7. 即	jí	（连）	表肯定，就是；is
8. 固有	gù yǒu	（形）	本来有的；inherent
9. 补偿	bǔ cháng	（动）	抵消(损失、消耗)；compensate
10. 返工	fǎn gōng	（动）	因质量不合格而重新加工或制作；rework
11. 所谓	suǒ wèi	（形）	所说的；so-called

12. 太空　　　tài kōng　　　（名）　指地球大气层以外的宇宙空间；space

13. 培育　　　péi yù　　　　（动）　指培养幼小生物，使其发育成长；cultivate

14. 截然不同　jié rán bù tóng（成）　事物之间完全不一样；have nothing in common

15. 挪移　　　nuó yí　　　　（动）　移动；move

16. 相差无几　xiāng chā wú jǐ（成）　指二者距离不远或差别不大；

　　　　　　　　　　　　　　　　　nothing much difference between…

17. 制造业　　zhì zào yè　　（名）　制造大型工具、工业品与生活消费产品的行业；

　　　　　　　　　　　　　　　　　manufacturing industry

18. 基地　　　jī dì　　　　　（名）　作为某种事业基础的地区；base

19. 居高不下　jū gāo bú xià（成）　保持在较高的水平或状态，没有下降的趋势；

　　　　　　　　　　　　　　　　　stay in a high position without going down

20. 机械　　　jī xiè　　　　（名）　机器；machinery

21. 管制　　　guǎn zhì　　　（动）　强制管理；control

22. 致使　　　zhì shǐ　　　　（连）　因……原因导致；result in

23. 平添　　　píng tiān　　　（动）　自然而然地增添；increase or add naturally

24. 杞人忧天　qǐ rén yōu tiān（成）　不必要的担忧；alarmist

25. 垄断　　　lǒng duàn　　　（动）　独占市场；monopoly

26. 惩治　　　chéng zhì　　　（动）　依法承办、处罚；punish

27. 理所应当　lǐ suǒ yīng dāng　（成）　按道理应该这样，合乎情理；take for granted

▶ 经贸词条及注释

① 克劳斯比

菲利浦·克劳斯比(Philip B. Crosby)，美国人，零缺陷之父、世界质量先生、伟大的管理思想家。

② 美国波士顿咨询集团

美国波士顿咨询集团(the boston consulting group)，美国著名的企业管理咨询公司，在战略管理咨询领域被公认为先驱。

③ 要素价格

要素价格指生产要素的使用费用或要素的报酬，例如土地的租金、员工的工资、资本的利息、管理的利润等。

④ 搜寻理论

搜寻理论认为，人们对信息的搜寻是有成本的。任何事件或事物都包含或传递信息，搜寻，就是决策者将样本空间中的选择对象转变成选择空间中的选择对象的活动。搜寻成本是指搜寻活动本身所要花费的费用。

⑤ 华为

华为技术有限公司(HUAWEI)，中国著名的生产销售通信设备的民营通信科技公司。

▶ 语法

1. ……即……

表示判断，解释或说明前面的部分，就是。例如：

① 这些超出必然成本的部分即质量的代价。

② 暹罗即当今的泰国。

③ 美国的杜威认为"学校即社会"，"教育即生长"，应让儿童在经验中学习。

2. ……意味着……

后边带动词(或小句)作宾语，表示，标志着。例如：

① 提高质量意味着必须增加成本吗？

② 学校的出现意味着人类正规教育制度的诞生，是人类教育文明发展的质的飞跃。

③ 科学的发展意味着人类的进步。

3. 所谓……

通常所说的，多用于提出需要解释的词语，接着加以解释，可修饰名词、动词、小句。例如：

① 所谓的成本优势仅仅是看谁的质量代价少一些。

② 所谓的"阳春白雪"，就是指那些高深的、不够通俗的文学艺术。

③ 通信系统里所谓的 2G/3G/4G 的"G"是什么意思？

▶ 练习

(一) 选词填空

区间   固有   惩治   基地   返工   相差无几   毫无疑问   截然不同

1. 在太空中培育的玉米种子和用传统方法培育的玉米种子这两种制造技术所带来的必然成本和产品质量(   )。

2. 我们的产品是经过 10 次(   )才制作出来的。

3. 这几年，很多企业都将制造业(   )从中国大陆转移到东南亚和南部非洲一些国家。

4. 企业获得最佳收益，必须找到成本与质量关系的最合理(   )。

5. 如果提高质量是建立在提高设计和制造技术的基础上的话，增加成本将是(　　　)的。

6. 要加快市场化改革，破除各种市场垄断，(　　　)腐败。

7. 企业(　　　)的设计和制造技术决定了产品成本的基础。

8. 中国制造业成本已经与美国(　　　)。

(二) 词语造句

1. 即：＿＿＿＿＿＿＿＿＿＿＿＿＿＿＿＿＿＿＿＿＿＿。

2. 所谓的：＿＿＿＿＿＿＿＿＿＿＿＿＿＿＿＿＿＿＿。

3. 意味着：＿＿＿＿＿＿＿＿＿＿＿＿＿＿＿＿＿＿＿。

4. 致使：＿＿＿＿＿＿＿＿＿＿＿＿＿＿＿＿＿＿＿＿。

(三) 短文填空

1. 对于任何生产和制造，存在成本是(　　　)的。我们可以将这些理论上必须投入的成本称之为必然成本，但我们会伤心地发现，实际成本总是高于必然成本。我们总是在试图(　　　)成本，但这些超出必然成本的部分产生的原因是什么——就是我们"做错事"或低效率的"正确做事"所(　　　)的，即质量的代价。可以这么说，成本就是质量的(　　　)。那么，提高质量就(　　　)必须增加成本吗？

2. 一件产品的总成本包括两个部分：生产成本、(　　　)费用。生产成本由要素价格(　　　)，是直接看得见的成本。交易费用指人与人之间打交道的各种费用，包括搜寻价格的费用、(　　　)的费用、监督和执行合同的费用，以及企业与政府打交道的费用，也可以(　　　)为"制度运行的成本"。有分析说，至少在 5 年前，虽然中国制造在生产成本方面有优势，但是在交易费用方面的(　　　)也十分明显。

(四) 回答问题

1. 成本和质量之间存在什么样的关系？

2. 什么是"质量的代价"？

3. 请就"价格高质量就高"发表你的看法。

(五) 阅读与写作

保质量与降成本

有两个生产钉子的工厂，一家的钉子价格很便宜，但质量较差，结果没几年，工厂就因顾客不满意倒闭了。另一个厂家生产的钉子质量很好，但价格特别高，刚开始生意还行，后来因价格超出了消费者的购买能力，大量的产品销路不好，最终也面临破产。同样的工厂，不同性质的产品，为何有同样的结果？一个主要原因就是没处理好产品质量与生产成本之间的关系。

质量是企业的生命，在企业的发展中起着举足轻重的作用。但在市场经济条件下，企业要追求利润最大化,如何降低生产成本也是一个重要课题。因此,企业要发展,产品质量和生产成本两个因素都需要考虑。

遗憾的是,现实生活中,不少企业往往把二者对立起来。一是牺牲质量,只计成本,片面追求利润,能省就省,有的甚至通过偷工减料、粗制滥造来生产伪劣产品。另一个是只强调质量,不关心成本,造成产品质量虽好,但价格过高,导致销路不畅、资金周转不灵。

其实,质量和成本既有对立的一面也有统一的关系。如企业不断加强质量管理,提高产品的合格率,减少废品率,降低产品返修率,进而节约材料费用和人工成本。

另一方面就是不断加大科研技术创新和科学管理,靠先进的技术水平提高产品的质量,努力降低生产成本,这样生产出来的产品既物美又价廉,进而不断提高市场竞争力。

总之,质量与成本相辅相成。只有实现二者的和谐统一,才能实现企业的持续稳定发展。

(资料来源: 赵祚军,《保质量与降成本》,
http://www.sinopecnews.com.cn/news/content/2016-09/28/content_1647401.shtml 有改编)

1. 文中提出了哪些保质量降成本的举措?

_____

_____

_____

_____

_____

2. 企业要发展,产品质量和生产成本两个因素都需要考虑。第二家钉子工厂因成本高销路不好面临破产,请结合所学经济学知识为该工厂提出有效的改革方案。

第三十二课　大数据时代企业要打好信息资源攻坚战

近年来，企业产生的数据量和信息资源**呈现**出**爆炸**式增长，传统的信息资源管理技术已经无法**应对**。大数据技术挖掘以及云计算①数据处理模式的广泛运用，为企业处理日益增长的**海量**数据提供了全新解决方案，企业应抓住机遇，打响信息资源**整合**攻坚战。

▶ 课文

（一）　阿迪达斯的数据挖掘②故事

看着同行大多仍身陷库存**泥潭**，叶向阳庆幸自己选对了合作伙伴。他的厦门育泰贸易有限公司与阿迪达斯(adidas)合作已有 13 年，**旗下**拥有 100 多家阿迪达斯门店。他说，"2008 年之后，库存问题确实很严重，但我们合作解决问题，生意再次回到了**正轨**。"

在最初降价、**打折**等清库存的"应急措施"结束后，**基于**外部环境、消费者调研和门店销售数据的收集、分析，将阿迪达斯和叶向阳引向正轨。

现在，叶向阳每天都会收集门店的销售数据，并将它们上传至阿迪达斯。收到数据后，阿迪达斯对数据做整合、分析，再用于指导经销商卖货。研究这些数据，让阿迪达斯和经销商们可以更准确地了解当地消费者对商品颜色、款式、功能的偏好，同时知道什么价位的产品更容易被接受。

阿迪达斯产品线③丰富，过去，面对展厅里各式各样的产品，经销商很容易按个人偏好下订单。现在，阿迪达斯用数据说话，帮助经销商选择最适合的产品。首先，从宏观上看，一、二线城市的消费者对品牌和时尚更为敏感，可以重点**投放**采用**前沿**科技的产品、运动经典**系列**的服装，以及设计师合作产品系列。在低线城市，消费者更关注产品的价值与功能，**诸**如纯棉制品这样高**性价比**的产品，在这些市场会更受欢迎。其次，阿迪达斯会参照经销商的**终端**数据，给予更具体的产品订购建议。比如，阿迪达斯可能会告诉某低线市场的经销商，在其地区，普通跑步鞋比添加了减震设备的跑鞋更好卖；至于颜色，比起红色，当地消费者更偏爱蓝色。

推动这种订货方式，阿迪达斯得到了经销商们的认可。叶向阳说："我们一起商定卖哪些产品、什么产品又会热卖。这样，将来我们就不会再遇到库存问题了。"

挖掘大数据，让阿迪达斯有了许多有趣的发现。同在中国南部，那里部分城市受香港地区风尚影响非常大；而另一些地方，消费者更愿意追随韩国潮流。同为一线城市，北京和上海的消费趋势不同，气候是主要的原因。还有，高线城市消费者的消费品位和习惯更为成熟，当地消费者需要不同的服装以应对不同场合的需要，上班、吃饭、喝咖啡、去**夜店**，需要不同风格的多套衣服，但在低线城市，一位女性往往只要有应对上班、休闲、宴请三种不同风格的服饰就可以了。两相对比，高线城市显然为阿迪达斯提供了更多细分市场的选择。

实际上，对大数据的运用，也**顺应**了阿迪达斯大中华区战略转型的需要。库存危机后，阿迪达斯从"**批发型**"公司转为"**零售**驱动型"公司，它从过去只关注把产品卖给经销商，变成了将产品卖到终端消费者手中的有力推动者。而数据收集分析，恰恰能让其更好地帮助经销商提高销售率。

"我们与经销商伙伴展开了更加紧密的合作，以统计到更为确切可靠的终端消费数据，有效帮助我们重新确定了产品供给组合，从而使我们在适当的时机，将符合消费者口味的产品投放到相应的区域市场。一方面降低了他们的库存，另一方面增加了单店销售率。卖得更多，也就意味着更高的利润。"阿迪达斯大中华区董事总经理高嘉礼对大数据的应用成果颇为满意。

(资料来源：作者昝慧昉，《阿迪达斯的"黄金罗盘"》，《中国企业家》2013年第7期 有改编)

(二) 大数据对信息资源管理的影响

大数据意味着要利用所有可以利用的数据，同时要寻找所有数据之间有意义的关系和模式。大数据时代的到来让信息资源管理面临着**全方位**的新**挑战**。

首先，新挑战是新工具的使用。在大数据时代，传统的数据库已经不能适应非结构化数据分析的需求。为此，许多互联网企业已经开始利用新的工具进行数据资源管理。可以**预见**，未来还会有更多新工具使得信息资源管理得以**优化**。

其次，把握各类新技术的关联，是信息资源管理面临的又一挑战。财务数据、管理数据、社交数据、用户反馈数据……各类数据在大数据的特征上不尽相同，而唯有将其合理分类区别对待，并进行科学的整合，才能将大数据变为大资产。同时，我们也应该看到各类技术的**关联**性，如移动让信息的入口无处不在、云计算实现的全球共享以及社交带来的网络发展，应该统一对待这些新的技术和**趋势**，以寻得更大的信息资源管理方法的创新。

然而我们也要意识到，大数据是信息资源管理的补充，但不是全部。在引进大数据分析技术时，我们应该重视与原有的信息资源管理团队的融合，以达到最大限度地利用内部资源挖掘信息的价值。信息资源管理从业者需要对大数据分析和应用进行更明确的分类，并将原有的数据管理等技能加以创新，应用到大数据的信息资源管理中来。

（资料来源：《大数据对信息资源管理的影响》，

https://wenku.baidu.com/view/9f10420771fe910ef12df8fb.html　有改编）

▶ 生词

1. 攻坚战　　gōng jiān zhàn　（名）　比喻努力解决某项任务中最困难的问题；to consider

2. 呈现　　　chéng xiàn　（动）　显现，展示出；to demonstrate

3. 爆炸　　　bào zhà　　　（动）　短时内释放出大量能量，产生高温和气体；

　　　　　　　　　　　　　　　　　blow up

4. 应对　　　yìng duì　　（动）　应付，应答；respond

5. 海量　　　hǎi liàng　　（形）　泛指容量很大；great capacity for liquor

6. 整合　　　zhěng hé　　（动）　通过整顿、协调重新组合；integration

7. 泥潭　　　ní tán　　　（名）　深泥处或泥坑；slough

8. 旗下　　　qí xià　　　（名）　一个公司的分公司或子公司；subordinate

9. 正轨　　　zhèng guǐ　　（名）　正常的发展途径；the right track

10. 打折　　　dǎ zhé　　　（动）　商品买卖中的让利、减价；discount

11. 基于　　　jī yú　　　　（介）　鉴于，根据；in view of

12. 投放　　　tóu fàng　　（动）　把货物投入市场；put goods on the market

13. 前沿　　　qián yán　　（名）　指前部的边沿；the front

14. 系列　　　xì liè　　　（名）　相关联的成系统的事物；series

15. 诸如　　　zhū rú　　　（连）　表示不止一个例子；such as

16. 性价比　　xìng jià bǐ　（名）　性能与价格的比例关系；cost performance

17. 终端　　　zhōng duān　（名）　末端；terminal

18. 夜店　　　yè diàn　　（名）　夜晚的娱乐场所；nightclub

19. 顺应　　　shùn yìng　　（动）　顺着某种趋势去适应；comply with

20. 批发　　　pī fā　　　　（动）　商品成批出售；wholesale

21. 零售　　　líng shòu　　（动）　直接售给消费者；retail

22. 全方位　　quán fāng wèi（形）　各个方面的总和，全面；all aspects

23. 挑战　　　tiǎo zhàn　　（动）　鼓动对方与自己竞赛；to challenge

24.	预见	yù jiàn	(动)	根据事物的规律预先料到将来；foresee
25.	优化	yōu huà	(动)	采取一定措施使变得优秀；optimalize
26.	关联	guān lián	(动)	指牵连，联系；relevance
27.	趋势	qū shì	(名)	事物发展的动向；trend

▶ 经贸词条及注释

① 云计算

云计算(cloud computing)是通过使计算分布在大量的分布式计算机上，而非本地计算机或远程服务器中，企业数据中心的运行将与互联网更相似。

② 数据挖掘

数据挖掘(data mining)一般是指从大量的数据中通过算法搜索隐藏于其中的信息的过程。数据挖掘通常与计算机科学有关，并通过统计、在线分析处理、情报检索、机器学习、专家系统(依靠过去的经验法则)和模式识别等诸多方法来实现上述目标。

③ 产品线

产品线(product line)是指一组相关的产品，这类产品可能功能相似，销售给同一顾客群，经过相同的销售途径，或者在同一价格范围内。如果能够确定产品线的最佳长度，就能为企业带来最大的利润。

▶ 语法

1. 打……攻坚战

对敌人坚固设防的城镇或阵地进攻的战斗，比喻努力解决某项任务中最困难的问题。例如：

① 大数据时代，企业须打好信息资源攻坚战。

② 从某种意义上说，人民币汇率制度改革是中国市场经济体制建立的最重要的攻坚战。

③ 由于人口众多，公众艾滋病防范意识极低，公共卫生系统又不完善，预防艾滋病这一致命疾病，中国还需打一场攻坚战。

2. 两相对比

意为两个人或事物进行比较，后面一般说明比较的结论。例如：

① 高线城市消费者需要不同的服装以应对不同场合的需要，上班、吃饭、喝咖啡、去夜店，需要不同风格的多套衣服，但在低线城市，一位女性往往只要有应对上班、休闲、宴请三种不同风格的服饰就可以。两相对比，高线城市显然为阿迪达斯提供了更多细分市

场的选择。

② 去美国还是去英国留学? 两相比较,我选择了美国。

③ 稳定房价还是稳定汇率,两相比较利害得失,俄罗斯政府还是选择了前者。

▶ 练习

(一) 选词填空

　　泥潭　　趋势　　顺应　　批发　　旗下　　全方位　　正轨　　优化

1. 大数据时代的到来让信息资源管理面临着(　　　　)的新挑战。

2. 实际上,对大数据的运用,也(　　　)了阿迪达斯大中华区战略转型的需要。

3. 可以预见,未来还会有更多新工具使得信息资源管理得以(　　　　)。

4. 看着同行大多仍身陷库存(　　　),叶向阳庆幸自己选对了合作伙伴。

5. 应该统一对待这些新的技术和(　　　),以寻得更大的信息资源管理方法的创新。

6. 库存危机后,阿迪达斯从"(　　　)型"公司转为"零售驱动型"公司。

7. 2008 年之后,库存问题确实很严重,但我们合作解决问题,生意再次回到了(　　　)。

8. 他的厦门育泰贸易有限公司与阿迪达斯(adidas)合作已有 13 年,(　　)拥有 100 多家阿迪达斯门店。

(二) 词语造句

1. 呈现: _____。

2. 应对: _____。

3. 基于: _____。

4. 打……攻坚战: _____。

5. 两相对比: _____。

(三) 短文填空

　　1. 近年来,企业产生的数据量和信息资源(　　　　)出爆炸式增长,传统的信息资源管理技术已经无法(　　　　)。大数据技术挖掘以及云计算数据处理模式的广泛运用,为企业处理日益增长的(　　　　)数据提供了全新解决方案,企业应抓住机遇,打响信息资源(　　　　)攻坚战。

　　2. 阿迪达斯产品线丰富,过去,面对展厅里各式各样的产品,经销商很容易按个人(　　　　)下订单。现在,阿迪达斯用数据说话,帮助经销商选择最适合的产品。首先,从宏观上看,一、二线城市的消费者对品牌和时尚更为敏感,可以重点投放采用(　　)科技的产品、运动经典系列的服装,以及设计师合作产品(　　　　)。在低线城市,消费者更关注产品的价值与功能,诸如纯棉制品这样高(　　　　)的产品,在这些市场会更受欢迎。其次,阿迪达斯会参照经销商的(　　　　)数据,给予更具体的产品订购建议。比如,阿迪达斯可能会告诉某低线市场的经销商,在其地区,普通跑步鞋比添加了减震设备的跑鞋更好卖；至于颜色，比起红色，当地消费者更偏爱蓝色。

(四) 回答问题

1. 根据课文，介绍一下数据挖掘对阿迪达斯公司和其经销商带来的变化。

2. 说一说大数据给信息资源管理带来什么挑战？从业者应该如何应对？

(五) 阅读与写作

啤酒与尿布

世界零售连锁企业巨头沃尔玛拥有世界上最大的数据仓库系统之一，里面存放了各个门店的详细交易信息。为了能够准确了解顾客的购买习惯，沃尔玛对顾客的购物行为进行了购物篮分析，结果他们有了意外的发现：跟尿布一起购买最多的商品竟是啤酒！

这是数据挖掘技术对历史数据进行分析的结果，它符合现实情况吗，是否是一个有用的信息，是否有利用价值？

于是，沃尔玛派出市场调查人员和分析师对这一挖掘结果进行调查分析。经过大量实际调查和分析，揭示了一个隐藏在"尿布与啤酒"背后的美国人的行为模式：一些年轻的父亲下班后经常要到超市去买婴儿尿布，而他们中有 30%～40% 的人同时也为自己买一些啤酒。产生这一现象的原因是：美国的太太们常叮嘱她们的丈夫下班后为小孩买尿布，而丈夫们在买尿布后又随手带回了他们喜欢的啤酒。

既然尿布与啤酒一起被购买的机会很多，那么沃尔玛就将尿布与啤酒并排摆放在一起，结果尿布与啤酒的销售量双双增长。

按常规思维，尿布与啤酒风马牛不相及，若不是借助数据挖掘技术对大量交易数据进行挖掘分析，沃尔玛是不可能发现数据内这一有价值的规律的。

(资料来源：作者徐曙光，《啤酒与尿布》，经济参考报 2009 年 11 月 27 日　有改编)

1. 尝试写出文中划线词语的解释

① 连锁：_____。

② 叮嘱：_____。

③ 常规：_____。

④ 风马牛不相及：_____。

2. 学了这一课，你对"大数据"与"企业信息资源管理"有什么看法？请简单写下来。

金融篇

第三十三课　关于货币的追问

> 货币不仅是人们日常生活的必需品，也是经济活动的媒介。货币的本质究竟是什么？历史长河中货币的形式多种多样，未来的货币将是何种形式？经济学界存在着不同的观点和声音。

▶ 课文

（一）货币的本质是"信用"

一直以来，关于货币本质的传统观点是："长期的物物交换活动出现了一般等价物，最后固定为金银，这就是货币。货币是充当一般等价物的特殊商品。"这种观点**固化**在普通人的大脑中，只有少数了解金融学知识的人才对货币有其他认识。

关于货币本质的分析，从亚当·斯密、约翰·劳[①]到米塞斯[②]、凯恩斯[③]、哈耶克[④]、米尔顿·弗里德曼[⑤]，经济学界一直没有间断过。近期，菲利克斯·马汀[⑥]出版了一本《货币野史》，在这本书中，他**引用**了许多神话、诗歌、政治上的故事，全面**解析**金融市场的**演变**过程。

在远古时代，开放市场是以物换物。在不同的国家，甚至在不同的村庄，市场交易的**媒介**是不同的。在爱比西尼亚，用盐交易；而在纽芬兰，则用鳕鱼干交易；在弗吉尼亚，用烟草交易；西印度的**殖民地**，用糖交易；在苏格兰的一个村庄，工人去面包房或者酒馆，随身带着的是钉子而不是钱。这些在今天看起来很奇怪的"货币"，却**支撑**了当时区域市场[⑦]的发展。有些经济学家由此得出货币的**起源**是物物交换[⑧]。但是菲利克斯·马汀却不这样认为，他引用了一个关于经济学的故事说明自己的观点。

1903 年，威廉·福内斯在雅浦岛[⑨]上待了两个月，他惊奇地发现，雅浦岛有一套与物物交换不同的高度发达的货币体系。人们以又大又厚的石轮为交易媒介，由于笨重，几乎不会发生**偷窃**货币的行为。当一**宗**很大的交易结束后，由于受到重量的限制，所以这些"费"（当地人称这种石币为费）并不用搬离前所有者的家，而是在"费"上作标记表示所有权[⑩]已经**易手**。只要大家承认这块"费"的所有权，便承认了财富的转移。

马汀随后指出"雅浦岛的故事"不仅对货币起源于物物交换的观点提出了挑战，还引发了人们对货币到底是什么的怀疑。

既然货币不是物物交换，那么它究竟是什么？在福内斯发表这篇报告后不久，著名英国经济学家凯恩斯从这篇报告中发现了这一神奇现象，后来更多的学者就"货币不是物物交换的本质"达成一致。凯恩斯和弗里德曼指出，"货币是一种特殊类型的信用，货币交换是信用记录的**清算**，而且通货仅仅是基础信用关系的**表征**"。

由此，马汀强调货币的本质是信用。

(资料来源：谢祥，《货币的本质就是"信用"》，

http://www.xinhuanet.com/local/2015-02/27/c_127522560.htm 有改编)

(二) 数字货币离我们有多远

随着科技进步和经济活动的发展变化，今后数字货币将逐渐取代现金货币。专家指出，数字货币**势在必行**，但实行并不是一件容易的事，未来数字货币代替纸币，将需要一个**循序渐进**的过程。

为何要**推进**数字货币？

"**若干**年后，现金可能不再存在。"这一新趋势颠覆了很多人的习惯思维。但货币本质的**契约性**决定了其可以有不同的表现形式，不同历史时期货币的更换就说明了这一点。

"从历史发展来看，货币从来都是伴随着技术进步、经济活动发展而变化的，从早期的实物货币、商品货币到后来的信用货币，都是适应人类商业社会发展的自然选择。"中国人民银行行长周小川说。

如今，随着电子金融的兴起，使用现金的场合越来越少，纸币的缺点**日益**明显。"纸币技术**含量**低，从安全、成本等角度看，被新技术、新产品代替是**大势所趋**。"周小川表示，中央银行发行的数字货币目前主要是代替现金，降低传统纸币发行、流通的成本，提高便利性。

专家表示，如果成功发行数字货币，将带来许多便利。可以有效降低传统纸币发行、流通的高额成本，提高经济交易活动的便利性；可以减少**洗钱**、**逃税**等违法犯罪行为，提高中央银行对货币的控制力，更好地保证经济社会发展；有助于建设全新的金融基础设施，进一步完善支付体系，提高支付效率，等等。

虽然数字货币势在必行，但还没**出台**明确的时间表。"中国人口太多，像换一版人民币，小的国家几个月就可以完成，中国则需要约 10 年。所以，数字货币和现金在相当长的时间内都会时并行、逐步替代的关系。"周小川表示。

的确，目前数字货币的发行还面临科学技术、流通环境、法律问题等许多难题，完成如此巨大的工程需要很长时间。"现在发行数字货币还在讨论阶段，很多问题还在研究中。不过，人们在实践中已经越来越习惯于使用电子银行、电子支付，而不愿**携带**纸币。在这种趋势下，以后市场上流通的纸币可能会减少。"黄震认为。

(资料来源：作者罗兰，《数字货币离我们还有多远(市场观察)》，

人民日报海外版 2016 年 2 月 17 日 第 2 版 有改编)

▶ 生词

1. 固化	gù huà	(动)	使关系、观念等固定(多用于抽象事物)；solidify
2. 引用	yǐn yòng	(动)	写文章时，用成语、诗句、故事等表达自己想要表达的思想感情，说明自己对新问题、新道理的见解；quote
3. 解析	jiě xī	(动)	深入分析；analyse
4. 演变	yǎn biàn	(动)	变化发展；evolve
5. 媒介	méi jiè	(名)	指买家和卖家者之间交接的工具；medium
6. 殖民地	zhí mín dì	(名)	没有政治、经济、军事和外交方面的独立权利，完全受他国控制的地区；colony
7. 支撑	zhī chēng	(动)	支持(经济等)发展；support
8. 起源	qǐ yuán	(动)	最初产生；originate from
9. 偷窃	tōu qiè	(动)	非法偷走别人财产的行为；steal
10. 宗	zōng	(量)	表示数量，一件或一批；
11. 易手	yì shǒu	(动)	转手，(财产等)更换占有人；change hands
12. 清算	qīng suàn	(动)	货币资金收取和支付的计算；to settle accounts
13. 表征	biǎo zhēng	(名)	表现方式或表现出来的特征；representation
14. 数字	shù zì	(名)	表示数的符号；digital
15. 势在必行	shì zài bì xíng	(成)	从事情发展看，必须采取行动；be imperative
16. 循序渐进	xún xù jiàn jìn	(成)	指学习、工作等按照顺序逐渐地深入或提高；proceed in an orderly way and step by step
17. 推进	tuī jìn	(动)	使事物向前运动；promote
18. 若干	ruò gān	(代)	几个，一些；a certain number or amount
19. 契约	qì yuē	(名)	以增加财富为目的达成的财产约定；contract
20. 日益	rì yì	(副)	一天比一天更加；day by day
21. 含量	hán liàng	(名)	一种事物中包含某种成分的量；content
22. 大势所趋	dà shì suǒ qū	(成)	整个局势发展的方向，趋势；the general trend of development

23. 洗钱	xǐ qián	(名)	通过各种手段使非法得到的钱合法化的行为；
			money laundering
24. 逃税	táo shuì	(动)	用非法手段减少纳税或不纳税；tax evasion
25. 出台	chū tái	(动)	计划、规定、政策等正式提出；promulgate
26. 携带	xié dài	(动)	随身带着；to carry

▶ 经贸词条及注释

① 约翰·劳

英国人，(John Law，1671—1729)是 18 世纪欧洲的一个金融家，以推行纸币而闻名，被称为金融和纸币之父。

② 米塞斯

路德维希·冯·米塞斯(Ludwig von Mises，1881—1973)，奥地利人，20 世纪著名的经济学大师。

③ 凯恩斯

约翰·梅纳德·凯恩斯(John Maynard Keynes，1883—1946)，英国人，现代经济学最有影响的经济学家之一，被称为"战后繁荣之父"。

④ 哈耶克

弗里德里希·奥古斯特·冯·哈耶克，(Friedrich August von Hayek，1899—1992)是奥地利出生的英国知名经济学家和政治哲学家。

⑤ 米尔顿·弗里德曼

米尔顿·弗里德曼(Milton Friedman)，美国当代经济学家。

⑥ 菲利克斯·马汀

菲利克斯·马汀(Felix Martin)，著有《货币野史》等书。

⑦ 区域市场

区域市场(regional market)，指由于市场不完善，商品或劳动流通只在某一地区的市场。

⑧ 物物交换

人类使用货币的历史最早出现于物质交换的时代。在原始社会，人们使用以物换物的方式，交换自己所需要的物品，比如一头羊换一把石斧。但是有时候受到交换物品种类的限制，不得不寻找一种能够为交换双方都能够接受的物品，这种物品就是最原始的货币。

盐、稀有的贝壳、珍贵的鸟类羽毛、宝石、石头等不容易大量获取的物品都曾经作为货币使用过。

⑨ 雅浦岛

Yap，地名，位于太平洋西部。1903 年，William Henry Furness III 在雅浦岛居住了几个月。由于对该岛居民的货币体制印象深刻，他根据雅浦岛居民的风俗和习惯，写了《石币之岛》(the island of stone money，1910)。

⑩ 所有权

所有权(ownership)是所有人依法对自己财产所享有的占有、使用、收益和处分的权利。它是一种财产权，所以又称财产所有权。

▶ 语法

1. 以……为……
等于"把……作为……"或"认为……是……"。例如：
① 在雅浦岛，人们以又大又厚的石轮为交易媒介。
② 我们要以优秀学生为榜样，努力学好汉语。
③ 他以学好汉语为目的，来中国开始了他的留学生活。
2. 随着……
跟随，表示产生某种结果的依据条件，后面定带名词宾语。例如：
① 随着科技进步和经济活动的发展变化，今后数字货币将逐渐取代现金货币。
② 随着电子金融的兴起，使用现金的场合越来越少。
③ 语言随着社会的发展而发展。

▶ 练习

(一) 选词填空

　　引用　　颠覆　　起源　　媒介　　易手　　出台　　日益　　含量

1. 纸币技术(　　　)低，从安全、成本等角度看，被新技术、新产品代替是大势所趋。
2. 虽然数字货币势在必行，但还没(　　　)明确的时间表。
3. "雅浦岛的故事"对货币(　　　　)于物物交换的观点提出了挑战。
4. 在《货币野史》一书中，作者(　　　　)许多神话、诗歌、政治上的故事。
5. 数字货币将代替纸币的新趋势(　　　　)了很多人的习惯思维。
6. 在雅浦岛，人们以又大又厚的石轮为交易(　　　　)。
7. 交易结束后，人们在"费"上作标记表示所有权已经(　　　　)。
8. 随着电子金融的兴起，使用现金的场合越来越少，纸币的缺点(　　　　)明显。

(二) 词语造句

1. 数字：_____。
2. 推进：_____。
3. 携带：_____。
4. 支撑：_____。
5. 演变：_____。
6. 循序渐进：_____。
7. 随着：_____。
8. 以……为……：_____。

(三) 短文填空

1. 1903 年，威廉·福内斯在雅浦岛上待了两个月，他惊奇地发现，雅浦岛有一套与物物交换不同的高度发达的货币(　　)。人们以又大又厚的石轮为(　　)媒介，由于笨重，几乎不会发生(　　)货币的行为。当一(　　)很大的交易结束后，由于受到重量的限制，所以这些"费"(当地人称这种石币为费)并不用搬离前所有者的家，而是在"费"上作标记表示所有权已经易手。只要大家承认这块"费"的所有权，便承认了财富的(　　)。

2. 专家表示，如果成功发行数字货币，将带来许多(　　)。可以有效降低传统纸币发行、流通的高额(　　)，提高经济交易活动的便利性；可以减少洗钱、逃税等违法犯罪行为，提高中央银行对货币的控制力，更好地(　　)经济社会发展；有助于(　　)全新的金融基础设施，进一步(　　)支付体系，提高支付效率，等等。

(四) 回答问题

1. 文章介绍了远古时代哪些市场交易的媒介？
2. 你是否同意"货币的本质就是'信用'"？
3. 你如何看待数字货币的发展前景？

(五) 阅读与写作

货币流通的故事

这是炎热的一天。太阳高照，街道无人，小镇上的每个人都负债累累，靠信用生活。

这时，从外地来了一位有钱的旅客，他走进一家旅馆，拿出一张 1000 元的钞票放在柜台上，说想先看看房间，挑一间合适的住下。

就在这位客人上楼的时候，店主拿起这张 1000 元钞票，跑到旁边屠户那里支付了他欠的肉钱。

屠夫有了 1000 元，到马路对面的肉店付清了昨天买肉的钱。

肉店店主拿着 1000 元，去付了之前买饲料的钱。

那个卖饲料的老板，拿到 1000 元赶忙去付清他理发的钱。

有了这 1000 元，理发店老板跑到旅馆付了她欠的房钱。

旅馆店主赶忙把这 1000 元放到柜台上，等着旅客下楼。

这时那人下楼来，拿起 1000 元，说没有一间满意的，于是把钱收进口袋，走了。

这一天，没有人生产了什么东西，也没有人得到什么东西，可全镇的债务都清了，大家都很开心……

这个故事告诉了我们一个什么道理？

（资料来源：《1000 元的信用循环，货币流通的故事》，

https://m.201980.com/lzgushi/zhihui/2618.html 有改编）

1. 尝试写出文中划线词语的中文解释

① 炎热：_____。

② 负债累累：_____。

③ 付清：_____。

2. 请就"货币，只有流通才有意义"写出你的看法。

第三十四课　银行理财钱生钱

随着社会发展，个人财富规模不断扩大，同时财富结构也发生了显著变化。银行理财已经成为很多家庭生活中不可缺少的一部分，理财对于提高家庭财产性收入有一定的积极作用。

▶ 课文

(一) 活期的存法，定期的收益

张先生是一位经营服装的个体业户，由于生意需要，他经常要把大量**货款**存在银行里，并且只能存成便于支取的**活期存款**，有时几十万元的款项在银行一放就是两三个月。精明的张先生知道活期存款税后利率仅为 0.576%，收益太低，于是便找到银行**理财师**，想寻求一种既不耽误进货，又能最大限度生息的存款方式。

银行理财师根据张先生资金量大、生意用款有一定季节性和支取日不太固定的特点，建议他选择通知存款。于是，张先生便立即将手中的 30 万元活期储蓄转成了七天通知存款。两个多月以后，他需要赶到广州进货，临走之前，他用电话通知银行七天后取款，然后就踏上了去广州的列车。七天之后，他赶到广州并与供货方**协商**好了购货事宜，便打电话通知太太持相关证件办理通知存款的支取。不久，太太就通过电子汇款将款项汇入了供货方的账户。这样，在没有**耽误**生意的情况下张先生取得了较高的存款收益：如果存活期的话，75 天只能得利息 360 元，而通知存款却实得利息 1012.5 元。

通知存款是指存款人在存款时不约定存期，支取时需提前通知银行，约定支取存款日期和金额方能支取的一个存款种类。按照人民银行《通知存款管理办法》规定：通知存款最低起存金额个人为 5 万元，通知存款不论实际存期长短，均按存款人提前通知的期限长短划分为一天通知存款和七天通知存款两个品种。一天通知存款必须提前一天通知银行，约定支取存款，年利率为 1.08%；七天通知存款必须提前七天通知银行，约定支取存款，年利率为 1.62%。

从利率上看，取款相对灵活的通知存款利率比活期高出不少。对于张先生这样存取金额较大的客户来说是非常合适的。

(资料来源：作者宗学哲，《银行储蓄细思量1》，东方出版社 有改编)

(二) 教育储蓄：并非"中看不中用"

　　李女士的女儿上小学四年级，为了给孩子积攒一笔教育**基金**，她便到银行开立了一个六年期的教育储蓄账户，每月存 270 元，预计孩子上高中时可以取回本息 21089 元。但这样存了一段时间之后，李女士感到教育储蓄太麻烦，她说现代人最重要是时间，可这样月月跑银行会浪费大量的宝贵时间和**精力**。于是，她便想办理**销户**，但银行工作人员却告诉她，教育储蓄其实不必每月都去银行，一次存 1 万，一共跑两次银行就可以将教育储蓄**搞定**。李女士听后**转忧为喜**，并一个劲儿地说自己对教育储蓄的规定了解太少。

　　自 2000 年《教育储蓄管理办法》实行以来，这种积攒教育基金的方式吸引了众多的家长，但也有许多人对教育储蓄的某些规定**颇有微词**，认为将该储种存款**本金**定为 2 万元，数额太小；将存款方式定为**零存整取**，储户去银行的次数太多，过于麻烦……总之，教育储蓄"中看不中用"。其实，和李女士一样，这些认识都存在**偏差**或误解。

　　首先，2 万元的总额控制适合大多数中低收入者。在教育开支不断"涨价"的情况下，2 万元虽然不是个大数字，但对大多数中低收入家庭来说是适合的。对于普通四年级以上的学生，如果是应付上高中开支的话，2 万元可以说**绰绰有余**；如果是上大学的话，本金加上利息也完全可以助**一臂**之力。

　　同时，存款次数多少可以由储户自己掌握。教育储蓄经过试行而正式颁布后，工商银行等金融机构相应地调整了教育储蓄业务的存储方式，改变了储户必须每月存储的限制，由储户根据自己的情况和确定的存款总额，可以与银行约定两次(每次 1 万元)或数次就可存足规定额度。

　　另外，教育储蓄较其他储种还有一些**无可比拟**的**优势**：一是利率优惠，一年、三年期教育储蓄按同**档次**整存整取定期存款利率计息，六年期按五年整存整取定期存款利率计息，可以说是零存整取的存法，却享受整存整取利率；二是教育储蓄免征利息**所得税**，如果加上优惠利率的**利差**，其收益较其他同档次储种高 25%左右；三是参加教育储蓄的学生，将来上大学可以优先办理**助学贷款**。

　　由此可见，教育储蓄并非是**"中看不中用"**，相反，它还应成为广大居民积极利用的教育投资工具。

(资料来源：作者宗学哲，《银行储蓄细思量1》，东方出版社 有改编)

▶ 生词

1. 货款　　　huò kuǎn　　　　(名)　买方向卖方支付的钱款；payment for goods
2. 活期存款　huó qī cún kuǎn　(名)　通过提款支票就可以用作货币的银行存款；current deposit
3. 理财师　　lǐ cái shī　　　 (名)　为客户提供全面理财规划的专业人士；

financial planner

4.	协商	xié shāng	（动） 为了取得一致意见而共同商量；talk things over
5.	耽误	dān wù	（动） 由于某种原因而未能赶上，未能做好或未能完成；hold up
6.	基金	jī jīn	（名） 为了某种目的而设立的具有一定数量的资金；fund
7.	精力	jīng lì	（名） 指精神和体力；strength
8.	销户	xiāo hù	（名） 取消账户；account cancellation
9.	搞定	gǎo dìng	（动） 搞定是指一种行事效率的肯定方式，表示自身的自信或工作效率的体现；work out
10.	转忧为喜	zhuǎn yōu wéi xǐ	（成） 由忧愁转为欢喜；turn worry to joy
11.	颇有微词	pō yǒu wēi cí	（动） 表示对某人某事不满；have disguised criticism
12.	本金	běn jīn	（名） 即贷款、存款或投资在计算利息之前的原始金额；principal
13.	零存整取	líng cún zhěng qǔ	（名） 储户在进行银行存款时约定存期、每月固定存款数额，到期一次支取本息的一种储蓄方式；fixed deposit by installments
14.	偏差	piān chā	（名） 是指个别测定值与测定的平均值之差；diviation
15.	绰绰有余	chuò chuò yǒu yú	（形） 宽裕的样子；more than sufficient
16.	一臂之力	yī bì zhī lì	（成） 指一部分力量或不大的力量，表示从旁帮一点忙；a helping hand
17.	无可比拟	wú kě bǐ nǐ	（成） 没有可以相比的；beyond comparison
18.	优势	yōu shì	（名） 指处于较有利的形式或环境，或在某些方面超过同类的形势；superiority
19.	档次	dàng cì	（名） 是指事或物好坏的等级、层次；level
20.	所得税	suǒ dé shuì	（名） 国家向企业或个人征收的以各种收入的总和为基数的一种税；income tax

21．利差　　　lì chā　　（名）　就是利率之差；interest rate spreads

22．助学　　　zhù xué　　（名）　资助学业；help sb in his study

23．贷款　　　dài kuǎn　　（名）　银行或其他信用机构向借款人所作的借款，须在
　　　　　　　　　　　　　　　　一定期限内归还并支付利息；loan

24．中看不中用 zhōng kàn bù zhōng yòng（成）　比喻外表好看，其实不好使用；
　　　　　　　　　　　　　　　　be pleasant to the eye but of no use

▶ 经贸词条及注释

① 通知存款

通知存款是一种不约定存期，一次性存入，可多次支取，支取时需提前通知银行，约定支取日期和金额方能支取的存款。

② 电子汇款

电子汇款是一种依托邮政综合计算机网，采用先进的信息技术，集汇款交易处理、资金清算、会计核算和风险防范为一体的多功能快速汇款服务。

▶ 语法

1．其实

表示所说的是实际情况，用在分句的开头，表示转折，有进一步说明、修改或者补充上文的意思。例如：

① 别人说他已经不在人世了，其实他还活着。
② 他们只知道琳娜会说英语，其实他的法语说得也很好。
③ 看起来她在笑，其实她心里很难受。

2．过于

程度副词，修饰形容词和动词，修饰动词时，动词后面一般带有宾语或补足语。例如：

① 这样说的话，就过于简单了。
② 过于满足现状是很多人的缺点。
③ 很多女性在穿着方面喜欢模仿，过于明显地模仿令人感到很无趣。

3．对……来说

表示引进某种判断或看法所针对的人或物。例如：

① 对我来说，这张照片是非常有纪念意义的。
② 这本书对他来说太难了。
③ 对有些学生来说汉字很难，对有些学生来说发音很难。

▶ 练习

(一) 选词填空

偏差　颇有微词　无可比拟　搞定　耽误　协商　理财师　转忧为喜　销户

1. 李女士觉得现代人最重要是时间，可这样月月跑银行会浪费大量的宝贵时间，于是，她便想办理(　　)。

2. 太太就通过电子汇款将款项汇入了供货方的账户。这样，在没有(　　)生意的情况下张先生取得了较高的存款收益。

3. 自 2000 年《教育储蓄管理办法》实行以来，这种积攒教育基金的方式吸引了众多的家长，但也有许多人对教育储蓄的某些规定(　　)。

4. 银行(　　)根据张先生资金量大、生意用款有一定季节性和支取日不太固定的特点，建议他选择通知存款。

5. 教育储蓄较其他储种还有一些(　　)的优势。

6. 教育储蓄其实不必每月都去银行，一次存 1 万，一共跑两次银行就可以将教育储蓄(　　)。

7. 他赶到广州并与供货方(　　)好了购货事宜，便打电话通知太太持相关证件办理通知存款的支取。

8. 李女士听后(　　)，并一个劲儿地说自己对教育储蓄的规定了解太少。

9. 教育储蓄"中看不中用"。其实，和李女士一样，这些认识都存在(　　)或误解。

(二) 词语造句

1. 绰绰有余: ＿＿＿＿＿＿＿＿＿＿＿＿＿＿＿＿＿＿＿。

2. 精力: ＿＿＿＿＿＿＿＿＿＿＿＿＿＿＿＿＿＿＿＿＿。

3. 档次: ＿＿＿＿＿＿＿＿＿＿＿＿＿＿＿＿＿＿＿＿＿。

4. 中看不中用: ＿＿＿＿＿＿＿＿＿＿＿＿＿＿＿＿＿＿。

5. 过于: ＿＿＿＿＿＿＿＿＿＿＿＿＿＿＿＿＿＿＿＿＿。

6. 对……来说: ＿＿＿＿＿＿＿＿＿＿＿＿＿＿＿＿＿＿＿。

7. 其实: ＿＿＿＿＿＿＿＿＿＿＿＿＿＿＿＿＿＿＿＿＿。

(三) 短文填空

1. 银行理财师根据张先生资金量大、生意用款有一定季节性和支取日不太固定的特点，建议他选择(　　　　)。于是，张先生便立即将手中的 30 万元活期储蓄转成了七天通知存款。两个多月以后，他需要赶到广州进货，临走之前，他用电话通知银行七天后取款，然后就踏上了去广州的列车。七天之后，他赶到广州并与供货方(　　　　)好了购货事宜，便打电话通知太太持相关证件办理通知存款的支取。不久，太太就通过(　　　　　)将款项汇入了供货方的账户。这样，在没有(　　　　　)生意的情况下张先生取得了较高的存款收益：如果存活期的话，75 天只能得利息 360 元，而通知存款却实得利息 1012.5 元。

　　2. 李女士的女儿上小学四年级，为了给孩子积攒一笔(　　　　　)，她便到银行开立了一个六年期的教育储蓄账户，每月存 270 元，预计孩子上高中时可以取回本息 21089 元。但这样存了一段时间之后，李女士感到教育储蓄太麻烦，她说现代人最重要是时间，可这样月月跑银行会浪费大量的宝贵时间和(　　　　　)。于是，她便想办理(　　　　　)，但银行工作人员却告诉她，教育储蓄其实不必每月都去银行，一次存 1 万，一共跑两次银行就可以将教育储蓄(　　　　　)。李女士听后(　　　　　)，并一个劲儿地说自己对教育储蓄的规定了解太少。

(四) 回答问题

1. 谈一谈课文介绍了哪几种理财方式？
2. 依据你的生活经验及本课的理财知识，谈谈你对理财有什么认识？

(五) 阅读与写作

储蓄理财5W原则

　　随着人们理财观念的改变，居民不妨按照"5W"原则对银行储蓄存款进行合理安排。

　　为什么要存款(why)。一般情况下，居民存款的目的无非是攒钱应付日常生活、购房、购物、子女上学、生老病死等预期开支。存款前应首先确定存款的用途，准确地选择存款期限和种类。

　　存什么(what)。日常生活的费用，需随存随取，可选择活期储蓄。对长期不动的存款，根据用途合理确定存期是理财的关键。

　　什么时候存(when)。利率相对较高的时候是存款的好时机；利率低的时候，则应多选择凭证式国债或中、短期存款的投资方式。

　　在何处存(where)。选择银行，一是从安全可靠的角度去选择，具备信誉高、经营状况好等基本条件，存款的安全才会有保障。二是从服务态度和硬件服务设施的角度去选择。三是从储蓄所功能的角度选择，如今许多储蓄所在向"金融超市"的方向发展，除办理正常业务外，还可以办理交纳话费、水费、煤气费及购买火车票、飞机票等业务，选择这样的储蓄所会为家庭生活带来便利。

　　谁来存(who)。夫妻双方对理财的认识和掌握的知识不同，会精打细算且擅长理财的一方，应作为和银行打交道的"内当家"。

　　(资料来源：作者宗学哲，《银行储蓄细思量1》，东方出版社 有改编)

　　1. 储蓄理财的 5W 原则分别是什么？

　　①_____

　　②_____

③ _____

④ _____

⑤ _____

2. 随着社会经济的发展，人们手中可支配的钱越来越多，银行理财业务也越来越丰富，在"乱花渐欲迷人眼"的理财业务中，你认为应该怎么取舍？请说说你的看法。

第三十五课　证券市场的"股神"与"大鳄"

华尔街①的金融**巨头**——"股神"巴菲特②和"大鳄"索罗斯③，一个是投资大师，一个是投机大家，两位都是证券市场上的风云人物，在投资活动中获得了巨大成功。人们不免好奇发问，"股神"与"大鳄"有什么不同？

▶ 课文

（一）　"股神"与"大鳄"

有人说"股神"巴菲特在全球的**信徒**数以千万计。《美国新闻与世界报道》总结出了"巴菲特式"投资的六要素：赚钱而不要赔钱；别被收益蒙骗；要看未来；坚持投资能对竞争者构成巨大**屏障**的公司；要**赌**就赌大的；要有耐心等待。对于耐心等待这一条，巴菲特常引用传奇棒球手特德·威廉斯的话："要做一个好的击球手，你必须有好球可打。"如果没有好的投资对象，巴菲特宁可持有现金等待。一般来说，巴菲特在牛市④的时候非常悠闲，因为他找不到太多价格便宜且价值被**低估**的股票来买入，所以只能找朋友打打高尔夫球，看看棒球赛。而到了熊市④，一般的投资者谨慎退缩的时候，他才真正兴奋起来，正如巴菲特的名言——"当我购买股票时，股市是不存在的"。据巴菲特的研究者描述，巴菲特遇到熊市，每天往往很早就起床，简单地吃点东西，甚至只喝一杯可乐就直奔办公室，一上班赶紧给他的经纪人打电话，买股票。他的经纪人说，熊市时他有时一天会打五六个电话让他不停买入，股市越跌，巴菲特给他打电话越频繁，让他买入的股票也越多。巴菲特走上"**神坛**"的最成功的例子也来自熊市。1987 年 9 月，他抛出了绝大部分的股票，只留下三只股票。一个月后，美国股市**崩盘**，道琼斯指数⑤一天内跌幅高达 22.6%。1988 年，巴菲特重新进入**元气**尚未恢复的股市，大量低价买入可口可乐股票。最终，可口可乐这只股票为他赚了 100 亿美元。巴菲特自己也说，这是他这辈子最成功的一次投资。

乔治·索罗斯是华尔街最受**争议**的投资家之一。他**白手起家**创立了被称为金融界奇迹的量子基金，如今市值高达 120 亿美元，同时他也遭到许多**非议**。令他成名的是"三大**战役**"——1992 年的英镑之战，1997 年的亚洲金融风暴与 1998 年香港大战。这三场战役为索罗斯赢得了"历史上最伟大的投机者"、"国际金融大鳄"等**毁誉参半**的称号。而他在美国国会听证时则明确地说，他的所作所为"只是把资产价格的泡沫**戳**了一个洞"、"是对金融市场的一次很必要的修正"。有美国记者问索罗斯，他在泡沫时期如何保持头脑冷静，索罗斯回答说，"我头脑并不冷静，我也恐慌。面对这些事情，我和其他人的反应一样，也会狂喜或是失望。我要说的是，我基本上是因为认识到了自己的错误才撑过来的。"有人说，与其他金融巨头相比，索罗斯有一种很强的危机意识，这与他的经历有很大关系。他是出生于匈牙利的犹太人，曾经有一个幸福的家庭，但第二次世界大战毁了一切，逃亡生涯给他上了关于冒险的人生第一课。17 岁的他只身到了英国并就读于伦敦经济学院，通过做侍者、油漆工等许多工作来挣学费。最终他获得了一份英格兰投资银行的基础工作，并以此作为他日后进军纽约的**跳板**。也许正是这些经历使得索罗斯不断地看到别人看不到的危机。

(资料来源：《美国三大股神都有谁？》，https://zhidao.baidu.com/question/133089014.html 有改编)

(二) 正反禅师

看到市场机会，巴菲特和索罗斯会运用完全不同的操作方式。巴菲特看的是长远，他坚信证券有它的内在价值，而且长期下来价格一定会接近内在价值，所以最常用的方式是在证券被严重低估时买进再长期持有。对长期投资者来讲，卖空©并不是件容易的事，因为通货膨胀、利率这些因素，大多证券长期都是**看涨**的，不同的只是幅度，所以卖空有很高的成本。虽然卖空在很多市场是合法的，但其实中外企业和个人很少有人会对卖空有好感，所以巴菲特作为一个很少卖空的投资人，总让人有一种亲切感。当然，时机成熟时巴菲特也会卖掉手里的股票，但他卖的时候往往是股票被严重**高估**时。而这一时期也正是市场**充斥**着泡沫、大家都**得意忘形**的时候，所以一般也没人会对他有意见。

索罗斯的做法和巴菲特却**大相径庭**。作为一个投机者，他希望判断价格在短期内会如何变化。一般来说，证券价格会反映公司基本面的情况——这是所有 MBA 课程里所学的最基本的知识。但索罗斯认为证券价格还会进一步影响公司的基本面——股票的价格高了，公司可以融资、**并购**、雇佣优秀的人才，等等，从而直接提升公司的基本面。如果价格低，效果就是负面的。这种从价格到基本面的反馈在索罗斯之前，无论是学术圈还是**实业界**都没有人提出过，所以他是**鼻祖**。在这种反馈认识基础上，索罗斯告诫人们资本市场里经常会出现暴涨和暴跌的现象。暴涨的起因可以有多种：证券价格严重低估，政府的刺激政策，新技术、新管理，等等。当价格反弹后，增高的价格作用于基本面从而使其拉升；基本面又回头反映到更高的市值里去；高市值继续拉升基本面……一旦形成价格和基本面互相促进的**连锁**反应，证券价格就会出现持续性的上涨，甚至远远高出公司的基本面。直到价格高到了一定程度，泡沫破裂，又有可能产生反向的连锁反应。对索罗斯来讲，这两种连锁反应都是投资的最好时机，在连锁上行时他是买家，在下行时他会卖空。这种投资策略，简单地看就是追涨杀跌。索罗斯和**散户**不同的是，他对趋势有更加精准的判断

巴菲特的价值投资由于属于**逆向**操作，对市场有稳定的作用。索罗斯的动量投资往往会加速、增大价格的波动性，是一种不稳定因素。巴菲特的社会价值是把资本分配给有价值且被低估的公司，从而提高经济的效率；索罗斯是一个纯粹的投机者，其操作本身对社

会的贡献很可能是负面的。巴菲特是所有市场经济都欢迎的人，索罗斯最多只能说是合法
经营，不会被爱戴，甚至有可能被憎恨。

　　巴菲特和索罗斯的共同点是对经济和商业基本面的精准判断，其能力使大多数人
望尘莫及。两人在一定意义上讲，都是很**超脱**的人，不光是为了自己挣钱，都把公益看得
很重。巴菲特是一贯的正能量，做投资、做公益。索罗斯投机利用的是人的弱点，攻击的
是经济和商业里的结构**漏洞**，但他的公益理想却是创造一个开放的社会。他认为正是因为
人有弱点，容易犯错，所以社会必需开放，人才能更理性，少犯错。简单地说，索罗斯的
公心是希望社会变得更智慧、理性，从而不给"索罗斯"们任何机会。

　　所以，巴菲特和索罗斯其实都是禅师，只不过一个是正面，一个是反面。

（资料来源：作者刘劲，《索罗斯与巴菲特：正反禅师》，财新网 2016 年 1 月 29 日　有改编）

▶ 生词

1. 证券	zhèng quàn	（名）	经济权益凭证的统称；bond
2. 巨头	jù tóu	（名）	指经济、政治界势力大的首脑人物；lord
3. 信徒	xìn tú	（名）	指某学说或某人的信仰者；follower
4. 屏障	píng zhàng	（名）	指遮蔽、阻挡之物；protective screen
5. 赌	dǔ	（动）	泛指比胜负，争输赢；bet
6. 低估	dī gū	（动）	过低地估计；underestimate
7. 神坛	shén tán	（名）	祀神高台，也指至高无上的权威或地位；the altar
8. 崩盘	bēng pán	（动）	股票、期货等市场行情大跌而崩溃；to collapse
9. 元气	yuán qì	（名）	指国家或经济生存发展的物质和精神力量；vitality
10. 争议	zhēng yì	（名）	有争论，未达成一致结论；dispute
11. 白手起家	bái shǒu qǐ jiā	（成）	在条件极差的情况下创立事业；to build up from nothing
12. 非议	fēi yì	（名）	批评，责难；censure
13. 战役	zhàn yì	（名）	完成战略目标各种作战的总称；military campaign
14. 毁誉参半	huǐ yù cān bàn	（成）	对人的评价没有一致的意见；get both praise and blame
15. 戳	chuō	（动）	用指头指点；poke
16. 跳板	tiào bǎn	（名）	喻指某种过渡的方式或途径；springboard
17. 禅师	chán shī	（名）	指有德行的和尚；honorific title for a Buddhist monk

18. 看涨　　　　kàn zhǎng　　　(动)　指价格显示上升趋势；prices appear to be rising

19. 高估　　　　gāo gū　　　　　(动)　过高地估计； to overestimate

20. 充斥　　　　chōng chì　　　 (动)　充满；be full of

21. 得意忘形　dé yì wàng xíng (成)　形容高兴得失去了常态；

　　　　　　　　　　　　　　　　　　　so pleased as to lose one's sense of measure

22. 大相径庭　dà xiāng jìng tíng (成)　相差很远，大不相同；as different as can be

23. 并购　　　　bìng gòu　　　　(动)　兼并和收购；merger and acquisition

24. 实业　　　　shí yè　　　　　(名)　指工商企业；industry commercial enterprise

25. 鼻祖　　　　bí zǔ　　　　　　(名)　比喻创始人；founder

26. 连锁　　　　lián suǒ　　　　(名)　一环扣一环，连续不断；chain

27. 散户　　　　sǎn hù　　　　　(名)　一般指小额投资者；individual (shareholder)

28. 逆向　　　　nì xiàng　　　　(名)　反方向；backwards

29. 望尘莫及　wàng chén mò jí (成)　比喻远远落在后面；to be far inferior

30. 超脱　　　　chāo tuō　　　　(形)　超出以外，不被其困扰；unconventional

31. 漏洞　　　　lòu dòng　　　　(名)　不周密的地方，破绽；loophole

▶ 经贸词条注释

① 华尔街

华尔街(Wall Street)是纽约市曼哈顿区南部从百老汇路延伸到东河的一条大街道的名字，以"美国的金融中心"闻名于世。美国摩根财阀、洛克菲勒石油大王和杜邦财团等开设的银行、保险、航运、铁路等公司的经理处集中于此。著名的纽约证券交易所也在这里，至今仍是几个主要交易所的总部，如纳斯达克、美国证券交易所、纽约期货交易所等。"华尔街"一词现已超越这条街道本身，成为附近区域的代称，亦可指对整个美国经济具有影响力的金融市场和金融机构。

② 巴菲特

沃伦·巴菲特(Warren Buffett)，生于美国内布拉斯加州的奥马哈市，全球著名的投资商，从事股票、电子现货、基金行业。他是美国华尔街金融三巨头之一，被称为"股神"。

③ 索罗斯

乔治·索罗斯(George Soros)，生于匈牙利布达佩斯，货币投机家，股票投资者，慈善家，在美国以募集大量资金试图阻止乔治·布什再次当选总统而闻名。他一生率领的投机资金在金融市场上兴风作浪，刮去了许多国家的财富。2015 年 1 月，乔治·索罗斯宣布终极退休。

④ 牛市与熊市

人们预料股票市场行情可能出现的两种不同的发展趋势。牛市(bull market)是预料股市行情看涨，前景乐观的专门术语；熊市(bear market)是预料股市行情看跌，前景悲观的专门术语。

⑤ 道琼斯指数

通常人们所说的道琼斯指数是指道琼斯工业平均指数(Dow Jones Industrial Average)，即道琼斯股票价格平均指数，是世界上最有影响力且使用最广的股价指数。它以在纽约证券交易所挂牌上市的一部分有代表性的公司股票作为编制对象，由四种股价平均指数构成。

⑥ 卖空

卖空又称做空、空头，是一种股票、期货等的投资术语，是指预期未来行情下跌，将手中借入的股票按目前价格卖出，待行情跌后买进再归还，获取差价利润。卖空的交易行为特点为先卖后买，这种模式在价格下跌的波段中能够获利。

▶ 语法

1. 以(用、把)……作为(当做)……跳板
意思是把……当做一种过渡的方式或途径。例如：
① 最终他获得了一份英格兰投资银行的基础工作，并以此作为他日后进军纽约的跳板。
② 你会把好朋友介绍的工作拿来当做跳板吗？
③ 他想用日本留学作为跳板，移民欧美国家。

2. 一贯
意思是一向如此，从未改变，在句中做状语。例如：
① 巴菲特是一贯的正能量，做投资、做公益。
② 他做事一贯认真负责，这一点请你放心。
③ 她一贯自私，今天却做了一件好事，真是难得。

▶ 练习

(一) 选词填空

信徒　　看涨　　大相径庭　　鼻祖　　低估　　逆向　　跳板　　神坛

1. 巴菲特走上"(　　　　)"的最成功的例子也来自熊市。

2. 最终他获得了一份英格兰投资银行的基础工作，并以此作为他日后进军纽约的(　　　　)。

3. 巴菲特在牛市的时候非常悠闲，因为他找不到太多价格便宜且价值被(　　　　)的股票来买入。

4. 这种从价格到基本面的反馈在索罗斯之前无论是学术圈还是实业界都没有人提出过，所以他是(　　　　)。

5. 对长期投资者来讲，卖空并不是件容易的事，因为通货膨胀、利率这些因素，大多证券长期都是(　　　　)的，不同的只是幅度。

6. 巴菲特的价值投资由于属于(　　　　)操作，对市场有稳定的作用。

7. 有人说"股神"巴菲特在全球的(　　　　)数以千万计。

8. 索罗斯的做法和巴菲特却是(　　　　)。

(二) 词语造句

1. 白手起家：_____。

2. 毁誉参半：_____。

3. 大相径庭：_____。

4. 望尘莫及：_____。

5. 以……作为……跳板：_____。

6. 一贯：_____。

(三) 短文填空

1. 乔治·索罗斯是华尔街最受(　　　　)的投资家之一。他(　　　　)创立了被称为金融界奇迹的量子基金，如今市值高达 120 亿美元，同时他也遭到许多(　　　　)。令他成名的是"三大(　　　　)"——1992 年的英镑之战，1997 年的亚洲金融风暴与 1998 年香港大战。这三场战役为索罗斯赢得了"历史上最伟人的投机者"、"国际金融大鳄"等(　　　　)的称号。而他在美国国会听证时则明确地说，他的所作所为"只是把资产价格的泡沫(　　　　)了一个洞"、"是对金融市场的一次很必要的(　　　　)"。

2. 巴菲特和索罗斯的共同点是对经济和商业基本面的精准判断，其能力使大多数人(　　　　)。两人在一定意义上讲，都是很(　　　　)的人，不光是为了自己挣钱，都把公益看得很重。巴菲特是一贯的正能量，做投资、做公益。索罗斯投机利用的是人的弱点，攻击的是经济和商业里的结构(　　　　　)，但他的公益理想却是创造一个开放的社会。他认为正是因为人有弱点，容易犯错，所以社会必需开放，人才能更理性，少犯错。简单地说，索罗斯的公心是希望社会变得更智慧、理性，从而不给"索罗斯"们任何机会。

(四) 回答问题

1. 根据课文内容，介绍一下"股神"巴菲特。
2. 根据课文内容，介绍一下"大鳄"索罗斯。
3. 根据课文内容，说说巴菲特和索罗斯的相同点和不同点。

(五) 阅读与写作

"华尔街神话"罗杰斯

罗杰斯是量子基金的创始人之一，素有"点石成金"的美誉，也被称为"华尔街的神话"。1971 年，他与索罗斯一起组建了美国华尔街最成功的投资基金"量子基金"：索罗斯专事买卖交易，罗杰斯负责收集信息和分析。两人配合默契，使得"量子基金"连续 10 年的年均收益率超过 50%。1980 年，37 岁的罗杰斯离开"量子基金"，开始了自己的投资事业。他"笑傲"股市 30 多年，名利双收，可谓功成名就派的杰出代表。

和巴菲特喜欢对优质企业长期持股不同，罗杰斯热衷于成长股，但从未长期持有哪一家股票，他总是善于准确地把握时机，捞取惊人的利润。

1984 年，奥地利股市暴跌，罗杰斯实地考查研究后，大量购买奥地利企业的股票、债券。第二年，奥地利股市起死回生，罗杰斯因此被人称之为"奥地利股市之父"。1987 年，持续上涨数年后的日本股市渐渐趋缓。罗杰斯预见到日本股市的跌势即将开始。1988 年，他开始大量卖空日本股票。事后，他卖空的每种日股都又相继跌价。1987 年上半年，他预见到美国股市即将暴跌，适时卖空股票。当年 10 月 19 日，美国股市崩盘，他又获成功。

罗杰斯最关心的不是一个企业的短期盈利，而是社会、经济、政治和军事等宏观因素将对某一行业产生的影响。1974 年，美国生产飞机和军用设备的洛克公司的利润大幅度下降，世间纷纷传言其即将破产，其股票价格跌至破产的价位——2 美元。冷静的罗杰斯从国际竞争格局中看到，美苏两国军事技术的较量必将愈演愈烈，美国政府必定会加大对国防设备产业的投入，洛克公司将会得到政策性的大力扶助。因此，在人们大量抛售洛克公司的股票时，罗杰斯大量买进。不久后，洛克公司股票突然暴涨，股价升到了 120 美元。

为了在国际投资活动中稳操胜券，罗杰斯喜欢周游世界各国。这既使他的个人生活丰富多彩，又为他的正确投资准备了宝贵的第一手信息。他走遍了六大洲，行程 104700 公里，打破了吉尼斯世界纪录。

(资料来源：《华尔街世界顶尖金融玩家》，
http://blog.sina.com.cn/s/blog_4c73d616010008ko.html 有改编)

1. 尝试写出文中划线词语的解释

① 点石成金：＿＿＿＿＿＿＿＿＿＿＿＿＿＿＿＿＿＿＿＿＿＿＿＿＿＿。

② 名利双收： _____。

③ 功成名就： _____。

④ 起死回生： _____。

⑤ 稳操胜券： _____。

2. 通过本课的学习，请你把巴菲特、索罗斯、罗杰斯三个金融巨头的操作特点写下来。

第三十六课　保险的本质是保障

众所周知，保险业的功能繁多，如经济保障、风险管理、资金融通、社会管理，等等，但其中最核心的功能，始终应是经济保障和风险管理。

▶ 课文

（一）保险的本质是保障

保险是什么？从经济的角度看，保险是分摊意外事故损失的一种财务安排，通过保险将少数不幸的被保险人的损失由包括受损者在内的所有被保险人分摊；从社会的角度看，保险是社会经济保障制度的重要组成部分，是社会生产和社会生活的稳定器；从风险管理角度看，保险是风险管理的一种方法，起到分散风险、消化损失的作用。

说到底，保险提供的是一份令人安心的保障。

拿个人来说，人的一生有三怕：

一怕离去得太早。如果一个家庭的经济支柱在一个不适当的时候，不幸地离开这个世界，他的家庭和家人会因此而陷入失去亲人的无尽痛苦与失去依靠的困窘之中。那他们往后的生活该怎么办呢？人寿保险可以帮助被保险人的家庭建立一个健全的财务计划，确保被保险人遭受意外时家庭的经济保持安定。购买保险足以体现出一个人对自己家庭和家人的关爱和责任感。

二怕活得太长。长命百岁是美好的愿望，但是就算一生平安顺利，没有病痛，也总会面临年老退休的问题。面对日益增长的生活费用如何保证一生衣食无忧？"养儿防老"不是不变的承诺，安享晚年是权利更是个人尊严的体现。如果购买养老保险，那么活得越久领得越多，保险可以让你有尊严地生活下去。

三怕疾病残疾。人的一生中疾病是无可避免的，身体发生问题，我们需要的除了一笔未知的医疗费以外，还有我们的生活费用。更糟糕的是意外伤害，它足以令我们暂时或永久失去工作能力，我们的收入会因此受到很大影响。那时候，我们个人和家人的生活开支都会因此陷入困境，除非有足够的意外伤害险和健康保险才可以替我们担起重任。

著名学者胡适[①]博士谈及保险时曾经这样说过："保险的意义，只是今日作明日的准备，生时作死时的准备，父母作儿女的准备，儿女幼小时作儿女长大时的准备，如此而已。今天预备明天，这是真**稳健**；生时预备死时，这是真**豁达**；父母预备儿女，这是真**慈爱**。能做到这三步的人，才能算作是现代人。"

街角古旧的**消防栓**，来来往往的过路人，谁也不会望它一眼，在夜黑路暗时，不小心被它绊了一跤，您还会**唾骂**它一顿呢！但是，有一天，当您路过火灾现场，目睹大火**吞噬**人命和财产时，平时**最不起眼**的角色——消防栓，却成了救命的工具，这时候，真希望自己家门口也能摆上这么一尊救命神。

其实，保险在一般人心中的定义又何尝不是如此呢？

(二) 怎样选择保险

其实每个人都需要保险，只是向谁投保而已！聪明的人只要投资少许保险费，就可以把风险**转嫁**给保险公司，轻松地保证家庭经济的稳固；而有的人**精打细算**地把钱省下，等于向自己投保，独自负担起整个家庭的风险并且不能有任何**闪失**。这样**无视**风险，每天与命运之神对赌，赌一家人的幸福，实在不值得。因为你永远不知道"风险"和"明天"哪个会先到。

选择保险之前，千万不要**试图**将保险和其他投资工具进行比较。好像一个球队，投资工具(储蓄、基金、股票等)好比是"前锋"，您盼望它进更多的球，来赚取更多的投资收益；而保险则就是您球队的"后卫和门将"，为您把好防线，分散风险，预防意外发生，避免不必要的损失。所以：

保险是保障，不是投资。我们经常看到人们在计算现在买的保险分红是多少、将来可以赚多少钱。其实保障是有成本的，拿钱来买保险比把钱放到任何投资渠道的回报来得都要低。要想投资赚钱就不要买保险，买保险赚钱的可能只有一个，就是在交费过程中发生风险。换句话说，风险是不可以算的，能算得出来的都不叫风险。

保险是保障，不是储蓄。许多人买保险都与银行储蓄作比较，你把钱放到保险公司和存到银行所起作用是不一样的，存在银行你拿到的是利息，而保险公司给你的是保障。储蓄是存几万元钱得到几百元的利息，而保险是存几百元钱却能得到几万元的保障。如果我们把储蓄得到的几百元利息拿出来再投放到保险上，那我们的资金岂不是保值、增值了几十倍。

保险永远没有最好的，只有适合自己的。因为每个人的生活是不一样的，保障需求也是不同的。

选择保险时要**遵循**以下原则：

一是**量力而行**：购买保险的投入必须与家庭的经济状况相适应。要根据家庭现在的收入水平，预估未来的收入能力，并计算收支结余。这样，才能确保您的保险不会出现无力支付而遭受损失，也不会出现保险投资比率不足的情况。

二是按需选择：根据家庭所面临的风险种类选择相应险种。现在针对家庭与个人的商业险种非常之多，并不适合每个客户。例如，家庭中男主人是主要收入者，且从事危险程度较高的工作如高空作业，则此家庭的首要保险可能就是男主人的生命和健康保险。

三是优先有序：确定保险需求的首要考虑是风险损害程度，其次是发生频率。损害大、频率高的损害优先考虑保险，对一些较小的损失，家庭能承受得了的，一般不用投保。实际上保险一般都有一个免赔额，低于免赔额的损失保险公司是不会赔偿的，所以需放弃低于免赔额的保险。

四是合理组合：把保险项目进行合理组合，并注意利用附加险。许多保险除了主险②外，都带了各种附加险③，当您购买了主险后，如果有需要，可顺便购买其附加险。这样的好处是：其一，避免重复购买多项保险；其二，一般附加险的保费相对单独保险的保费较低，可节省保费。所以，综合考虑各保险项目的合理组合，既可得到全面保障，又可有效利用资金。

(资料来源：《简单的保险知识》，http://blog.renren.com/share/69273856/1204211625 有改编)

▶ 生词

1. 保障	bǎo zhàng	(名)	起保护作用的事物；safeguard
2. 融通	róng tōng	(动)	指使资金流通；to flow (esp. capital)
3. 核心	hé xīn	(名)	中心，主要部分；core
4. 分散	fēn sàn	(动)	分在各处，不集中；disperse
5. 消化	xiāo huà	(动)	熔化，消融；to digest
6. 支柱	zhī zhù	(名)	起支撑作用的柱子，比喻中坚力量；pillar
7. 困窘	kùn jiǒng	(形)	贫困窘迫；impoverished
8. 足以	zú yǐ	(副)	完全可以；enough
9. 承诺	chéng nuò	(动)	应承允诺；to promise
10. 尊严	zūn yán	(名)	不容侵犯的地位和身份；dignity
11. 体现	tǐ xiàn	(动)	性质或现象通过某一事物具体表现出来；reflect
12. 残疾	cán jí	(名)	身体或生理上的缺陷；disabled
13. 避免	bì miǎn	(动)	使不发生；avoid
14. 稳健	wěn jiàn	(形)	稳当有力；firm
15. 豁达	huò dá	(形)	心胸开阔，性格开朗；generous
16. 慈爱	cí ài	(形)	(长者对年幼者)温柔和怜爱；affection
17. 消防栓	xiāo fáng shuān	(名)	室外固定式消防设施；fire hydrant
18. 绊	bàn	(动)	行走时被别的东西挡住或缠住；to stumble
19. 唾骂	tuò mà	(动)	鄙弃辱骂；to spit on and curse

20．吞噬	tūn shì	（动）	整个吞下去；to swallow
21．不起眼	bù qǐ yǎn	（形）	指不引人注目；not worthy to be thought highly
22．转嫁	zhuǎn jià	（动）	转移灾难、祸患或危机；shift on to
23．精打细算	jīng dǎ xì suàn	（成）	精密地计划，详细地计算；meticulous planning and careful accounting
24．闪失	shǎn shī	（名）	指意外的失误；mishap
25．无视	wú shì	（动）	不放在眼里，根本不考虑；to ignore
26．试图	shì tú	（动）	打算；to attempt
27．遵循	zūn xún	（动）	遵从，依照；to abide by
28．量力而行	liàng lì ér xíng	（成）	按照能力去做，不勉强；do what one is capable to

▶ 经贸词条注释

① 胡适

胡适(1891 年 12 月 17 日—1962 年 2 月 24 日)，中国著名思想家、文学家、哲学家。他大力提倡白话文，宣扬个性解放、思想自由，是新文化运动的领袖。胡适于 1938—1942 年出任国民政府驻美大使，1939 年获得诺贝尔文学奖的提名，1946—1948 年任北京大学校长。他在学术上影响最大的是提倡"大胆假设，小心求证"的治学方法。

② 主险

主险又叫基本险，是指不需附加在其他险别之下的，可以独立承保的险别。与主险相对应的是附加险。我们常见的终身人寿保险、养老保险等险种都是主险。

③ 附加险

附加险就是指不能单独投保的险种，人们必须在买一份主险的前提下，附加这些险种才能享受相应的保障利益。

▶ 语法

1. 足以

意思是完全可以，副词，在句中一般做状语。例如：

① 更糟糕的是意外伤害，它足以令我们暂时或永久失去工作能力，我们的收入会因此受到很大影响。

② 这些事实足以证明她是对的。

③ 这些措施并不足以避免灾难的发生。

2. 如此而已

如此：像这样；而已：罢了。意思是就这样罢了，再没有别的，一般用于句尾作结束语。例如：

① 保险的意义，只是今日作明日的准备，生时作死时的准备，父母作儿女的准备，儿女幼小时作儿女长大时的准备，如此而已。

② 它并不是真的倒退运行了，只是看起来如此而已。

③ 在他眼里那只不过是二十二元钱的一张支票，可以买一点东西吃，如此而已。

▶ 练习

(一) 选词填空

　　融通　　遵循　　困窘　　豁达　　尊严　　试图　　避免　　分散

1. 选择保险之前，千万不要(　　　　)将保险和其他投资工具进行比较。

2. 人的一生中疾病是无可(　　　　)的，身体发生问题，我们需要的除了一笔未知的医疗费以外，还有我们的生活费用。

3. 众所周知，保险业的功能繁多，如经济保障、风险管理、资金(　　　　)、社会管理，等等。

4. 从风险管理角度看，保险是风险管理的一种方法，起到(　　　　)风险、消化损失的作用。

5. 选择保险时要(　　　　)以下原则：一是量力而行，二是按需选择。

6. 今天预备明天，这是真稳健；生时预备死时，这是真(　　　　)；父母预备儿女，这是真慈爱。

7. 如果一个家庭的经济支柱在一个不适当的时候，不幸地离开这个世界，他的家庭和家人会因此而陷入失去亲人的无尽痛苦与失去依靠的(　　　　)之中。

8. "养儿防老"不是不变的承诺，安享晚年是权利，更是个人(　　　　)的体现。

(二) 词语造句

1. 精打细算：＿＿＿＿＿＿＿＿＿＿＿＿＿＿＿＿＿＿＿＿＿＿＿＿＿＿。

2. 量力而行：＿＿＿＿＿＿＿＿＿＿＿＿＿＿＿＿＿＿＿＿＿＿＿＿＿＿。

3. 如此而已：＿＿＿＿＿＿＿＿＿＿＿＿＿＿＿＿＿＿＿＿＿＿＿＿＿＿。

4. 足以：＿＿＿＿＿＿＿＿＿＿＿＿＿＿＿＿＿＿＿＿＿＿＿＿＿＿＿＿。

(三) 短文填空

1. 街角古旧的消防栓，来来往往的过路人，谁也不会望它一眼，在夜黑路暗时，不小心被它(　　　　)了一跤，您还会(　　　　)它一顿呢！但是，有一天，当您路过火灾现场，目睹大火(　　　　)人命和财产时，平时最(　　　　)的角色——消防栓，却成了救命的工具，这时候，真希望自己家门口也能摆上这么一尊救命神。

2. 其实每个人都需要保险，只是向谁投保而已! 聪明的人只要投资少许保险费，就可以把风险(　　　　)给保险公司，轻松地保证家庭经济的稳固；而有的人(　　　　)地把钱省下，等于向自己投保，独自负担起整个家庭的风险并且不能有任何(　　　　)。这样(　　　　)风险，每天与命运之神对赌，赌一家人的幸福，实在不值得。因为你永远不知道"风险"和"明天"哪个会先到。

(四) 回答问题

1. 根据课文内容，说一说人生的"三怕"怎样通过保险来化解。
2. 根据课文内容，说一说我们应该怎样选择保险。

(五) 阅读与写作

美国人生活中的保险

有一个保险小故事，说的是一个失事海船的船长是如何说服几位不同国籍的乘客抱着救生圈跳入海中的。他对英国人说这是一项体育运动；对法国人说这很浪漫；对德国人说这是命令；而对美国人则保证：你已经被保险了。

正如故事中所讲的，在美国保险早已渗透到了生活的方方面面，不管是国家元首、明星巨匠，还是平民百姓，保险是人们生活中不可缺少的一环，像饮食、居住一样，是生存中必要的一部分，在保证公民财产方面真正起到了"保险"的作用。以我自己为例，首先必须有的是医疗和牙科保险，美国医疗费用较高，没有这个保险的话一个大病恐怕所有的资产都会打水漂了。其次必须有的是行车保险，这是强制性的，美国是车轮上的国家，车祸发生是在所难免的事情。没有保险的话碰上一个大事故，涉及车辆、医疗和公共财产损失，加在一起很可能会是天文数字，哪怕搭上全部的财产可能都不够。所以，没有行车保险上路是违法行为。还有房屋保险，因为有房贷，银行要求并用 Escrow 账户来监管并支付我的房屋保险，而我自己也愿意购买，因为意外灾害是谁都无法预料的，有保险心里才踏实。另外，绝大多数美国人还有寿险，很多工作单位也免费提供这种福利，比如我们的福利跟随的寿险额相当于两倍年薪，意外事件四倍年薪，有些家里主要收入的来源者还会自费另外购买寿险。总的原则是保险金额要超过房贷欠款，这样一旦有什么意外发生家人会得到一大笔赔偿，不会遭遇丢房子等经济困境。同时，很多美国人还会购买残疾保险，这也是大多数工作跟随的福利待遇。最后，美国一些职业人员从业时还要求必须购买专业保险，如医生、律师、公共会计师等，执业期间必须有职业失当保险，这样一旦出现职业错误，其所导致的损失将由保险公司来支付。在美国，保险早已成为生活中不可或缺的一部分，一个刚到美国不久的朋友甚至告诉我，就连她租公寓时都要买屋内财产保险，由此便可见一斑。

(资料来源：作者心路独舞，《震惊：原来我们的保险业不只是落后》，
http://heller10.blog.sohu.com/309930455.html 有改编)

1. 尝试写出文中划线词语的解释

① 渗透：_____。

② 打水漂：_____。

③ 在所难免：_____。

④ 不可或缺：_____。

⑤ 可见一斑：_____。

2. 你买过什么保险？请写一下你的国家保险业发展的情况。

财

会

篇

第三十七课　学会看懂财务报表

会计工作离不开财务数据和财物报表，公司运营情况也可以通过财务报表直观反映出来。作为一名会计，如何准确快速地分析财务报表就成了一门必修课。

▶ 课文

（一）会计教会我们读懂利润表

老包几年前开了家包子店，经营得很好，很快包子店就有了 10 家分店。老包也正式为公司**注册**了**商标**：包氏大包。

随着公司发展，老包开始了规范化的管理。公司内部有了更明确的分工：销售部、**采购**部、研发部。不仅如此，老包还请了一个专业会计为公司做账。老包根本不懂财务知识，第一个月会计把利润表交给他时，老包就呆了。表上的各种财务名词，老包只认识字，却不知道是什么意思。

于是，老包赶紧请来会计小林教他读利润表。小林认真地跟老包解释：

"包总，我们每月卖包子收入 50 万元；这是主营业务①收入；

做包子的成本，包括面粉、油、猪肉、各种辅料、电费和水费、交的营业税和流转税②，还有每月做包子用的工具的**折旧**费用等，这些每月一共 20 万；这是主营业务成本；

进账的 50 万元**减**去成本 20 万元，得到 30 万元；这是**毛利润**。所以，我们的毛利率达到了 60%，这很不错呢；

目前，我们每家店有两名员工负责上货和卖包子，店面员工一共 20 人，平均每人月工资为 3000 元，总数是 6 万元。各店平均每月房租为 3000 元，10 家店就是 3 万元。目前的主要**行政**人员，除了您，只有我一个会计，您不拿工资，我的工资每月为 5000 元。还有公司的交通、**仓储**和其他各种**杂费**总计 1.5 万元。这些一共 11 万元，是公司的管理费用；

我们有专门的市场部，负责广告设计，这些人的工资每月一共是 1.2 万元，而我们每月制作广告的成本大约是 8000 元。这些一共 2 万元，是市场费用；

我们公司请来的包子大师汪师傅，专门研究改善包子的口感，开发新品种，让我们的包子更受欢迎。他每月的**薪酬**为 1 万元，他的研究每月还会消耗 1 万元的杂费。这 2 万元，是我们的研发费用；

另外，从今年开始，您从银行贷了 100 万元，作为我们的**扩张**资金。贷款期限是两年，每年的**利息**是 12%，要付 1 万元，这利息就是财务费用；

管理费用和市场费用，再加上研发费用和财务费用，每月共计 16 万元，这笔钱为运营成本和费用；

毛利润减去运营成本费用，每月剩余 14 万，这就是运营利润；

另外，我们在那家银行存了 50 万元，年利息为 6%，每月有 2500 元的利息，是利息收入；

银行利息和其他投资收入，叫作其他收入；

运营利润加上其他收入，就是税前收入。我们每月的税前收入是 14.25 万元；

我们公司每月的税额是 3.5625 万元，这是所得税③；

税前收入减去所得税，还剩 10.6875 万元，这就是净利润了。从**净利润**上看来，我们公司的业绩十分出色。"

老包听完就明白了，笑说，"小林你不仅专业知识丰富，解释也很清楚。我能请你到我们公司工作，是我们包氏大包的**荣幸**。"

(资料来源：《一个包子铺的财务故事》，
http://money.163.com/15/0105/14/AF71HRAH00253B0H.html 有改编)

(二) 苹果公司的财务故事

苹果公司是世界上最受关注的公司，其独特的财务结构和安排也相当精彩。

(一) 高速的发展能力。从资产负债表上看，"零**负债**"的财务报表说明苹果公司多年来花钱**谨慎**。**截至** 2012 年 12 月 31 日，苹果公司账面资产高达 1961 亿美元，除了经营中发生的 468.9 亿美元的流动负债④以及 218.6 亿美元的自发性长期负债⑤外，没有其他长期债务。苹果公司完全凭自己的现金流⑥就做到了上市公司中市值最大的公司！从利润表上看，苹果公司 2012 年的收入为 1565 亿美元，利润为 417 亿美元，而同期微软、谷歌、雅虎、Facebook 和亚马逊等 6 家企业合起来的利润也只有 344 亿美元。这样高额利润的主要原因是苹果公司将自己的生产供应发展到全球各国，建立不同**配件**的代工厂，最大限度地降低成本。从现金储备上看，苹果公司 2012 年的现金储备高达 1370 亿美元，并逐年上升。

(二) 保守的**偿债**能力。从偿债能力上看，苹果公司负债规模小，且主要是经营过程中产生的自发性负债，尤其是长期负债几乎为零，较低的资产负债率说明企业的资金实力强。

(三) 高效的运营能力。从运营能力上看，苹果公司高效的**存货周转**率令人吃惊。2012 年苹果公司的存货周转期只有 5 天左右，这就是说苹果的库存平均五天就要更新一次，存货周转率为 69 次/年，是全行业的老大，其竞争对手三星也只有 17 次/年，而一般的企业平均为 8 次/年。苹果公司存货周转率较低的一个重要原因是其精简的产品线。例如，iPhone 和 iPad、MacBook 中许多**零部件**都可以通用，苹果公司在管理**供应链**时要省力很多，并能够获得更优惠的采购价格，加速存货周转。苹果公司 2012 年的总资产周转率为 0.28，作为总资产规模庞大的一个企业帝国，能达到如此高的总资产周转率，也是苹果公司高效营运能力的另一个有力证据。

（四）强劲的盈利能力。2012、2011 和 2010 年苹果公司的销售毛利率分别为 39.4%、40.5%和43.9%，说明了苹果公司漂亮的市场销售业绩。

综上所述，苹果公司的财务实力总结为资产、利润和现金流的快速增长；零负债的偿债能力；高速周转的资产管理方法以及高利润率。

(资料来源：作者谈多娇,《苹果公司的财务故事》,《会计之友》2013 年第 31 期 有改编)

▶ 生词

1.	注册	zhù cè	（动） 由主管部门办理手续，登记入册；register
2.	商标	shāng biāo	（名） 区别经营者品牌或服务的标记；trademark
3.	采购	cǎi gòu	（动） 企业从市场获取产品或服务的经营活动；purchase
4.	折旧	zhé jiù	（名） 固定资产使用期限内消耗掉的价值；depreciation
5.	减	jiǎn	（动） 将一个数从另一个数中减去；minus
6.	毛利润	máo lì rùn	（名） 销售额减去成本及人工费后的利润；gross profit
7.	行政	xíng zhèng	（名） 公司、企业内部的管理工作职位；administrative
8.	仓储	cāng chǔ	（名） 在一定的场所储存保管物品的行为；warehousing
9.	杂费	zá fèi	（名） 公司正项开支以外的其他费用；incidentals
10.	薪酬	xīn chóu	（名） 薪水，工资；salary
11.	扩张	kuò zhāng	（动） 公司通过发展经营使规模扩大；expand
12.	利息	lì xī	（名） 因存款而得到的本金以外的钱；interest
13.	剩	shèng	（动） 消耗和使用后留下；leave over
14.	净利润	jìng lì rùn	（名） 利润总额减去所得税后的公司利润；net profit
15.	荣幸	róng xìng	（形） 光荣而幸运，一般用来表现自己谦虚；pleasure
16.	负债	fù zhài	（名） 企业在一定时期后必须偿还的经济债务；liabilities
17.	谨慎	jǐn shèn	（形） 小心的，指密切注意外界及自己行为，以免发生不利的事情；discreet

18.	截至	jié zhì	(动)	停止到某个时间；up to (a specified time)
19.	配件	pèi jiàn	(名)	指机器设备的零件或部件；accessory
20.	偿债	cháng zhài	(动)	偿还债务；pay a debt
21.	存货周转	cún huò zhōu zhuǎn	(动)	对暂没卖出的产品依据先进先出的原则进行循环；inventory turnover
22.	零部件	líng bù jiàn	(名)	零件和部件，是机械的一部分；assembly unit
23.	供应链	gōng yìng liàn	(名)	将产品从商家送到消费者手中之前各相关者的连接或业务的衔接；supply chain
24.	强劲	qiáng jìng	(形)	强大有力；powerful
25.	盈利	yíng lì	(名)	企业获得利润；profit，gain
26.	综上所述	zōng shàng suǒ shù	(连)	总的来说；in conclusion

▶ 经贸词条及注释

① 主营业务
主营业务指企业为完成其经营目标而从事的日常活动中的主要活动，是企业收入的主要来源。

② 营业税和流转税
营业税(business tax)：国家就企业或个人取得的营业额征收的一种税。
流转税(commodity turnover tax; goods turnover tax)：指以纳税人商品生产、流通环节的流转额或者数量以及非商品交易的营业额为征税对象的一类税收。

③ 所得税
所得税(income tax)是政府对个人或企业的各种所得征收的一种税收。

④ 流动负债
流动负债(current liabilities)也叫短期负债，是指在一年或者超过一年的一个营业周期内偿还的债务。

⑤ 自发性负债
自发性负债是指随着生产经营活动的进行而自动形成和增加的负债，如应交税金、应付福利费、应付工资、应付利润、其他应付款和预提费用等。

⑥ 现金流

现金流指(Cash flow)企业在一定时期内现金流入和流出的数量。

▶ 语法

1. 其

　　代词，它的，这、这些或那、那些。例如：

① 苹果公司是世界上最受关注的公司，其独特的财务结构和安排也相当精彩。

② 2012 年苹果公司的存货周转期只有 5 天左右，其竞争对手三星也只有 17 次/年。

③ 学校应为创建一个健康而进步的社会发挥其积极的引导作用。

2. 率

表示两个数的比例、比值，如"效率"、"税率"。例如：

① 苹果公司 2012 年的总资产周转率为 0.28。

② 香港食品安全中心发表的食物安全报告显示，食物的整体合格率达 99.5%。

③ 星巴克在中国开店的成功率近 100%。

▶ 练习

(一) 选词填空

　　　运营　注册　截至　盈利　扩张　薪酬　周转　消耗　谨慎　采购

1. 精简的产品线使苹果公司能够获得更优惠的(　　　　　)价格。

2. 公司从银行贷了 100 万元，作为我们的(　　　　　)资金。

3. 公司请来的包子大师汪师傅每月的(　　　　　)为 1 万元。

4. (　　　　　)2012 年 12 月 31 日，苹果公司账面资产高达 1961 亿美元。

5. 苹果公司的存货(　　　　　)期只有 5 天左右，这就是说苹果的库存平均五天就更新一次。

6. 管理费用、市场费用、研发费用和财务费用，每月 16 万元，这笔钱为(　　　　　)成本和费用。

7. 老包也正式为公司(　　　　　)了商标：包氏大包。

8. 苹果公司 2012 年的销售毛利率为 39.4%，表现出了其强劲的(　　　　　)能力。

9. 汪师傅包子新品种的研究每月还会(　　　　　)1 万元的杂费。

10. "零负债"的财务报表说明苹果公司多年来花钱(　　　　　)。

(二) 词语造句

1. 高达：_____。

2. 截至：_____。

3. 消耗：_____。

4. 净：_____。

5. 周转：_____。

(三) 短文填空

1. 随着公司发展,老包开始了(　　　　)化的管理。公司内部有了更(　　　　)的分工:销售部、采购部、研发部。不仅如此,老包还请了一个(　　　　)会计为公司做账。老包(　　　　)不懂财务知识,第一个月会计把利润表交给他时,老包就呆了。表上的各种财务名词,老包只认识字,(　　　　)不知道是什么意思。

2. 从运营能力上看,苹果公司(　　　　)的存货周转率令人吃惊。2012 年苹果公司的存货周转期只有 5 天左右,这就是说苹果的库存平均五天就要(　　　　)一次,存货周转率为 69 次/年,是全行业的老大,其竞争(　　　　)三星也只有 17 次/年,而一般的企业平均为 8 次/年。苹果公司存货周转率较低的一个重要原因是其(　　　　)的产品线。例如,iPhone 和 iPad、MacBook 中许多零部件都可以(　　　　),苹果公司在管理供应链时要省力很多,并能够获得更优惠的采购价格,(　　　　)存货周转。

(四) 回答问题

1. 请根据课文一的内容为老包的包子公司做一份财务报表。
2. 课文二从哪些方面介绍了苹果公司的财务实力?
3. 苹果公司是怎样实现高效的存货周转的?

(五) 阅读与写作

会计相亲

有一个小姑娘是学会计的,最近谈了个对象,为了更加了解对方,她决定对小伙子来一次"审计"。

小姑娘问:"你每月的'主营业务收入'是多少?"

小伙子反应很快,心想,这是在问我工资,答:"3000 元。"

小姑娘问:"是'毛'收入,还是'净'收入。"

小伙子心中有点紧张,虽说每月三千,但到手没那么多,答:"毛收入吧。"

小姑娘心中马上计算起来:按最低标准计算,社会保险基数 570 元,个人承担 9%就是 51.30 元;公积金基数 1000 元,个人承担 10%得 100 元,医疗保险基数 1170 元,个人承担 2%得 23.40 元。个人所得税就是: (3000 − 51.30 − 100 − 23.40 − 基数 1600) × 10% − 25 = 97.53 元。计算完以后,姑娘问:"实发工资 2727.77 元吧?"

小伙子一惊,问:"你怎么知道的?"

小姑娘微微一笑,问:"有'其他业务收入'吧。"

小伙子又一惊,答:"你怎么全知道啊?"

小姑娘又微微一笑,问:"家里有多少'固定资产'?"

小伙子更紧张了,答:"汽车、电视、冰箱、电脑、空调、洗衣机算不算?我妈说了,这些我家都有……"

　　小姑娘打断他的话，提醒说："按照会计标准2000元以上的才算'固定资产'。"

(资料来源：《会计小故事》，http://www.sohu.com/a/213822044_775178 有改编)

1. 尝试写出文中划线词语的解释

① 基数：＿＿＿＿＿＿＿＿＿＿＿＿＿＿＿＿＿＿＿＿＿＿＿＿＿＿。

② 实发工资：＿＿＿＿＿＿＿＿＿＿＿＿＿＿＿＿＿＿＿＿＿＿＿。

③ 固定资产：＿＿＿＿＿＿＿＿＿＿＿＿＿＿＿＿＿＿＿＿＿＿＿。

2. 请介绍一下你们国家的工资计算标准。

第三十八课　故事中的财务管理(下)

> 财务管理的首要任务就是要使企业价值最大化。为了实现这个目标，企业必须在**开源**和**节流**两方面狠下工夫。下面的故事，是否能给我们一些**启发**？

▶ **课文**

(一)　"开源"有道

铜价翻倍的故事：1947 年，自由女神像**翻新**后留下了大量的**废料**，美国政府为了清理这些废料，向社会广泛招标[①]。但是由于美国政府出价太低，好几个月过去了，依然没有人投标[②]。此时，远在他国的一位犹太人听说了此事，立即飞到纽约，在看过自由女神像下面**堆积如山**的铜块、木料后，他未提任何条件，当即接受了这项工程。

许多人为他这一举动暗自发笑，因为在纽约州，对垃圾的处理有严格的规定，弄不好就要受到环保组织的**投诉**。就在一些人要看这个犹太人笑话的时候，他开始组织工人对废料进行分类。他让人把废铜**熔化**后**铸**成小自由女神像；把水泥块和木头加工成**底座**，甚至把从自由女神身上扫下来的灰尘都包装起来，出售给花店。不到三个月时间，他让这堆废料变成了 350 万美元，使铜的价格整整翻了一万倍！

情侣苹果的故事：某高校食堂后，一老妇守着两筐大苹果叫卖，5 毛钱一个(成本 4 毛)，因为天寒，买的人很少。一教授见此情形，上前与老妇商量几句，然后走到附近商店花 3 元钱买来红色**彩带**，并与老妇一起将苹果两两**一扎**，接着高声叫卖道，"情侣苹果哟！两元一对！"，经过的**情侣**们觉得很新鲜，用红彩带扎在一起的一对苹果看起来很有情趣，因而买苹果的情侣很多，一会儿的工夫 200 个苹果就卖光了。扣除 3 元红彩带的费用，老妇还多赚了 97 元(原来就算能卖完也只能赚 20 元)，因而她对教授感激不尽。

通常企业会比较关注产品的销量，**一味**依靠低价促销，却忽略了对产品价值的**塑造**，甚至为了节约成本而舍不得在产品质量、品牌推广上投入，使产品价值难以提升，卖不出好价钱，这种做法严重**制约**了企业价值最大化的实现。与此相反，如果把**视角**放在产品价值的塑造上，收入将会百倍千倍甚至万倍地增长。比如自由女神像翻新后留下的废料按照平常的做法是把它卖给废品收购商，能收回一点残值③也就算了，但经过犹太人的包装改造以后，平淡无奇的东西也成了价值**不菲**的收藏品！而两筐卖不出去的苹果系上红彩带加上"情侣苹果"这一充满**创意**的命名，一下子就卖光了，还比原来多赚了 5 倍！可见，要使企业价值最大化，必须想办法开源，而开源的核心是要打破思维局限，以尽可能少的投入获取尽可能高的收益。

（资料来源：作者林昭强，《听故事学财务管理之二："开源篇"》，
http://blog.chinaceot.com/front/showarticle.php?id=588043 有改编）

(二) "节流"有方

煮蛋的学问：有一家日本餐厅和一家中国餐厅都卖煮鸡蛋，两家餐厅的鸡蛋都很受欢迎，价钱也一样，但日本餐厅赚的钱却比中国餐厅多，旁人**大惑不解**。成本控制专家对日本餐厅和中国餐厅煮鸡蛋的过程进行比较后，终于找到了答案。

日本餐厅的煮蛋方式是锅里放进鸡蛋，加水(估计只能加 50 毫升左右)，盖上盖子，打火，1 分钟左右水开，再过 3 分钟关火，利用余热煮 3 分钟。中国餐厅的煮蛋方式是打开液化气，放上锅，加很多水(大约 250 毫升)，放进鸡蛋，盖上盖子，3 分钟左右水开，再煮大约 10 分钟，关火。

专家计算的结果是：前者起码节约 4/5 的水、2/3 以上的煤气和将近一半的时间，所以日本餐厅在水和煤气上就比中国餐厅节省了将近 70%的成本，并且日本餐厅利用节省的一半时间提供了更快捷的服务。

不拉马的士兵：一位炮兵军官到部队**视察**训练情况，他发现在几个部队训练中，总有一名士兵自始至终站在大炮的炮管下面不动。军官不解，询问原因，得到的答案是——训练**条例**就是这样要求的！军官回去后反复查阅军事文献，终于发现，长期以来，炮兵的训练条例仍**沿袭**非机械化时代的规则。在过去，大炮是由马车运到**前线**的，站在炮管下的士兵的任务是负责拉住马的**缰绳**，以便在大炮发射后调整由于后坐力产生的距离偏差。现在大炮的自动化和机械化程度很高，已经不再需要这样一个角色了，而马车拉炮也早就不存在了，但训练条例没有及时调整，因而才出现了"不拉马的士兵"。

煮鸡蛋很简单，谁都会煮，但不同的煮法带来不同的效益；"不拉马的士兵"大家都司空见惯，只有坚持价值分析的军官才发现了其不合理性。以上两则小故事告诉我们，要使企业价值最大化，节流也很重要，而节流之道重要的是成本控制。企业要时刻关注其每一项经济活动能否为客户创造价值，要把所有不能为客户创造价值的流程进行简化、合并，甚至**剔除**，以便更好地节省时间成本和费用成本，把更多资源用于更好地服务顾客，进而创造出更多的企业价值。只有不断发现"不拉马的士兵"，不断优化"煮蛋"流程，才能在不影响客户价值的基础上节约开销，降低生产成本，使企业提升利润，增强竞争力。

（资料来源：作者林昭强，《听故事学财务管理之三："节流篇"》，
http://blog.chinaceot.com/blog-htm-do-showone-type-blog-uid-1100814-itemid-588286.html 有改编）

▶ 生词

1.	开源	kāi yuán	(动)	开辟收入的新来源；to expand one's financial resources
2.	节流	jié liú	(动)	节约支出；reduce expenditure
3.	启发	qǐ fā	(动)	开导、指点，使之领悟；to enlighten
4.	有道	yǒu dào	(动)	有原则，也指有办法；have the knack of
5.	翻新	fān xīn	(动)	从旧的变化出新的或者把旧的东西拆了重做；(the same old thing) in a new guise
6.	废料	fèi liào	(名)	无利用价值的物料；waste
7.	堆积如山	duī jī rú shān	(成)	形容极多；to pile up like a mountain
8.	投诉	tóu sù	(动)	投状诉告；write to state or request
9.	熔化	róng huà	(动)	加热使物质从固态变成液态的过程；melt
10.	铸	zhù	(动)	熔化金属铸模成型；casting
11.	底座	dǐ zuò	(名)	某物的底部支承部件；base
12.	情侣	qíng lǚ	(名)	指恋爱的两个人；lovers
13.	彩带	cǎi dài	(名)	各种颜色的丝绸带子；colored ribbon
14.	扎	zā	(动)	捆，缠束；tie
15.	一味	yī wèi	(副)	盲目，不顾客观条件；blindly
16.	塑造	sù zào	(动)	用语言文字或其他手段树立形象；to model
17.	制约	zhì yuē	(动)	限制约束；restrict
18.	视角	shì jiǎo	(名)	观察事物的角度；visual angle
19.	不菲	bù fěi	(形)	形容价格非常高；not cheap
20.	创意	chuàng yì	(名)	指所创出的新意或意境；create new meanings
21.	大惑不解	dà huò bù jiě	(成)	感到非常迷惑，不能理解；to be at a loss
22.	视察	shì chá	(动)	上级人员到下级机构或现场检查工作；inspect
23.	条例	tiáo lì	(名)	团体制定的章程；rules
24.	沿袭	yán xí	(动)	按旧例办事；to carry on as before

25.	前线	qián xiàn	(名)	泛指第一线；front line
26.	缰绳	jiāng shéng	(名)	牵马或牵其他牲畜用的绳子；reins
27.	剔除	tī chú	(动)	削除，除去；get rid of

▶ 经贸词条注释

① 招标

招标(invite bids)是市场交易行为，是指招标人发出招标公告或投标邀请书，说明招标的工程、货物、服务的范围、标段(标包)划分、数量、投标人的资格要求等，邀请特定或不特定的投标人在规定的时间、地点按照一定的程序进行投标的行为。

② 投标

投标(bid)是与招标相对应的概念，它是指投标人应招标人特定或不特定的邀请，按照招标文件规定的要求，在规定的时间和地点主动向招标人递交投标文件并以中标为目的的行为。

③ 残值

残值(recovery value)是指在资产使用寿命的期末处置一项长期资产可能获得的价值。固定资产的预计净残值率常见为 3%～5%。一般残值的计算方法：残值＝固定资产原值×残值率。

▶ 语法

1. 下工夫

指为了达到某种目的而花费很多的时间和很大的精力，在句中作谓语。例如：

① 为了实现这个目标，企业必须在开源和节流两方面多下工夫。

② 只要肯下工夫，考试就能取得好成绩。

③ 不下工夫，不经努力，是学不到知识的。

2. 一味

意思是盲目、不顾客观条件，单纯地进行某种行为，副词，在句中做状语。例如：

① 通常企业会比较关注产品的销量，一味依靠低价促销，却忽略了对产品价值的塑造，甚至为了节约成本而舍不得在产品质量、品牌推广上投入，使产品价值难以提升，卖不出好价钱。

② 注意不要一味追求数量而忽视质量。

③ 他读到博士了，但是他似乎一味只知道学习，而忽视了生命中的其他东西。

▶ 练习

(一) 选词填空

投诉　　剔除　　堆积如山　　启发　　铸　　翻新　　大惑不解

1. 他让人把废铜熔化后(　　　　)成小自由女神像。

2. 两家餐厅的鸡蛋都很受欢迎,价钱也一样,但日本餐厅赚的钱却比中国餐厅多,旁人(　　　　)。

3. 1947年,自由女神像(　　　　)后留下了大量的废料,美国政府为了清理这些废料,向社会广泛招标。

4. 在纽约州,对垃圾的处理有严格的规定,弄不好就要受到环保组织的(　　　　)。

5. 企业要时刻关注其每一项经济活动能否为客户创造价值,要把所有不能为客户创造价值的流程进行简化、合并,甚至(　　　　),以便更好地节省时间成本和费用成本。

6. 远在他国的一位犹太人听说了此事,立即飞到纽约,在看过自由女神像下面(　　　　)的铜块、木料后,他未提任何条件,当即接受了这项工程。

7. 为了实现这个目标,企业必须在开源和节流两方面狠下工夫。下面的故事,是否能给我们一些(　　　　)?

(二) 词语造句

1. 堆积如山: ＿＿＿＿＿＿＿＿＿＿＿＿＿＿＿＿＿＿＿＿＿＿＿＿。

2. 大惑不解: ＿＿＿＿＿＿＿＿＿＿＿＿＿＿＿＿＿＿＿＿＿＿＿＿。

3. 启发: ＿＿＿＿＿＿＿＿＿＿＿＿＿＿＿＿＿＿＿＿＿＿＿＿＿＿。

4. 下工夫: ＿＿＿＿＿＿＿＿＿＿＿＿＿＿＿＿＿＿＿＿＿＿＿＿＿。

5. 一味: ＿＿＿＿＿＿＿＿＿＿＿＿＿＿＿＿＿＿＿＿＿＿＿＿＿＿。

(三) 短文填空

1. 通常企业会比较关注产品的销量,(　　　　)依靠低价促销,却忽略了对产品价值的(　　　　),甚至为了节约成本而舍不得在产品质量、品牌推广上投入,使产品价值难以提升,卖不出好价钱,这种做法严重(　　　　)了企业价值最大化的实现。与此相反,如果把(　　　　)放在产品价值的塑造上,收入将会百倍千倍甚至万倍地增长。比如自由女神像翻新后留下的废料按照平常的做法是把它卖给废品收购商,能收回一点(　　　　)也就算了,但经过犹太人的包装改造以后,平淡无奇的东西也成了价值(　　　　)的收藏品!而两筐卖不出去的苹果系上红彩带加上"情侣苹果"这一充满(　　　　)的命名,一下子就卖光了,还比原来多赚了5倍!可见,要使企业价值最大化,必须想办法开源,而开源的核心是要打破思维(　　　　),以尽可能少的投入获取尽可能高的收益。

2. 一位炮兵军官到部队(　　　　)训练情况,他发现在几个部队训练中,总有一名士兵自始至终站在大炮的炮管下面不动。军官不解,询问原因,得到的答案是——训练(　　　　)

就是这样要求的！军官回去后反复查阅军事文献，终于发现，长期以来，炮兵的训练条例仍（　　　　）非机械化时代的规则。在过去，大炮是由马车运到（　　　　）的，站在炮管下的士兵的任务是负责拉住马的（　　　　），以便在大炮发射后调整由于后坐力产生的距离偏差。现在大炮的自动化和机械化程度很高，已经不再需要这样一个角色了，而马车拉炮也早就不存在了，但训练条例没有及时调整，因而才出现了"不拉马的士兵"。

(四) 回答问题

1. 请讲一讲"铜价翻倍的故事"和"情侣苹果的故事"，分析一下其中说明的财务管理道理。

2. 请讲一讲"煮蛋的学问"和"不拉马的士兵"两个故事，分析一下其中说明的财务管理道理。

(五) 阅读与写作

让每一寸土地都生长出黄金来

老希尔顿创建希尔顿旅店帝国时，曾指天发誓，"我要使每一寸土地都生长出黄金来。"无疑他是天才，天才特有的目光使他从不忽略任何一次生财的机会，任何一寸他拥有的土地都不会休闲静睡。

70 年前，希尔顿以 700 万美元买下华尔道夫阿斯托里亚大酒店的控制权之后，他以极快的速度接手管理了这家纽约著名的宾馆。一切欣欣向荣，开始进入最佳营运状态。在所有的经理们都已认为充分利用了一切生财手段，再无遗漏可寻时，希尔顿依旧像园丁一样，一言不发地查找着可能被疏忽闲置的"菜地"。

人们注意到，他的脚步时常在酒店前台停顿，他的眼光像鹰一样，注视着大厅中央巨大的通天圆柱。当他一次次在这根圆柱周围徘徊时，侍者们都意识到，他又会想出别人意想不到的高招了。

希尔顿独自推敲过这些柱子的构造后发现，这四根空心圆柱在建筑结构上没有支撑天花板的力学价值。那么它们存在的意义是什么呢？美观吗？但没有实用价值的装饰，无异于空间的一种浪费。希尔顿最不能容忍的就是一箭只射一雕。

于是，他叫人把它们迅速改造成四根透明玻璃柱，并在其中设置了漂亮的玻璃展箱。这回，这四根圆柱就不仅仅是装饰性的了，在广告竞争激烈的时代，它们便从上到下充满了商业意义。没过几天，纽约那些精明的珠宝商和香水制造厂家便把它们全部包租下来，纷纷把自己琳琅满目的产品摆了进去。而老希尔顿坐享其成，每年由此净收 24000 美元的租金。

当这些普普通通的柱子已转变为种金之地时，希尔顿又到别的地方徘徊去了。天才是不相信结局的。在别人看似面面俱到、滴水不漏的现状中，希尔顿依旧不停地寻找着能生长金子的每一条缝隙。

(资料来源：作者洁岛，《希尔顿：每一寸土地都能生长出黄金来》，《商业会计》2006 年第 24 期 有改编)

1. 尝试写出文中划线词语的解释

① 欣欣向荣：_____。

② 徘徊：_____。

③ 琳琅满目：_____。

④ 坐享其成：_____。

⑤ 面面俱到：_____。

2. 从财务管理角度看，"让每一寸土地都生长出黄金来"这个故事揭示了什么道理？试着分析一下，并把你的分析写下来。

第三十九课　增税还是减税

税收政策可以千变万化，但对纳税人而言，其变化的基本形式只有两种，即增税与减税。为什么要增税或者减税呢？每个人都会有自己不同的理解，因而总是会有赞成和反对的声音。

▶ 课文

（一）增税一定合理么?

增税一定**合理**么？不一定。增税可能会引起**无谓**损失[①]。设想乔为珍妮清扫房间每周得到 100 元，乔的成本是 80 元，珍妮最多能为此支付 120 元。因此，乔和珍妮每人都从他们的交易中得到 20 元的利益，珍尼对此工作的最高出价是 120 元，减去实付的 100 元，她感到她赚了 20 元，这叫消费者剩余[②]；同样乔感到他赚了 20 元，这叫生产者剩余[③]。他们的总剩余，也就是他们的利益空间是 40 元。现在假设政府对清扫房间服务的提供者征收 50 元的税，这将导致没有一个珍妮能向乔支付的价格，能使他们两人在纳税之后的状况变得更好。珍妮最多付 120 元，乔纳税后只剩下 70 元，低于他的成本；相反，当乔达到他的成本 80 元时，珍妮必须支付 130 元，这高于她的**预算**与支付能力。结果，珍妮和乔只能取消他们的安排，结果就是乔没有收入，珍妮只能生活在**肮脏**的房间里。

增税使乔和珍妮共计损失了 40 元，同时政府也没有从乔和珍妮那里收到税收，因为他们决定取消他们的安排。税收造成的这一无谓损失是因为它影响买者和卖者改变了自己的行为。税收作为一个**楔子**，无论它被如何打入，都将提高买者价格，使他们的消费减少；同时税收降低了卖者价格，使他们生产减少。换句话说，就是需求少了，供给也少了。并且，税收导致买者和卖者离开市场，由于这些行为的变动，市场规模会缩小到最优水平之下。

再举一个例子。在 1990 年，美国国会对**游艇**、私人飞机、皮衣、珠宝和豪华轿车这类物品通过了一项新的**奢侈**品税。这种税的目的是增加那些承担税收**负担**最轻松的人的税收，由于只有富人能买得起这类奢侈的东西，所以对奢侈品征税看来是向富人征税的一种合理方式。

　　但是，实际情况并不**尽如人意**。考虑一下游艇市场，富人们不买游艇是很容易的，他可以去买更大的房子，可以去世界的某些地方度假，或者可以留给**后人**大笔**遗产**。与此相比，征税给游艇工厂带来的影响却不是能够轻松解决的。游艇工厂不能**轻而易举**地转向其他生产，而且建造游艇的工人大部分也不愿意由于市场状况的变化而改换职业。在这种情况下，税收负担将主要落在供给者身上，最后只能是他们的产品价格下降，跟随价格下降的是工人的收入随之下降。但是工人并不富有啊，因此，奢侈品税的负担落在中产阶级身上的比落在富人身上的更多。这种税**付诸**实施后带来很多不良影响，导致美国国会在 1993 年**废除**了大部分奢侈品税。

　　　　　　　　　　　(资料来源：《税收怎样影响我们的生活》，http://jz.docin.com/p-1602653870.html 有改编)

（二）减税一定受欢迎么？

　　美国的遗产税相当不利于大富翁们把家产留给下一代。遗产税以 10 万美元为起征点，共分为 11 个档次，遗产越多，缴纳的税款也越高。如遗产为 10 万～15 万美元，税率是 30%；100 万～125 万美元，税率是 41%；200 万～250 万美元，税率是 49%；300 万美元以上则征 55% 的遗产税。也就是说，如果一个人留下了 200 多万的遗产，真正到后人手里的也不过一半左右；而如果他在世的时候再勤奋一点，留下了 300 多万的遗产，那么后人连一半也拿不到了。

　　另外，美国税法还有一条规定，遗产受益人必须在继承遗产前，先缴纳遗产税，然后才能办理继承手续。这条规定对没有多少遗产的家庭来说没有什么问题，但是对富翁们来说，麻烦就大了。比如说一个有一千万美元的富翁，他的儿子继承遗产的时候，必须先掏出 550 万美元把税交上了，才能拿到那 1000 万美元。如果后代拿不出这 550 万美元的话，那 1000 万也就**泡汤**了。如果父亲更厉害些，留下的遗产更多，子女拿得出这笔遗产的可能就更小了。比如比尔·盖茨如果愿意，大概能留下 580 亿美元的遗产，他的子女要想拿到这笔天文数字的遗产，先得挣到 319 亿美元，把税交了才行。这世界上有几个人能够挣到 300 亿美元？可是事情还没有完。即使盖茨的子女们也是非常之人，挣到了这笔钱交税，他拿到的遗产也会大大**缩水**。因为，他同时还必须缴纳沉重的个人所得税，两税相加的联合税率，可能达到遗产价值的 70% 以上。

　　可以看得出来，美国的遗产税是讲求社会公平的，并不支持富翁们把所有的财产都留给子女。财富越多，传给子女的可能性就越小。据美国独立商业联合会的统计数据，因为**高昂**的遗产税，有 70% 的私人企业、农场主等富豪无法将企业传给下一代。

　　所以，小布什上台后提出了关于**减免**遗产税的方案。

　　没有想到，小布什的遗产税减免计划开始实施后不久就遇到了**阻碍**。2002 年和 2003 年，美国国会先后两次审议关于永久取消遗产税的议案都在参议院表决的时候**搁浅**，很多人站出来态度坚决地反对取消遗产税，而且闹得**动静**最大的，正是站在美国富豪榜最前面的那些人——小布什改革计划的既得利益者[④]。2001 年 2 月，小布什的方案刚一提出，盖茨基金会[⑤]会长老比尔·盖茨(比尔·盖茨的父亲)立即发起向国会**请愿书**，得到乔治·索罗斯、大卫·洛克菲勒、斯蒂夫·洛克菲勒(洛克菲勒兄弟基金会会长)等 120 名美国富豪联名签署，反对取消遗产税，并在《纽约时报》上刊登了一则广告："please tax us"（"请对我们征税"）。

他们根本不**领情**，而是指出，取消遗产税将会损害**公益**事业，影响社会公平。由于现在美国贫富**悬殊**越来越大，遗产税已经成为了一种极其有效的财富再分配方式。目前，美国由遗产税所带来的财政收入，相当于联邦政府全部用于补贴住房和城市发展的支出。废除遗产税以后，政府的损失只有靠向支付能力更弱的人征税来**弥补**，要么就得**削减**社会保险、医疗补助、环保和其他对公众福利至关重要的政府项目。其结果，只是让少数的百万、亿万富翁得利，而损害占大多数的普通人，尤其是那些入不敷出的穷人。另外，长时间以来，遗产税是刺激最富有的人进行**慈善**捐赠的强有力因素。实行废除法，将取消富人向公益事业捐赠的动力。据美国财政部估计，完全废除遗产税之后，对慈善事业的捐款一年将减少 60 亿，这对非营利组织——从教育机构到帮助贫困无助的人的宗教组织，打击都是**毁灭**性的。

富豪们声明产生的影响非常大。因为大家都知道美国大富豪们的子女继承遗产很难，所以当很多富人在生前捐出大量财产，成立各种慈善基金会的时候，有人会认为这是一种**避税**®的**折中**方式，如今富豪们站出来主动**捍卫**遗产税，证明了他们真的是在考虑社会公平，关注慈善事业。

(资料来源：《为什么美国富豪主动要求多交税》，http://bbs.tianya.cn/post-41-1005363-1.shtml)

▶ 生词

1. 合理	hé lǐ	(形)	指合乎道理或事理 ；rational
2. 无谓	wú wèi	(形)	没有意义、没有价值的；meaningless
3. 预算	yù suàn	(名)	对于未来的收入和支出的计划；budget
4. 肮脏	āng zāng	(形)	不洁净；dirty
5. 楔子	xiē zi	(名)	比喻插进去的人或物；wedge
6. 游艇	yóu tǐng	(名)	游船；yacht
7. 奢侈	shē chǐ	(形)	挥霍浪费钱财，过分追求享受；luxurious
8. 负担	fù dān	(动)	承担；charge
9. 尽如人意	jìn rú rén yì	(成)	事情完全符合人的心意；just as one wishes
10. 后人	hòu rén	(名)	后代的人；later generation
11. 遗产	yí chǎn	(名)	先人所遗留下来的财富；heritage
12. 轻而易举	qīng ér yì jǔ	(成)	形容事情容易做，不费力气；easy to do
13. 付诸	fù zhū	(动)	交付使用；put
14. 废除	fèi chú	(动)	取消，全部丢弃；abolish
15. 泡汤	pào tāng	(动)	事情或希望落空；hope dashed to pieces
16. 缩水	suō shuǐ	(动)	织物下水后收缩，减少；to shrink
17. 高昂	gāo áng	(形)	价格高；expensive
18. 减免	jiǎn miǎn	(动)	指减少或取消；reduce or remit

19. 阻碍	zǔ ài	(名)	阻力，障碍；block
20. 搁浅	gē qiǎn	(动)	比喻事情遭到阻碍而中途停顿；to run into difficulties and stop
21. 动静	dòng jìng	(名)	指行动、情况；activity
22. 请愿	qǐng yuàn	(名)	人民向国家机关提出意见；present a petition
23. 领情	lǐng qíng	(动)	接受好意而心怀感激；appreciate the kindness
24. 公益	gōng yì	(名)	有关社会公众的福祉和利益；public welfare
25. 悬殊	xuán shū	(形)	两方实力或经济差距大；great disparity
26. 弥补	mí bǔ	(动)	(用替代品)填补；make up
27. 削减	xiāo jiǎn	(动)	减少，降低标准；cut
28. 慈善	cí shàn	(名)	为增加人类的福利所做的努力；charity
29. 毁灭	huǐ miè	(动)	彻底破坏，消灭；to ruin
30. 折中	zhé zhōng	(动)	调节，使之适中；to take the middle road
31. 捍卫	hàn wèi	(动)	保护，防卫；to safeguard

▶ 经贸词条及注释

① 无谓损失

无谓损失(deadweight loss)又称福利净损失(welfare loss)，是指由于市场未处于最优运行状态而引起的社会成本，所损失的是消费者剩余和生产者剩余。

② 消费者剩余

消费者剩余(consumer surplus)又称消费者的净收益，是指消费者在购买一定数量的某种商品时愿意支付的最高总价格和实际支付的总价格之间的差额。消费者剩余衡量了买者自己感觉到所获得的额外利益。

③ 生产者剩余

生产者剩余(producer surplus)就是指卖者出售一种物品或服务得到的价格减去卖者最低所能接受的价格。

④ 既得利益者

所谓既得利益，是指借助于公共权力谋取私人或部门的特殊的、非正常的或不正当的利益。在现有的社会结构中，凭借不合理的制度或社会整合错位而形成的比较稳定的合法的或不合法的特殊利益群体，即我们所谓的既得利益者(people with a vested interest)。

⑤ 基金会

基金会(foundation)，是指利用自然人、法人或者其他组织捐赠的财产，以从事公益事业为目的，按照相关规定成立的非营利性法人。

⑥ 避税

避税(tax avoidance)是指纳税人利用税法上的漏洞或税法允许的办法，作适当的财务安排或税收策划，在不违反税法规定的前提下，达到减轻或解除税负的目的。

▶ 语法

1. 导致

意思是产生、引起、造成，常用于不好的结果。例如：
① 税收导致买者和卖者离开市场。
② 你的失误导致了我们的失败。
③ 这个事件导致两国关系更趋紧张。

2. 相当于

比较的事物在数量、价值、条件、情形等方面差不多。例如：
① 目前美国由遗产税所带来的财政收入，相当于联邦政府全部用于补贴住房和城市发展的支出。
② 我们使用一次性筷子，相当于毁掉了很多森林。
③ 我们吃饭喝水相当于给汽车加油，都是在补充能量。

▶ 练习

(一) 选词填空

减免　肮脏　奢侈　捍卫　无谓　楔子　折中　泡汤　高昂　动静

1. 因为大家都知道美国大富豪们的子女继承遗产很难，所以当很多富人在生前捐出大量财产，成立各种慈善基金会的时候，有人会认为这是一种避税的(　　　　)方式。

2. 增税一定合理么？不一定。增税可能会引起(　　　　)损失。

3. 他的儿子继承遗产的时候，必须先掏出 550 万美元把税交上了，才能拿到那 1000 万美元。如果后代拿不出这 550 万美元的话，那 1000 万也就(　　　　)了。

4. 在 1990 年，美国国会对游艇、私人飞机、皮衣、珠宝和豪华轿车这类物品通过了一项新的(　　　　)品税。

5. 因为(　　　)的遗产税，有 70% 的私人企业、农场主等富豪无法将企业传给下一代。

6. 很多人站出来态度坚决地反对取消遗产税，而且闹得(　　　　)最大的，正是站在美国富豪榜最前面的那些人。

7. 珍妮和乔只能取消他们的安排，结果就是乔没有收入，珍妮只能生活在(　　　　)的房间里。

8. 如今富豪们站出来主动(　　　　)遗产税，证明了他们真的是在考虑社会公平，关注慈善事业。

9. 税收作为一个(　　　　　)，无论它被如何打入，都将提高买者价格，使他们的消费减少。

10. 小布什上台后，提出了关于(　　　　)遗产税的方案。

(二) 词语造句

1. 尽如人意：_____。

2. 轻而易举：_____。

3. 折中：_____。

4. 导致：_____。

5. 相当于：_____。

(三) 短文填空

1. 但是，实际情况并不(　　　　)。考虑一下游艇市场，富人们不买游艇是很容易的，他可以去买更大的房子，可以去世界的某些地方度假，或者可以留给后人大笔(　　　)。与此相比，征税给游艇工厂带来的影响却不是能够轻松解决的。游艇工厂不能(　　　)地转向其他生产，而且建造游艇的工人大部分也不愿意由于市场状况的变化而改换职业。在这种情况下，税收负担将主要落在供给者身上，最后只能是他们的产品价格下降，跟随价格下降的是工人的收入随之下降。但是工人并不富有啊，因此，(　　　)品税的负担落在中产阶级身上的比落在富人身上的更多。这种税(　　　)实施后带来很多不良影响，导致美国国会在 1993 年(　　　)了大部分奢侈品税。

2. 他们根本不领情，而是指出，取消遗产税将会损害(　　　)事业，影响社会公平。由于现在美国贫富(　　　)越来越大，遗产税已经成为了一种极其有效的财富再分配方式。目前，美国由遗产税所带来的财政收入，相当于联邦政府全部用于补贴住房和城市发展的支出。废除遗产税以后，政府的损失只有靠向支付能力更弱的人征税来(　　　)，要么就得(　　　)社会保险、医疗补助、环保和其他对公众福利至关重要的政府项目。其结果，只是让少数的百万、亿万富翁得利，而损害占大多数的普通人，尤其是那些入不敷出的穷人。另外，长时间以来，遗产税是刺激最富有的人进行(　　　)捐赠的强有力因素。实行废除法，将取消富人向公益事业捐赠的动力。据美国财政部估计，完全废除遗产税之后，对慈善事业的捐款一年将减少 60 亿，这对非营利组织——从教育机构到帮助贫困无助的人的宗教组织，打击都是(　　　)性的。

(四) 回答问题

1. 用珍妮和乔的故事分析一下增税如何带来税收的无谓损失。

2. 说一说减免遗产税方案的出台背景以及美国富豪反对取消遗产税的理由。

(五) 阅读与写作

税 收 与 酒

世界名酒威士忌酒，令人想到苏格兰佳酿。现在生产威士忌酒的国家相当多，比如美国、加拿大等便是较具历史的威士忌酒生产国。此外，新兴的如日本、澳大利亚、新西兰等亦逐渐<u>闯出名堂</u>，因为制作威士忌酒的方法并不是什么秘密。不过，饮酒之人都公认，苏格兰威士忌酒仍是最佳的品种。因此，不少人于酒吧之中点用威士忌，都喜欢声称"苏格兰"。苏格兰威士忌酒今日<u>享誉</u>世界，但你可曾知道，这种被称为"生命之水"的品种，曾经一度被视为劣货，根本没有什么人饮用它，只是地区性的"<u>土炮</u>"而已。

苏格兰威士忌酒何时开始生产已经<u>不得而知</u>，唯一真正有案可查的，似是 1494 年苏格兰经济部的记载之中，提到用大麦来酿制"生命之水"的记录而已。

早期的苏格兰威士忌酒，由于蒸馏后未经储存，故是无色透明的液体，酒精度相当高而且不可口，是苏格兰中下阶层人士饮用的"土炮"。在 18 世纪末，由于英国政府加重酒税。所以有部分从事威士忌酒生产的人为了<u>逃税</u>，便搬上蒸馏工具，到森林中酿制私酒，燃料不够，就利用泥炭和草炭来代替。此外，由于盛酒容器也不够，就以西班牙葡萄酒的空木桶来盛装。酿成的私酒，由于饮酒的人缺乏信心，销量甚少。这样，私酒制造人只好把酿好的私酒，先收藏在山洞中。岂料<u>因祸得福</u>，那些经过木桶盛载及多年之窖藏的威士忌酒，经过木色进入酒内而添增"灵丹"，也因醇化而使其酒精度数降低，再加上草炭的烟味进入了酒内，形成了极佳的风味。酿制私酒的人以后亦用这种办法来酿制威士忌酒。到 19 世纪中叶，威士忌酒更进入其黄金时代，由地方性"土炮"而打进伦敦，成为佳品，到 20 世纪更成为全世界都知名的佳酿了。

(资料来源：作者葳丁，《逃税成佳酿》，《国际税收》1991 年第 4 期 有改编)

1. 尝试写出文中划线词语的解释

① 闯出名堂：_____。

② 享誉：_____。

③ 土炮：_____。

④ 不得而知：_____。

⑤ 逃税：_____。

⑥ 因祸得福：_____。

2. 把上面苏格兰威士忌酒闻名于世的过程用笔写下来。

第四十课　财经职业资格的巅峰之选

就像每个士兵都有一个**将军**梦一样，每个财务人都有一个 CPA 梦！有的人实现了梦想，有的人还在**追求**的路上！CPA 是什么？那么拼命考，到底为了什么？你会选择踏上这条辛苦的 CPA 之路么？

▶ 课文

(一) CPA 是什么?

中国注册会计师[①]，简称 CICPA、注会，更多人把它叫做 CPA，是指依法取得注册会计师证书并接受**委托**，从事审计和会计咨询、会计服务业务的职业人员。

CPA 由中国财政部注册会计师考试委员会组织考试，是少有的、国家专门为之出台法律的职业资格**认证**。《中华人民共和国注册会计师法》规定了注册会计师的**义务**和签字权，使注册会计师成为中国国内唯一具有**上市**或者非**上市**公司财务报表[②]签字权的职业资格认证。CPA 持证人由中国注册会计师协会统一管理，代表着**权威**和**专业**。

CPA 考试分为两个阶段——专业阶段和**综合**阶段。其中，专业阶段的考试有六个科目，分别是会计、审计、财务成本管理、公司战略与风险管理、经济法、税法。CPA 专业阶段报考条件：一是具有完全民事行为能力[③]，二是具有高等专科以上学校毕业学历，或者具有会计或相关专业中级以上技术**职称**。在校大学生最早可在大学最后一学期报名参加 CPA 考试。综合阶段报考条件在此基础上，需获得专业阶段考试合格证，并且在证书有效期内才能报考。

报名时间是每年三至四月份，考试时间是每年九至十月份。专业阶段单科成绩有效期为五年，在连续五年内，通过专业阶段六个科目，获得专业阶段合格证书，再通过综合阶段考试，即可获得全科合格证书，以此向中国注册会计师协会申请成为非**执业**注册会计师会员，如果具备两年以上审计业务经验，即可成为执业注册会计师，拥有审计签字权。

CPA 考试每年通过率约为 10%，它并非传统意义上的 60 分万岁，而是**选拔性**考试，要想考过，必须努力考到前 10%才有可能，考试难度极高。因此，CPA 考试被称为中国第一"难考"，开考至今的近 30 年里，仅有 10 万名左右会计师持有 CPA 证书，也佐证了其高含金量。正是由于 CPA 考试难度大，所以建议广大考生提早准备。

想成为中国注册会计师的其中一员，就把 CPA 加入今年计划吧。

(资料来源：《CPA 是什么意思》，http://www.dongao.com/c/2017-08-28/786515.shtml 有改编)

(二) CPA 值不值得你奋斗

CPA 考生，没有不知道机会成本的含义的。在财务管理中，所谓机会成本，不是通常意义上的"成本"，它不是一种支出或费用，而是失去的收益。这种收益不是实际发生的，而是潜在的。比如，在投资方案的选择中，如果我们选择了一项投资方案，则必须放弃投资于其他途径的机会。其他投资机会可能取得的收益是实行本方案的一种代价，被称为这项投资方案的机会成本。对于 CPA 的考生而言，放弃目前的工作，或放弃学习英语、考研等其他机会，放弃舒适的生活，甚至小到放弃听音乐会、看"世界杯"球赛等，都是考 CPA 的机会成本。虽然，有些内容是无法用金钱衡量和计算的，但对于习惯于用数字说明问题的会计人员还是会更多地考虑机会成本。考 CPA 的机会成本很大，与现实经济生活中选择其他投资项目不同的是，考 CPA 的付出不一定有收获。按照财务管理的风险理论，考 CPA 的风险概率很大。在经济生活中，高风险的项目高收益，但是考 CPA 却是高风险，不一定有高收益。

有一位考生，为了参加 CPA 考试，连续几年寒、暑假从来没有带孩子旅游。那年夏天，她拒绝了孩子去海滨度假的要求，坚持不休假，计划把年休假用于考试前复习。可是，考试临近时，领导不批准她休年假。她只能从单位直接去考场考试，临走前，同事通知她下午要开会。她说不行，她要去考试。好心的同事提醒她："还考试？别考完试，回来就下岗了。"她无奈地回答："正因为随时要下岗，所以更不能放弃考试。"有一位在城建系统工作的考生，在考前一个月被领导派到外地办事处工作。平时的一切努力，顷刻化为乌有。如果说，高考是学生时代必须走的路，而今天参加 CPA 考试却是他们在人生道路上自己选择的更加艰难的第二次搏击。

为什么非要苦哈哈地考 CPA？给你几个理由：

因为考过 CPA 的都是会计大军中的稀缺人才。据统计，目前全国通过注册会计师考试全科合格的约为 20 万人次，其中，取得执业资格的人约 10 万人次。这个数字对于 1900 万财会从业人员来说，显然是微不足道的。可以看出，目前中国取得执业资格的注册会计师人才是相当稀缺的，那些拿下注册会计师证书，取得执业资格的人才可谓是位于金字塔顶尖的高级财务人才。

因为 CPA 证书含金量高。注册会计师是中国唯一具有审计签字权的高级会计人员，企业各类审计报告不仅需要会计师事务所盖章，还要求两名注册会计师同时签字盖章，如此，这份审计报告才能生效。拥有签字权，是注册会计师独特的标签和权力，财会行业的人都知道这个权力有多重要，这种签字权也是其他证书持有人所不具备的。

因为 CPA 证书可以拓宽工作选择面。对于任何从事会计工作的新人来讲都想拥有这么一个"敲门砖"，有了注册会计师证书，你可以做会计、做审计、去事务所、去企业……各类知名国企、外企、四大会计师事务所④等都对注册会计师**求贤若渴**。你可以从此不再为找不到工作心烦，有了 CPA 证书，别人都抢着要你，这是你自身价值的一个很好体现。你可以拥有更多的选择权，更多的主动权。

　　因为会带来更多的收入。CPA 是财会人员升职加薪的**绿色通道**。一般而言，世界四大会计师事务所薪酬是比较高的，注会在那里工作六年以上，薪酬可能就是三四十万，甚至五十万。国内小事务所的薪酬可能稍微低一些，但总的来讲也比企业一般会计从业人员高。

　　(资料来源：《CPA 证书到底值不值得你奋斗》，http://www.sohu.com/a/148206544_196995 有改编)

▶ 生词

1.	财经	cái jīng	(名)	指财政、金融、经济；finance and economics
2.	资格	zī gé	(名)	获得某一权利而需具备的先决条件；qualification
3.	巅峰	diān fēng	(名)	顶峰；apex
4.	将军	jiāng jūn	(名)	军队中将级军官；general
5.	追求	zhuī qiú	(动)	努力求索；pursue
6.	委托	wěi tuō	(动)	托付给别的人或机构办理；to entrust
7.	认证	rèn zhèng	(动)	证明事实的存在或某文件的真确；authentication
8.	义务	yì wù	(名)	与权利相对，指应尽的责任；obligation
9.	上市	shàng shì	(动)	企业通过证交所首次公开向投资者增发股票；initial public offerings(IPO)
10.	权威	quán wēi	(名)	使人信服的力量和威望；power and prestige
11.	专业	zhuān yè	(名)	指对一种事物了解的非常透彻的程度；profession
12.	综合	zōng hé	(动)	不同部分、不同属性合并成为一个整体；to sum up
13.	科目	kē mù	(名)	教学或考试中指课程名目；subject
14.	职称	zhí chēng	(名)	区别专业技术人员等级的称号；professional title
15.	执业	zhí yè	(动)	(律师、医生、会计等)进行业务活动；to work in a profession (e.g. doctor，lawyer)
16.	选拔	xuǎn bá	(动)	按条件进行挑选；choose
17.	佐证	zuǒ zhèng	(动)	辅助证明；evidence

18.	含金量	hán jīn liàng	(名)	形容某一事物的内在质量；gold content
19.	奋斗	fèn dòu	(动)	为了达到目的而克服困难的努力；to strive
20.	度假	dù jià	(动)	指旅行或在某地度过假期；to go on holidays
21.	下岗	xià gǎng	(动)	人或物从原有的岗位撤换掉；come off sentry duty
22.	顷刻	qǐng kè	(副)	片刻；in a moment
23.	化为乌有	huà wéi wū yǒu	(成)	指全部消失或完全落空；to go up in smoke
24.	搏击	bó jī	(动)	奋力斗争、冲击；to wrestle
25.	微不足道	wēi bù zú dào	(成)	指意义、价值小得不值一提； not worth mentioning
26.	生效	shēng xiào	(动)	发生效力；to go into effect
27.	敲门砖	qiāo mén zhuān	(名)	指借以求得名利的初步手段或前提；knocking brick
28.	求贤若渴	qiú xián ruò kě	(成)	形容罗致人才的迫切；thirst after talents
29.	绿色通道	lǜ sè tōng dào	(名)	简便、安全、快捷的途径和渠道；green channel

▶ 经贸词条及注释

① 注册会计师

注册会计师(certified public accountant)，是指依法取得注册会计师证书并接受委托，从事审计和会计咨询、会计服务业务的职业人员。

② 财务报表

财务报表(financial statements)是以会计准则为规范编制的，向所有者、债权人、政府及其他有关各方及社会公众等外部反映会计主体财务状况和经营的会计报表。财务报表是财务报告的主要部分。

③ 完全民事行为能力

完全民事行为能力，是指可完全独立地进行民事活动，通过自己的行为取得民事权利和承担民事义务的资格。《中华人民共和国民法通则》规定：18 周岁以上的公民是成年人，具有完全民事行为能力，可以独立进行民事活动，是完全民事行为能力人。

④ 会计师事务所

会计师事务所(accounting firms)是指依法独立承担注册会计师业务的中介服务机构，是由有一定会计专业水平、经考核取得证书的会计师(如中国的注册会计师、美国的执业会计师、英国的特许会计师、日本的公认会计师等)组成的，受当事人委托承办有关审计、会计、咨询、税务等方面业务的组织。全球四大著名会计师事务所包括：普华永道(PWC)、德勤(DTT)、毕马威(KPMG)、安永(EY)。

▶ 语法

1. 并非……而是……

"非"意思是"不是"，前一句否定一种意思，后一句肯定另一种意思，有强调作用。例如：

① CPA 考试每年通过率约为 10%，它并非传统意义上的 60 分万岁，而是选拔性考试。

② 小明在学习上并非没有努力，而是努力不够。

③ 努力学习并非为了考高分，而是为了求知、明理以及学有所用。

2. 可谓是……

意思是"可以说是"、"可以称为"，也常用"真可谓是"或"正可谓是"。例如：

① 取得执业资格的人才可谓是位于金字塔顶尖的高级财务人才。

② 小李一家都是博士，真可谓是人才辈出。

③ 李大夫给我看病，正可谓手到病除，一下就找到了症结。

▶ 练习

(一) 选词填空

将军　执业　生效　绿色通道　追求　稀缺　求贤若渴　敲门砖　佐证　综合

1. 考过 CPA 的都是会计大军中的(　　　　)人才。

2. 开考至今的近 30 年里，仅有 10 万名左右会计师持有 CPA 证书，也(　　　　)了其高含金量。

3. 对于任何从事会计工作的新人来讲都想拥有这么一个"(　　　　)"，有了注册会计师证书，你可以做会计、做审计、去事务所、去企业……

4. 就像每个士兵都有一个(　　　　)梦一样，每个财务人都有一个 CPA 梦！

5. CPA 是财会人员升职加薪的(　　　　)。一般而言，世界四大会计师事务所薪酬是比较高的，注会在那里工作六年以上，薪酬可能就是三四十万，甚至五十万。

6. 获得专业阶段合格证书，再通过综合阶段考试，即可获得全科合格证书，以此向中国注册会计师协会申请成为非(　　　　)注册会计师会员。

7. 企业各类审计报告不仅需要会计师事务所盖章，还要求两名注册会计师同时签字盖章，如此，这份审计报告才能(　　　　)。

8. CPA 考试分为两个阶段——专业阶段和(　　　　)阶段。

9. 有的人实现了梦想，有的人还在(　　　　)的路上！

10. 各类知名国企、外企、四大会计师事务所等都对注册会计师(　　　　)。

(二) 词语造句

1. 化为乌有：＿＿＿＿＿＿＿＿＿＿＿＿＿＿＿＿＿＿＿＿＿＿＿＿。

2. 微不足道：＿＿＿＿＿＿＿＿＿＿＿＿＿＿＿＿＿＿＿＿＿＿＿＿。

3. 求贤若渴：＿＿＿＿＿＿＿＿＿＿＿＿＿＿＿＿＿＿＿＿＿＿＿＿。

4. 绿色通道：＿＿＿＿＿＿＿＿＿＿＿＿＿＿＿＿＿＿＿＿＿＿＿＿。

5. 并非……而是……：＿＿＿＿＿＿＿＿＿＿＿＿＿＿＿＿＿＿＿＿。

6. 可谓是：＿＿＿＿＿＿＿＿＿＿＿＿＿＿＿＿＿＿＿＿＿＿＿＿＿＿。

(三) 短文填空

1. 中国注册会计师，简称 CICPA、注会，更多人把它叫做 CPA，是指依法取得注册会计师证书并接受(　　　　　　)，从事审计和会计咨询、会计服务业务的职业人员。CPA 由中国财政部注册会计师考试委员会组织考试，是少有的、国家专门为之出台法律的职业资格(　　　　　　)。《中华人民共和国注册会计师法》规定了注册会计师的(　　　　　)和签字权，使注册会计师成为中国国内唯一具有(　　　　　　)或者非上市公司财务报表签字权的职业资格认证。CPA 持证人由中国注册会计师协会统一管理，代表着(　　　　　)和(　　　　　)。

2. 有一位考生，为了参加 CPA 考试，连续几年寒、暑假从来没有带孩子度过假。那年夏天，她拒绝了孩子去海滨(　　　　　)的要求，坚持不休假，计划把年休假用于考试前复习。可是，考试临近时，领导不批准她休年假。她只能从单位直接去考场考试，临走前，同事通知她下午要开会。她说不行，她要去考试。好心的同事提醒她："还考试？别考完试，回来就(　　　　　)了。"她无奈地回答："正因为随时要下岗，所以更不能放弃考试。"有一位在城建系统工作的考生，在考前一个月，被领导派到外地办事处工作。平时的一切努力，(　　　　　)化为乌有。如果说，高考是学生时代必须走的路，而今天参加 CPA 考试却是他们在人生道路上自己选择的更加艰难的第二次(　　　　　)。

(四) 回答问题

1. 根据课文，介绍一下中国注册会计师考试。

2. 根据课文说一说，为什么说中国注册会计师是中国境内"财经职业资格的巅峰之选"？

3. 根据课文分析一下，财会从业人员"为什么非要苦哈哈地考 CPA"。

(五) 阅读与写作

CPA，一个虐心又励志的故事

参加 CPA 考试，不仅仅是对学识的考验，也是对意志的磨炼。

很多在考试场上曾经百战百胜者，也往往在 CPA 考试中溃不成军，望 CPA 考试而兴叹：难、难、难在考 CPA 的漫漫之路上。有位考生，从小学开始依靠"把别人喝咖啡的时间用在读书上"的奋斗精神，历次考试都名列前茅，而且在 1989 年高考时位列某市理科第一名。但是，这种"勤能补拙"的方法在注册会计师考试中却未能奏效……虽然他度过了无数个不眠之夜，但是考运并不佳，没能摘到胜利果实。有一位在校生，大三时报了五门，连学校的课都不去上了，整天备战 CPA，每天学习 10 小时以上。这位在同学们印象中堪称聪明的考生，考试的结果却不理想：报了五门，学了四门，实考三门，感觉能过两门，实际只过一门。

最为悲壮的要数一些多年在 CPA 的考试中屡战屡败，屡败屡战的考生。这些考生始终在 CPA 及格线的门槛前<u>徘徊</u>。有一位考生的经历令人惋惜：他从 1999 年第一次参加考试，到现在一门未过。1999 年，他报了 5 门，考试结果有 4 门都是几分之差。后来听说会计最难考，于是 2000 年就集中考会计一科，结果成绩仍然是 58 分。为了给年幼的儿子树立一个榜样，也为了心中的理想，他打起精神，参加了 2001 年的会计考试，结果成绩却只有59 分。他默默地擦干眼泪，又上路了。2002 年 5 月，他参加了会计职称中级考试，以优异的成绩过了关，尤其是会计得了 95 分，是他所在城市的第一名。因为上班很辛苦，下班以后还要照管儿子，所以他想集中精力把最有把握的一门会计先攻克下来，以后再考其他课。有了多年的会计学习基础，合上书都能把书上的内容讲出来，看目录也能把相关的分录说出来，他以为<u>稳操胜券</u>，肯定能过会计这一关。可是，考完 CPA 会计科目，他就觉得大事不妙，失败的感觉一直萦绕在他的脑海。综合题第一题没做，第二题没有时间做完。他扪心自问："我该如何办？我这样继续下去可能最终会以失败告终的，但我心不甘呀。不，我不会放弃的，至少现在不会。我还要努力拼 5 年，考到 35 岁，若依然没有结果，我认输。"

不见了春天的阳光，没有女友的依偎，为了通过 CPA，生活是如此的单调和枯燥。在一些考生眼里，认为注会考试简直是在受刑。有人说发注会证的时候应该再加上个六级伤残证，可见考生们付出甚多。可是他们一边抱怨着，另一边却<u>义无反顾</u>投入考试大军中。

（资料来源：《关于 CPA，又是一个虐心又励志的故事》，

http://www.sohu.com/a/32532766_189887 有改编）

1. 尝试写出文中划线词语的解释

① 溃不成军：_____。

② 名列前茅：_____。

③ 勤能补拙：_____。

④ 奏效：_____。

⑤ 徘徊：_____。

⑥ 稳操胜券：_____。

⑦ 义无反顾：_____。

2. 在你的国家有类似中国 CPA 这样的职业资格考试么，考试难度怎么样，考生们持有什么样的态度？请用笔写篇短文，介绍一下。

附表 1　本册词汇总表

A

1.	奥妙	ào miào	(29)
2.	按部就班	àn bù jiù bān	(29)
3.	肮脏	āng zāng	(39)

B

1.	不妨	bù fáng	(21)
2.	不计	bù jì	(22)
3.	崩溃	bēng kuì	(23)
4.	边缘	biān yuán	(23)
5.	不时之需	bù shí zhī xū	(23)
6.	背离	bèi lí	(23)
7.	版图	bǎn tú	(24)
8.	不胫而走	bù jìng ér zǒu	(24)
9.	不得而知	bù dé ér zhī	(25)
10.	白纸黑字	bái zhǐ hēi zì	(27)
11.	版本	bǎn běn	(27)
12.	变革	biàn gé	(28)
13.	爆款	bào kuǎn	(28)
14.	变现	biàn xiàn	(28)
15.	摒弃	bìng qì	(29)
16.	不可限量	bù kě xiàn liàng	(29)
17.	补充	bǔ chōng	(30)
18.	布匹	bù pǐ	(31)
19.	补偿	bǔ cháng	(31)
20.	爆炸	bào zhà	(32)
21.	表征	biǎo zhēng	(33)
22.	本金	běn jīn	(34)
23.	崩盘	bēng pán	(35)
24.	白手起家	bái shǒu qǐ jiā	(35)

25.	并购	bìng gòu	(35)
26.	鼻祖	bí zǔ	(35)
27.	保障	bǎo zhàng	(36)
28.	避免	bì miǎn	(36)
29.	绊	bàn	(36)
30.	不起眼	bù qǐ yǎn	(36)
31.	不菲	bù fěi	(38)
32.	搏击	bó jī	(40)

C

1.	阐释	chǎn shì	(23)
2.	储备	chǔ bèi	(23)
3.	储蓄	chǔ xù	(23)
4.	倡议	chàng yì	(24)
5.	潮流	cháo liú	(25)
6.	策划	cè huà	(26)
7.	成竹在胸	chéng zhú zài xiōng	(26)
8.	裁决	cái jué	(27)
9.	词不达意	cí bù dá yì	(27)
10.	初衷	chū zhōng	(27)
11.	畅想	chàng xiǎng	(28)
12.	陈腐	chén fǔ	(29)
13.	惩治	chéng zhì	(31)
14.	呈现	chéng xiàn	(33)
15.	出台	chū tái	(33)
16.	绰绰有余	chuò chuò yǒu yú	(34)
17.	戳	chuō	(35)
18.	禅师	chán shī	(35)
19.	充斥	chōng chì	(35)
20.	超脱	chāo tuō	(35)
21.	承诺	chéng nuò	(36)
22.	残疾	cán jí	(36)
23.	慈爱	cí ài	(36)
24.	采购	cǎi gòu	(37)
25.	仓储	cāng chǔ	(37)
26.	偿债	cháng zhài	(37)
27.	存货周转	cún huò zhōu zhuǎn	(37)
28.	彩带	cǎi dài	(38)

29.	创意	chuàng yì	(38)
30.	慈善	cí shàn	(39)
31.	财经	cái jīng	(40)

D

1.	对路	duìlù	(21)
2.	顿悟	dùn wù	(22)
3.	大宗	dà zōng	(25)
4.	低迷	dī mí	(25)
5.	倒逼	dào bī	(25)
6.	得当	dé dàng	(26)
7.	打探	dǎ tàn	(26)
8.	短缺	duǎn quē	(26)
9.	大错特错	dà cuò tè cuò	(27)
10.	当下	dāng xià	(27)
11.	颠覆	diān fù	(28)
12.	杜绝	dù jué	(28)
13.	道破天机	dào pò tiān jī	(29)
14.	独当一面	dú dāng yī miàn	(29)
15.	得不偿失	dé bù cháng shī	(29)
16.	地皮	dì pí	(30)
17.	打折	dǎ zhé	(32)
18.	大势所趋	dà shì suǒ qū	(33)
19.	耽误	dān wù	(34)
20.	档次	dàng cì	(34)
21.	贷款	dài kuǎn	(34)
22.	赌	dǔ	(35)
23.	低估	dī gū	(35)
24.	得意忘形	dé yì wàng xíng	(35)
25.	大相径庭	dà xiāng jìng tíng	(35)
26.	堆积如山	duī jī rú shān	(38)
27.	底座	dǐ zuò	(38)
28.	大惑不解	dà huò bù jiě	(38)
29.	动静	dòng jìng	(39)
30.	巅峰	diān fēng	(40)
31.	度假	dù jià	(40)

F

1.	丰裕	fēng yù	(21)
2.	腐败	fǔ bài	(21)
3.	繁荣	fán róng	(23)
4.	复苏	fù sū	(25)
5.	番	fān	(25)
6.	福祉	fú zhǐ	(25)
7.	泛滥	fàn làn	(26)
8.	范本	fàn běn	(27)
9.	翻脸	fān liǎn	(27)
10.	防线	fáng xiàn	(27)
11.	幅度	fú dù	(30)
12.	反馈	fǎn kuì	(30)
13.	返工	fǎn gōng	(31)
14.	非议	fēi yì	(35)
15.	分散	fēn sàn	(36)
16.	负债	fù zhài	(37)
17.	翻新	fān xīn	(38)
18.	废料	fèi liào	(38)
19.	负担	fù dān	(39)
20.	付诸	fù zhū	(39)
21.	废除	fèi chú	(39)
22.	奋斗	fèn dòu	(40)

G

1.	国度	guó dù	(21)
2.	充斥	chōng chì	(21)
3.	构想	gòu xiǎng	(24)
4.	共鸣	gòng míng	(24)
5.	格局	gé jú	(24)
6.	跟踪	gēn zōng	(26)
7.	规模	guī mó	(26)
8.	功力	gōng lì	(27)
9.	归纳	guī nà	(28)
10.	隔阂	gé hé	(28)
11.	雇员	gù yuán	(29)

12.	过人	guò rén	(30)
13.	固有	gù yǒu	(31)
14.	管制	guǎn zhì	(31)
15.	攻坚战	gōng jiān zhàn	(32)
16.	关联	guān lián	(32)
17.	固化	gù huà	(33)
18.	搞定	gǎo dìng	(34)
19.	高估	gāo gū	(35)
20.	供应链	gōng yìng liàn	(37)
21.	高昂	gāo áng	(39)
22.	搁浅	gē qiǎn	(39)
23.	公益	gōng yì	(39)

H

1.	涵盖	hán gài	(21)
2.	……化	huà	(21)
3.	和谐	hé xié	(22)
4.	回报	huí bào	(22)
5.	互惠	hù huì	(24)
6.	辉煌	huī huáng	(24)
7.	横贯	héng guàn	(24)
8.	恢宏	huī hóng	(24)
9.	花样百出	huā yàng bǎi chū	(25)
10.	汇率	huì lǜ	(25)
11.	豪言壮语	háo yán zhuàng yǔ	(26)
12.	赫然	hè rán	(26)
13.	火爆	huǒ bào	(28)
14.	互动	hù dòng	(30)
15.	忽略	hū lüè	(30)
16.	合力	hé lì	(30)
17.	毫无疑问	háo wú yí wèn	(31)
18.	海量	hǎi liàng	(32)
19.	含量	hán liàng	(33)
20.	货款	huò kuǎn	(34)
21.	活期存款	huó qī cún kuǎn	(34)
22.	毁誉参半	huǐ yù cān bàn	(35)
23.	核心	hé xīn	(36)
24.	豁达	huò dá	(36)

25.	合理	hé lǐ	(39)
26.	后人	hòu rén	(39)
27.	毁灭	huǐ miè	(39)
28.	捍卫	hàn wèi	(39)
29.	含金量	hán jīn liàng	(40)
30.	化为乌有	huà wéi wū yǒu	(40)

J

1.	饥寒交迫	jī hán jiāo pò	(21)
2.	鉴于	jiàn yú	(21)
3.	境遇	jìng yù	(21)
4.	精髓	jīng suǐ	(21)
5.	几率	jīlǜ	(22)
6.	经济危机	jīng jì wēi jī	(23)
7.	紧缩	jǐn suō	(23)
8.	竭力	jié lì	(23)
9.	基点	jī diǎn	(23)
10.	接纳	jiē nà	(24)
11.	举措	jǔ cuò	(24)
12.	见证	jiàn zhèng	(24)
13.	救命稻草	jiù mìng dào cǎo	(25)
14.	交口称赞	jiāo kǒu chēng zàn	(26)
15.	家喻户晓	jiā yù hù xiǎo	(26)
16.	经办	jīng bàn	(27)
17.	经手	jīng shǒu	(27)
18.	捐赠	juān zèng	(30)
19.	局限	jú xiàn	(30)
20.	井底之蛙	jǐng dǐ zhī wā	(30)
21.	即	jí	(31)
22.	截然不同	jié rán bù tóng	(31)
23.	基地	jī dì	(31)
24.	居高不下	jū gāo bú xià	(31)
25.	机械	jī xiè	(31)
26.	基于	jī yú	(32)
27.	解析	jiě xī	(33)
28.	基金	jī jīn	(34)
29.	精力	jīng lì	(34)
30.	巨头	jù tóu	(35)

31.	精打细算	jīng dǎ xì suàn	(37)
32.	减	jiǎn	(37)
33.	净利润	jìng lì rùn	(37)
34.	谨慎	jǐn shèn	(37)
35.	截至	jié zhì	(37)
36.	节流	jié liú	(38)
37.	缰绳	jiāng shéng	(38)
38.	尽如人意	jìn rú rén yì	(39)
39.	减免	jiǎn miǎn	(39)
40.	将军	jiāng jūn	(40)

K

1.	框架	kuàng jià	(23)
2.	开拓	kāi tuò	(26)
3.	跨度	kuà dù	(30)
4.	看涨	kàn zhǎng	(35)
5.	困窘	kùn jiǒng	(36)
6.	扩张	kuò zhāng	(37)
7.	开源	kāi yuán	(38)
8.	科目	kē mù	(40)

L

1.	流通	liú tōng	(23)
2.	离奇	lí qí	(23)
3.	利率	lì lǜ	(23)
4.	灵丹妙药	líng dān miào yào	(25)
5.	离谱	lí pǔ	(26)
6.	履行	lǚ xíng	(27)
7.	流量	liú liàng	(28)
8.	落地	luò dì	(28)
9.	离职	lí zhí	(29)
10.	垄断	lǒng duàn	(31)
11.	理所应当	lǐ suǒ yīng dāng	(31)
12.	零售	líng shòu	(32)
13.	理财师	lǐ cái shī	(34)
14.	零存整取	líng cún zheng qǔ	(34)
15.	利差	lì chā	(34)

16.	连锁	lián suǒ	(35)
17.	漏洞	lòu dòng	(35)
18.	量力而行	liàng lì ér xíng	(36)
19.	利息	lì xī	(37)
20.	零部件	líng bù jiàn	(37)
21.	领情	lǐng qíng	(39)
22.	绿色通道	lǜ sè tōng dào	(40)

M

1.	买单	mǎi dān	(27)
2.	扪心自问	mén xīn zì wèn	(27)
3.	绵延	mián yán	(29)
4.	毛利润	máo lì rùn	(37)
5.	弥补	mí bǔ	(39)

N

1.	内讧	nèi hòng	(25)
2.	逆差	nì chā	(25)
3.	拟定	nǐ dìng	(27)
4.	难以置信	nán yǐ zhì xìn	(28)
5.	挪移	nuó yí	(31)
6.	泥潭	ní tán	(32)
7.	逆向	nì xiàng	(35)

P

1.	配置	pèi zhì	(21)
2.	凭证	píng zhèng	(23)
3.	票券	piào quàn	(23)
4.	蓬勃	péng bó	(24)
5.	平衡	píng héng	(25)
6.	叛徒	pàn tú	(29)
7.	毗连	pí lián	(30)
8.	撇开	piē kāi	(30)
9.	培育	péi yù	(31)
10.	平添	píng tiān	(31)
11.	批发	pī fā	(32)

2.	入不敷出	rù bù fū chū	(26)
3.	人为	rén wéi	(26)
4.	融合	róng hé	(28)
5.	人走茶凉	rén zǒu chá liáng	(29)
6.	人事	rén shì	(29)
7.	若干	ruò gān	(33)
8.	日益	rì yì	(33)
9.	融通	róng tōng	(36)
10.	荣幸	róng xìng	(37)
11.	熔化	róng huà	(38)
12.	认证	rèn zhèng	(40)

S

1.	伤脑筋	shāng nǎo jīn	(21)
2.	随心所欲	suí xīn suǒ yù	(21)
3.	实事求是	shí shì qiú shì	(21)
4.	衰退	shuāi tuì	(23)
5.	衰落	shuāi luò	(23)
6.	盛名	shèng míng	(24)
7.	盛极一时	shèng jí yī shí	(24)
8.	生机	shēng jī	(24)
9.	枢纽	shū niǔ	(24)
10.	收敛	shōu liǎn	(25)
11.	顺差	shùn chā	(25)
12.	说教	shuō jiào	(25)
13.	双边	shuāng biān	(25)
14.	深思熟虑	shēn sī shú lǜ	(26)
15.	上乘	shàng chéng	(26)
16.	上市	shàng shì	(26)
17.	省略	shěng lüè	(27)
18.	失之毫厘谬以千里	shī zhī háo lí miù yǐ qiān lǐ	(27)
19.	势必	shì bì	(27)
20.	首席	shǒu xí	(28)
21.	筛选	shāi xuǎn	(28)
22.	刷单	shuā dān	(28)
23.	实施	shí shī	(29)
24.	双刃剑	shuāng rèn jiàn	(29)
25.	司空见惯	sī kōng jiàn guàn	(29)

14.	太空	tài kōng	(31)
15.	投放	tóu fàng	(32)
16.	挑战	tiǎo zhàn	(32)
17.	偷窃	tōu qiè	(33)
18.	推进	tuī jìn	(33)
19.	逃税	táo shuì	(33)
20.	跳板	tiào bǎn	(35)
21.	体现	tǐ xiàn	(36)
22.	唾骂	tuò mà	(36)
23.	吞噬	tūn shì	(36)
24.	投诉	tóu sù	(38)
25.	条例	tiáo lì	(38)
26.	剔除	tī chú	(38)

W

1.	乌托邦	wū tuō bāng	(21)
2.	尾声	wěi shēng	(22)
3.	挽回	wǎn huí	(22)
4.	万无一失	wàn wú yī shī	(23)
5.	挖掘	wā jué	(24)
6.	挽救	wǎn jiù	(26)
7.	毋庸置疑	wú yōng zhì yí	(26)
8.	误区	wù qū	(27)
9.	挽留	wǎn liú	(29)
10.	万金油	wàn jīn yóu	(29)
11.	无可比拟	wú kě bǐ nǐ	(34)
12.	望尘莫及	wàng chén mò jí	(35)
13.	稳健	wěn jiàn	(36)
14.	无视	wú shì	(36)
15.	无谓	wú wèi	(39)
16.	委托	wěi tuō	(40)
17.	微不足道	wēi bù zú dào	(40)

X

1.	稀缺	xī quē	(21)
2.	形形色色	xíng xíng sè sè	(21)
3.	小心翼翼	xiǎo xīn yì yì	(22)

4.	心态	xīn tài	(22)
5.	萧条	xiāo tiáo	(23)
6.	西域	xī yù	(24)
7.	效应	xiào yìng	(24)
8.	徐徐	xú xú	(24)
9.	显现	xiǎn xiàn	(25)
10.	现身说法	xiàn shēn shuō fǎ	(25)
11.	性能	xìng néng	(26)
12.	效益	xiào yì	(26)
13.	显眼	xiǎn yǎn	(26)
14.	虚位以待	xū wèi yǐ dài	(26)
15.	详略	xiáng lüè	(27)
16.	详尽	xiáng jìn	(27)
17.	协议	xié yì	(27)
18.	线下	xiàn xià	(28)
19.	线上	xiàn shàng	(28)
20.	鲜见	xiǎn jiàn	(28)
21.	协同	xié tóng	(28)
22.	效力	xiào lì	(29)
23.	先见之明	xiān jiàn zhī míng	(30)
24.	修正	xiū zhèng	(30)
25.	协调	xié tiáo	(30)
26.	相差无几	xiāng chā wú jǐ	(31)
27.	系列	xì liè	(32)
28.	性价比	xìng jià bǐ	(32)
29.	循序渐进	xún xù jiàn jìn	(33)
30.	洗钱	xǐ qián	(33)
31.	携带	xié dài	(33)
32.	协商	xié shāng	(34)
33.	销户	xiāo hù	(34)
34.	信徒	xìn tú	(35)
35.	消化	xiāo huà	(36)
36.	消防栓	xiāo fáng shuān	(36)
37.	行政	xíng zhèng	(37)
38.	薪酬	xīn chóu	(37)
39.	楔子	xiē zi	(39)
40.	悬殊	xuán shū	(39)
41.	削减	xiāo jiǎn	(39)
42.	选拔	xuǎn bá	(40)

43.	下岗	xià gǎng	(40)

Y

1.	隐含	yǐn hán	(21)
2.	伊甸园	yī diàn yuán	(21)
3.	鱼与熊掌不可兼得	yú yǔ xióng zhǎng bù kě jiān dé	(22)
4.	夭折	yāo zhé	(22)
5.	一筹莫展	yī chóu mò zhǎn	(22)
6.	亚	yà	(22)
7.	预期	yù qī	(23)
8.	严峻	yán jùn	(23)
9.	引擎	yǐn qíng	(23)
10.	应运而生	yìng yùn ér shēng	(24)
11.	愿景	yuàn jǐng	(24)
12.	逾	yú	(25)
13.	眼花缭乱	yǎn huā liáo luàn	(25)
14.	于事无补	yú shì wú bǔ	(25)
15.	以牙还牙	yǐ yá huán yá	(25)
16.	意味深长	yì wèi shēn cháng	(26)
17.	依据	yī jù	(27)
18.	有悖	yǒu bèi	(27)
19.	遗漏	yí lòu	(27)
20.	运营	yùn yíng	(28)
21.	业态	yè tài	(28)
22.	要素	yào sù	(30)
23.	与时俱进	yǔ shí jù jìn	(30)
24.	应对	yìng duì	(32)
25.	预见	yù jiàn	(32)
26.	优化	yōu huà	(32)
27.	夜店	yè diàn	(32)
28.	引用	yǐn yòng	(33)
29.	演变	yǎn biàn	(33)
30.	易手	yì shǒu	(33)
31.	一臂之力	yī bì zhī lì	(34)
32.	优势	yōu shì	(34)
33.	元气	yuán qì	(35)
34.	盈利	yíng lì	(37)
35.	有道	yǒu dào	(38)

31.	争议	zhēng yì	(35)
32.	战役	zhàn yì	(35)
33.	支柱	zhī zhù	(36)
34.	足以	zú yǐ	(36)
35.	尊严	zūn yán	(36)
36.	转嫁	zhuǎn jià	(36)
37.	遵循	zūn xún	(36)
38.	注册	zhù cè	(37)
39.	折旧	zhé jiù	(37)
40.	杂费	zá fèi	(37)
41.	综上所述	zōng shàng suǒ shù	(37)
42.	铸	zhù	(38)
43.	扎	zā	(38)
44.	制约	zhì yuē	(38)
45.	阻碍	zǔ ài	(39)
46.	折中	zhé zhōng	(39)
47.	资格	zī gé	(40)
48.	追求	zhuī qiú	(40)
49.	专业	zhuān yè	(40)
50.	综合	zōng hé	(40)
51.	职称	zhí chēng	(40)
52.	执业	zhí yè	(40)
53.	佐证	zuǒ zhèng	(40)

附表2 本册经贸词条与注释总表

附表3　本册句型总表